ANTONIO SOCCI

I SEGRETI DI KAROL WOJTYLA

Rizzoli

ISBN 978-88-17-03283-4

Prima edizione: giugno 2009
Seconda edizione: luglio 2009

«Mi sento scrutata nell'animo, traversata dalla clemenza del tuo sguardo.
Come cresco in questa visione, come vi sono immersa in silenzio,
anche se a lungo tutti l'hanno ignorato perché del tuo sguardo a nessuno ho mai fatto parola.
Ma la tua intensa quiete in me non avrà fine.»

Karol Wojtyla, «La Madre»

«Il genere umano vive grazie a pochi; se non ci fossero loro il mondo perirebbe.»

Pseudo-Rufino (citato da Benedetto XVI nella *Spe salvi* n. 15)

«Amo la Polonia in modo particolare e se ubbidirà al mio volere l'innalzerò in potenza e santità. Da essa uscirà la scintilla che preparerà il mondo alla mia ultima venuta.»

Gesù a santa Faustina Kowalska
Cracovia, 1937 circa

Ringrazio tutti coloro che mi hanno dato suggerimenti e aiuto per questo lavoro. Ringrazio mia moglie Alessandra per la consueta pazienza, gli amici per la vicinanza, le tante amiche suore che pregano per me, padre Livio Fanzaga per le sue preziose riflessioni, Lia Trancanelli (a cui devo l'intervista con Mirjana) e quanti, come lei, con un lavoro silenzioso, umile e instancabile, testimoniano l'Amore del nostro Salvatore e di sua Madre. È a tutti loro che dedico questo libro.

Premessa
Avviso ai naviganti

Quale segreto custodiva Karol Wojtyla? Nel libro che avete fra le mani si indaga sul mistero dell'uomo che fu mandato a compiere una missione sovrumana e a preparare la Terra ai grandi avvenimenti che l'aspettano.

Cosa «sapeva»? Come ha potuto stupire e far innamorare così la nostra generazione? Non abbiamo ancora compreso l'uomo più amato e più odiato dei nostri anni. Il suo è stato uno dei pontificati più lunghi nella storia della Chiesa,[1] ma soprattutto uno dei più grandi. E dei più misteriosi.

Questo libro parla di ciò che è accaduto segretamente e che noi non vedemmo, né abbiamo finora conosciuto.

Parla anche di ciò che è accaduto davanti ai nostri occhi e che forse noi non abbiamo pienamente compreso.

Parla infine di ciò che sta per accadere, che non era mai avvenuto prima e che noi vedremo con i nostri occhi. Si tratta di qualcosa che ci riguarda tutti, che riguarda me e riguarda te, proprio te, amico che leggi, *mon semblable, mon*

[1] Si attribuisce a san Pietro il pontificato più lungo, calcolato in 37 anni, quindi c'è il beato Pio IX, 32 anni e al terzo posto c'è appunto Giovanni Paolo II con 27 anni.

frère. Riguarda anche – e non è poesia – i ciliegi in fiore, i mari, i popoli, le città e i deserti, le madri e i figli. I loro occhi vedranno.

A. S.

Santa Caterina da Siena
29 aprile 2009

La scoperta inattesa

«Nacque il tuo nome da ciò che fissavi.»
Karol Wojtyla, «Veronica»

Un incontro enigmatico

Un giorno prossimo al Natale del 2007 arrivai a Roma, nei dintorni di piazza Risorgimento, avvolto dal rosso crepuscolo della capitale. Posteggiai l'automobile e m'incamminai lungo vie illuminate e addobbate, fra tanta gente spensierata, verso un palazzo di cui conoscevo solo il numero civico. Suonato il campanello, salii le scale con una strana sensazione, ero atteso su un pianerottolo e fui fatto entrare nella stanza dove un prelato cattolico dalla voce flebile e dalle parole misurate mi aspettava. Non potendo riportare il suo nome, lo chiamerò Petrus.

Al termine di quel colloquio, un'ora dopo, mi sentivo sottosopra, perché – sebbene giornalista – ho un cuore: pensavo a mio figlio, di dieci anni. Ero commosso, ma anche inquieto. Intuivo cosa avrei scoperto, nei mesi successivi, sulla scorta di quegli indizi...

Il prelato era molto affabile, aveva modi semplici. Mi offrì un caffè e mi porse un vassoio con delle caramelle. Mi aveva fatto cercare e io avevo risposto al suo invito. Parlava poco e ascoltava molto. Mi chiese del mio passato e del mio lavoro. In realtà avevo la sensazione che conoscesse già quello che gli stavo riferendo di me. Nondimeno mi scrutava attentamente: sembrava mi stesse studiando, con discrezione.

Aveva letto i miei libri sui cristiani perseguitati, su Medjugorje, sul fenomeno dell'aborto, su Fatima e su padre Pio. Mi fece notare che in tutti c'era un nome che tornava, in modo non marginale, ma decisivo, un uomo del mio tempo, un padre della mia generazione: Karol Wojtyla. Era vero. Non ci avevo pensato. Mi chiese se non ritenevo che fosse proprio lui un mistero da studiare. Perché «mistero», chiesi?

Parlammo a lungo del Papa polacco. Ricordai con emozione alcuni episodi, il suo sguardo, i miei incontri con lui, rammentai certe sue parole, le espressioni del suo volto, come ha toccato il cuore di tanti di noi.

Indimenticabili la sua fede rocciosa, la sua luminosa umanità, quel suo modo di pregare che incantava, la sua apertura al soprannaturale che lo rendeva così diverso da tanti ecclesiastici. Incidentalmente si accennò alla vicenda della statuetta della Madonna di Civitavecchia.

A questo punto – non ricordo come, con quali parole esatte – il mio interlocutore, che conosceva molto bene papa Wojtyla, lasciò cadere nel discorso – come buttate là, *en passant* – poche parole sussurrate: il Papa sapeva già che quel «segno» della Madonna, alle porte di Roma, sarebbe accaduto, così come conosceva in anticipo che la tragedia di un attentato islamico, quella che si sarebbe poi concretizzata l'11 settembre 2001 a New York, incombeva sugli Stati Uniti. Il prelato mi accennò che a papa Wojtyla era stato preannunciato, o meglio rivelato, il futuro verificarsi di un certo numero di avvenimenti, alcuni dei quali erano già accaduti, mentre altri non si erano ancora compiuti.

Capii che c'entrava pure – non so come – qualcuno di quei mistici, che vivono, sconosciuti a tutti, nel silenzio di certi monasteri, con carismi straordinari e «contatti» con il

Cielo. Ma soprattutto – e questa era la notizia – Wojtyla in persona viveva esperienze mistiche.

Cercai di saperne di più, provai a chiedere chiarimenti, ma il mio interlocutore eluse subito il discorso, parlando d'altro, come se non fosse proprio per confidarmi questo segreto che mi aveva convocato lì. Era evidente che voleva aprirmi gli occhi sul mistero che avvolgeva la persona di papa Wojtyla, ma non gradiva altre domande in proposito: non avrebbe proferito parola oltre a ciò che, con apparente noncuranza, mi aveva rivelato.

Volevo fare tante altre richieste di chiarimento, scavare, capire, ma il mio interlocutore, per quanto gentile, mi appariva ora un forziere inviolabile. Avrei voluto sapere soprattutto cosa sapeva Wojtyla, se si trattava di eventi che si sarebbero verificati tutti oppure di profezie *sub condicione*, cioè che potevano ancora essere scongiurate. Mille pensieri si affollarono nella mia testa. Ma soprattutto tornai a ripensare a quel «segreto» di Karol Wojtyla.

Veramente il Papa che abbiamo avuto sulla cattedra di Pietro per 27 anni e che è stato un ciclone per la nostra storia viveva nel tempo e nell'eternità? Questo tipo di esperienze straordinarie non sono infrequenti nella Chiesa di Dio: anche per altre due personalità del nostro tempo, Madre Teresa e il cardinale van Thuân, da poco scomparsi, sono venuti alla luce episodi soprannaturali[2] e accadrà anche

[2] Madre Teresa di Calcutta (1910-1997) ha avuto quella «chiamata nella chiamata», fatta di locuzioni interiori e altri fenomeni soprannaturali, a partire dal 10 settembre 1946. Lo si è scoperto nel processo di beatificazione (vedi *Madre Teresa. Sii la mia luce*, a cura di Brian Kolodiejchuk, Rizzoli 2008). Il cardinale François-Xavier Nguyen van Thuân (1928-2002) era arcivescovo coadiutore di Saigon quando, il 18 marzo 1976, la polizia del regime comunista, appena imposto anche nel Sud del Paese, andò ad arrestarlo, come lui già sapeva. Sarà detenuto in condizioni disumane fra atroci sofferenze fino al 1988, quando dovette uscire dal Paese. A Roma fu creato cardinale da Giovanni Paolo II che gli affidò la guida del Pontificio Consiglio Giustizia e Pace. Morto nel 2002 in fama di santità,

per altri. Tuttavia nel caso di Karol Wojtyla deve essersi trattato di un'esperienza mistica che ha accompagnato tutta la sua vita. Quali fenomeni mistici sperimentò? Dove cercare conferme o smentite? Questa rivelazione è davvero la dimostrazione che la più formidabile forza di cambiamento storico scaturisce dalla profonda sorgente della contemplazione e dagli abissi insondabili della mistica.

Tutti abbiamo amato quel giovane Papa così vitale che si affacciò, come il sole dopo la notte, dalla terrazza di San Pietro il 16 ottobre 1978 e fin dall'inizio sconvolse tutti i cerimoniali, con la sua libertà assoluta, con quel sorriso pronto; un Papa capace di incantare, con le sue parole e il fascino della sua persona, milioni di giovani che correvano a incontrarlo a tutti gli angoli del pianeta, capace di scherzare con loro,[3] di ridere, il Papa che a vent'anni era stato operaio, poeta, attore di teatro, «combattente» clandestino nella tragedia della sua terra invasa da nazisti e comunisti e devastata.

nel 2007 è stato aperto il processo di beatificazione. La sua storia è straordinaria per l'eroismo e la carità con cui ha vissuto i durissimi anni di prigionia, durante i quali tantissimi dei suoi carcerieri si sono convertiti dopo essere venuti in contatto con lui. In un recente libro su di lui è stato rivelato cosa gli accadde, nell'agosto del 1957, al Santuario di Lourdes: «Gli era sembrato di sentire distintamente le parole della Madonna. Pregando davanti alla grotta, lì dove la Vergine era apparsa a Bernadette, gli erano sgorgate dal cuore le frasi che aveva letto tante volte: "Non ti prometto di essere felice in questo mondo, ma nell'altro". E lui aveva continuato a pregare e ad ascoltare. Non sapeva ancora a cosa si riferissero concretamente, ma quelle parole, lo aveva ben capito, gli indicavano una chiamata al martirio. Ancora in ginocchio aveva mormorato: "Per il nome di tuo Figlio, Maria, accetto tribolazioni e sofferenze"» (Annachiara Valle, *Il cardinale van Thuân*, Cantagalli 2009, pp. 51-52). Sia pure in modo discreto è il racconto di una vera e propria «locuzione interiore».

[3] Don Stanislaw Dziwisz, segretario di Wojtyla e oggi cardinale di Cracovia, ha raccontato un episodio simpatico. Alla riapertura del Conclave, quando Dziwisz rivide il suo vescovo, diventato Papa, Giovanni Paolo II si avvicinò a lui che era carico di emozione e sorridendo gli sussurrò in romanesco: «Li possano...» (Stanislaw Dziwisz, *Una vita con Karol*, Rizzoli 2007, p. 63).

Karol Wojtyla fu seminarista clandestino, quindi giovane prete che amava andare in montagna con i suoi studenti, intrepido vescovo quarantenne che si oppose agli abusi della tirannia comunista a Cracovia e che poi partecipò al Concilio e quindi – eletto Papa – è stato il ciclone che ha abbattuto il moloch planetario del totalitarismo marxista[4] con la forza inerme della sua testimonianza che ha sfiorato più volte il martirio.

Che quest'uomo dalla vita leggendaria, che ha percorso tutti i continenti, addirittura vedesse con gli occhi l'Eterno, che potesse ammirare il volto di Gesù e lo sguardo limpido della «Bella Ragazza» di Nazaret di cui parlava a tutta l'umanità, è una notizia che lascia senza parole.

Per diverso tempo quella strana conversazione restò in sospeso, nella memoria, con mille domande. Come e perché nulla era mai trapelato sebbene fossero usciti tanti libri su di lui? Mi aveva colpito ciò che Wojtyla aveva scritto all'inizio di un suo dramma teatrale, scritto fra il 1945 e il 1950: «Sarà questo un tentativo di comprendere a fondo un uomo. Si tratta di un personaggio realmente esistito. Tuttavia tra il personaggio e il tentativo di comprenderlo s'interpone una zona inaccessibile alla storia (...). L'elemento extrastorico è insito in lui, anzi si trova alle origini della sua umanità. Non si può quindi cercare di capire a fondo l'uomo senza risalire a queste origini».[5]

Come indagare su quella «zona inaccessibile» di Karol Wojtyla? Un po' di tempo dopo quel colloquio, a Roma,

[4] Ancora Dziwisz ha riferito che alla partenza per il Conclave il regime tolse il passaporto diplomatico al cardinale dandogli solo quello turistico: «Uno dei segretari provinciali del Partito aveva detto: "Vada, vada, al suo ritorno faremo i conti"» (Ivi, p. 64). Tornò un anno dopo da Papa e il regime comunista cominciò a crollare.

[5] Si tratta del dramma *Fratello del nostro Dio*, dedicato al pittore Adam Chmielowski, diventato poi frate Alberto e morto in fama di santità fra i barboni di Cracovia. Questa figura di artista è stata molto importante nella giovinezza e nelle scelte di Karol Wojtyla.

faccio un incontro «casuale». Pur frequentando molto raramente i palazzi vaticani, dopo tanto tempo mi ero dovuto recare di nuovo vicino al luogo di quel primo incontro. Uscendo da un palazzo in via della Conciliazione, metto il piede fuori e quasi mi scontro con un signore biondo dall'espressione simpatica. Mi guarda: «Ma lei è Antonio Socci. Posso salutarla? Sa, seguo le cose che scrive...».

Un po' preso alla sprovvista sorrido, ringrazio, ci diamo la mano. «Io sono un sacerdote...» mi dice. Osservo: «Dall'accento e dall'aspetto non sembra italiano!». Mi spiega: «Sono polacco, monsignor Jarek Cielecki, direttore di "Vatican Service News". Sorpreso gli chiedo del suo lavoro e subito dopo – quasi incredulo della circostanza – gli domando se per caso ha conosciuto papa Wojtyla. Monsignor Jarek sorride: «Veramente io sono nato proprio nella parrocchia di Niegowić dove lui fu per la prima volta parroco (anzi viceparroco), dopo la sua ordinazione, di ritorno da Roma, nel 1948».

In effetti Giovanni Paolo ne ha parlato in quella commossa memoria della sua vocazione che è *Dono e mistero*. Pieno di meraviglia per quella fortunata coincidenza azzardo la domanda più sciocca: «Dunque lei avrà potuto incontrarlo...». Il mio interlocutore, affabilmente, risponde di sì. Scopro addirittura che è stato molto vicino a monsignor Pavel Hnilica, il vescovo slovacco amico intimo del Papa e – avendo don Jarek scritto un libro di testimonianze, raccolte fra i suoi compaesani, sul «giovane don Wojtyla» – poté portarlo al Papa che, dice don Jarek, avrebbe voluto «limare» i più entusiastici encomi di quei bravi parrocchiani con espressioni più sobrie e misurate.

Ho poi incontrato successivamente il simpatico sacerdote polacco provando a chiedergli: «Come pregava Wojtyla? A Niegowić lo ricordano?». Lui si è fatto pensoso e mi ha spiegato: «La sua era una preghiera molto particolare. Negli ultimi anni aveva continuamente il rosario nelle mani.

Ma la sua caratteristica, fin da giovane, era un'altra: lui amava pregare, e per ore, disteso per terra davanti all'altare. Molti alla parrocchia lo ricordano bene».

Il Papa stesso ha illustrato il significato di quel modo di pregare.[6] Ma a Niegowić cos'altro ricordano del suo modo di pregare? «Gli occhi. I suoi sembravano guardare qualcosa, non erano vagamente persi nel vuoto com'è il nostro sguardo quando preghiamo. E poi mi hanno riferito che quando succedeva qualcosa, lui andava davanti all'altare o davanti al quadro dell'Assunta...»

E cosa faceva?

«Parlava...»

Come parlava? Intende dire che pregava...

«No, parlava... Proprio come se stesse parlando con una persona presente che aveva di fronte.»

Che significa? Con chi parlava?

A fine marzo 2009 è passata curiosamente inosservata un'intervista che Bruno Volpe, del sito internet «Pontifex.roma», ha fatto al monsignore polacco Konrad Krajewski che, essendo cerimoniere pontificio, ha avuto modo di stargli molto vicino durante le celebrazioni.

Interrogato sul modo di pregare di Wojtyla, dice: «Splendido, intenso, direi mistico, ecco mistico credo che sia la parola esatta». Poi ripete, scandendo le parole: «Era un vero e autentico mistico». Che senso dare a questa parola?

[6] Wojtyla ha spiegato che quella posizione del corpo connota in particolare il rito dell'ordinazione sacerdotale: «C'è qualcosa di impressionante nella prostrazione degli ordinandi: è il simbolo della loro totale sottomissione di fronte alla maestà di Dio e contemporaneamente della piena disponibilità all'azione dello Spirito Santo, che discende in loro come artefice della consacrazione (...). Chi s'appresta a ricevere la sacra ordinazione si prostra con tutto il corpo e poggia la fronte sul pavimento del tempio, manifestando con ciò la sua *completa disponibilità a intraprendere il ministero* che gli viene affidato. Quel rito ha segnato profondamente la mia esistenza sacerdotale» (Karol Wojtyla, *Dono e mistero*, Libreria editrice vaticana 1996, pp. 52-53).

Monsignor Krajewski non spiega, ma racconta: «I miei ricordi vanno ovviamente alle cerimonie liturgiche e le devo dire che si comportava da perfetto, profondo uomo di preghiera, quasi si assentava, e non comunicava più con nessuno, parlava con Dio».

Poi riferisce che ogni volta, prima della celebrazione, voleva raccogliersi in preghiera, in sacrestia, una ventina di minuti: «Praticamente si assentava, aveva una profonda e forte relazione con Dio... non permetteva mai a nessuno di interrompere la meditazione. La sensazione era che si assentasse, si abbandonasse totalmente a Dio, che niente lo interessasse prima della messa. Era un dialogo silenzioso, ma altrettanto profondo con Dio; che mi ricorda esattamente quello dei grandi mistici della storia della Chiesa».

Tutto questo si ripeteva anche dopo la conclusione della messa. «Lo riteneva un doveroso ringraziamento al Signore per aver potuto celebrare il dono del sacrificio di Cristo. Dunque lui si intratteneva quasi in estasi prima e dopo la celebrazione dell'Eucarestia. Come un vero mistico. La sua non era una preghiera, bensì un'estasi infervorata.»

Un'estasi? Quando André Frossard interrogò il Papa con una domanda diretta: «Come prega?», lui sembrò imbarazzato e rispose: «È un argomento molto personale».[7] Perché una simile risposta? Quale mistero proteggeva con quelle parole elusive? Chi era veramente Karol Wojtyla? Quali segreti custodiva?

Racconta George Weigel: «Riferendosi ad alcuni tentativi biografici e all'enfasi data al suo ruolo di statista, papa Giovanni Paolo II ha osservato una volta: "Cercano di capirmi dal di fuori. Ma io posso essere capito solo dal di dentro". Che cosa è questo "dentro", e come si può avvicinarvisi?».[8]

[7] André Frossard, *Conversando con Giovanni Paolo II*, Rusconi 1989, p. 74.

[8] George Weigel, *Testimone della speranza*, Mondadori 2001, p. 11.

L'amico rivela

Il cardinale Andrej Deskur è stato in assoluto uno degli uomini più vicini a Karol Wojtyla. Fin da giovane Andrej spiccava per la sua forte personalità e il grande talento. Nato in una nobile famiglia di origini francesi, tre anni più giovane di Karol, laureato in Giurisprudenza nel 1945, troverà nell'amico un esempio ammirabile da seguire nella vocazione. Ancora tramite Wojtyla scoprirà poi il cammino di consacrazione alla Vergine Maria che sarà la sua stella polare per tutta la vita.

Deskur dunque è stato per Wojtyla un fratello fin dalla giovinezza e per un periodo, gli anni del Concilio, addirittura suo confessore: la sua esistenza si è intrecciata in modo indissolubile e misterioso con quella del pontefice.

Quando ho cercato di contattarlo, il cardinale era ormai da tempo inavvicinabile per l'età e la malattia. Pochissimi potevano vederlo e sempre per brevi colloqui. Per me, per andare a fondo di quel mistero che era Karol Wojtyla, rappresentava il testimone più accreditato, quello decisivo. Sapevo che c'erano poche possibilità di poterlo incontrare, ma volli provare ugualmente a telefonare al segretario del cardinale.

«Buongiorno, sono Antonio Socci...»

Dall'altra parte della cornetta una voce giovane e cordiale subito m'interrompe: «Che piacere! Io sono don Stefano, il segretario del cardinale Deskur. La conosco bene...». Resto positivamente sorpreso, gli chiedo perché mi conosce. Scopro che ha letto il mio libro su Medjugorje.

In breve accenno al motivo della mia chiamata. Con mio grande stupore don Stefano concorda con me una data – di lì a pochi giorni – nella quale, incredibilmente, avrei potuto incontrare il cardinale e porgli alcune domande. È una data che ricordo bene: il giorno del mio compleanno, il 18 gennaio 2008. Verso le 11 del mattino.

Quel mattino era fresco e luminoso, col cielo azzurro su cui si stagliava l'immensa scultura che è la basilica di San Pietro. Superate le guardie svizzere, mi avvio al palazzo San Carlo, dove si trova pure la gendarmeria vaticana, e raggiungo il piano dove abita il prelato polacco. Sul portone c'è un cartello che mi apre il cuore: «Casa di Maria». Mi accoglie don Stefano sorridente. Apprendo che il Papa qui era di casa (del resto siamo letteralmente davanti a San Pietro che riempie la visuale della finestra) e addirittura, in salotto, mi fanno accomodare proprio sulla poltrona dove di solito sedeva Giovanni Paolo II per conversare con il suo vecchio amico «don Andrej», come lo chiamava lui. Sui muri c'erano molte foto del pontefice. Le sue espressioni erano intense, luminose, come sempre. Erano foto dei suoi innumerevoli viaggi ai quattro angoli del mondo. Una vera epopea, la sua, che faceva venire in mente quanto scrisse André Frossard sullo shock della sua elezione: «La folla (...) aspettava un Papa, e si è visto comparire davanti un pescatore di uomini, simile in tutto a quelli che Cristo aveva chiamati a sé sulle rive del lago di Tiberiade. Si era tentati di dire che il nuovo arrivato non veniva dalla Polonia ma dalla Galilea, con una rete in spalla e il Vangelo sotto braccio, e che ne risultava annullato il tempo tra lui e la tomba di Pietro, segretamente presente sotto la basilica».[9]

Mentre guardo le foto e mulinano nella mia testa questi pensieri, arriva il cardinale Deskur. È sulla sua sedia a rotelle, ma la forza interiore che promana vittoriosamente dalla sua persona fa pensare, come l'amico Wojtyla, alla forza delle statue degli apostoli sulle cattedrali gotiche. Ha il volto segnato da un'antica sofferenza vissuta sempre con eroismo, gli occhi luminosi e severi trasmettono una serena certezza nella Madre di Dio per la quale, con l'amico fraterno Karol, ha combattuto come un cavaliere medievale. La Regina che attende di poter incontrare presto in Paradiso.

[9] André Frossard, *Conversando con Giovanni Paolo II*, cit., p. 13.

«Lui viveva pregando...» mi dice dell'amico. «Quando stava nella cappella lo si sentiva parlare, come si parla con un'altra persona.» È esattamente quello che mi ha detto don Jarek. Provo a capire meglio, visto che don Andrej è stato con Wojtyla fin dagli anni del seminario clandestino, sotto l'occupazione nazista, nell'abitazione del cardinale Sapieha.

«Quando noi seminaristi ci trovavamo nella chiesetta a pregare, ognuno di noi, prima o poi, dopo aver pregato un po', si distraeva un attimo, voltando la testa, dando un'occhiata a chi stava entrando, come è naturale e come capita a tutti. Ma lui no. Karol sembrava da un'altra parte, in un'altra dimensione. Era nel mondo di Dio. Mai una volta l'ho visto distrarsi dalla preghiera. La preghiera lo caratterizzava già da giovane, quando faceva ancora l'operaio alla cava e poi alla Solvay.»

La scelta del giovane studente universitario, come per altri suoi compagni, di fare quel duro lavoro nella cava di pietra, dall'autunno 1940, permetteva di evitare la deportazione,[10] tuttavia il suo nome entrò egualmente nella lista nera dei nazisti perché in quei mesi tragici Karol s'impegna anche nella resistenza clandestina, non solo nelle rappresentazioni teatrali miranti a tenere viva la cultura nazionale (rappresentazioni vietate dai nazisti che volevano annientare e cancellare del tutto l'identità polacca), ma pure in un'organizzazione clandestina che mise in salvo migliaia di ebrei, aspetto della sua vita rimasto a lungo sconosciuto.[11]

[10] Vedi Karol Wojtyla, *Dono e mistero*, cit., p. 15.

[11] Il biografo George Blazynski scrive: «Vi è un lato più coraggioso e meno conosciuto dell'opera del giovane Wojtyla durante l'occupazione nazista. I corsi universitari clandestini e le clandestine rappresentazioni teatrali... erano già imprese pericolose di per sé; ma Wojtyla rischiò ogni giorno la vita recandosi nelle città vicine per guidare le famiglie ebree fuori dai ghetti e procurare loro nuove identità e nascondigli. Egli ha così salvato molte di esse minacciate da una sicura condanna. Il professor Joseph L. Lichten, rap-

«Al mattino, prima di entrare al lavoro o al ritorno, si fermava nella cappella del convento dove aveva vissuto, fino a pochi mesi prima, suor Faustina Kowalska. Il convento era a un chilometro dalla Solvay.»

E poi la preghiera lo caratterizza anche negli anni delle grandi responsabilità.

«Sì. Il Papa pregava sei ore al giorno. Era il suo stesso respiro.»

È l'espressione di Gregorio di Narek: «Gesù, nostro respiro...». La preghiera spesso lo portava in una dimensione misteriosa...

«Diceva: "Ogni mattina io contemplo il mistero e nella giornata lo svolgo".»

Alla luce di questa rivelazione acquista un significato molto profondo anche l'interesse per san Giovanni della Croce a cui dedicò la sua tesi di dottorato. Del resto da giovane voleva diventare carmelitano...

«Sì, ma il cardinale» precisa Deskur «gli disse che prima si doveva completare quello che si era iniziato. Del resto la Polonia aveva bisogno di sacerdoti per le sue parrocchie...»

L'occupazione nazista aveva sterminato i preti cattolici. Ed era sopravvenuta poi l'occupazione sovietica che dette il colpo di grazia. In *Dono e mistero* il Papa stesso ha accennato alle dimensioni di questa mattanza cristiana, per mano nazista e comunista, parlando di «enorme numero di arresti e deportazioni di sacerdoti polacchi nei campi di concen-

presentante a Roma della Lega antidiffamazione del B'nai B'rith, ha confermato che Karol Wojtyla lavorò in un gruppo clandestino collegato con l'organizzazione cristiano-democratica UNIA, nota per aver salvato un gran numero di ebrei. E a causa di ciò il suo nome finì nella lista nera dei nazisti» (*Pope John Paul II: a Man from Krakòw*, Londra 1979, pp. 49-50). J. Nowak da parte sua ha mostrato che Wojtyla dovette impegnarsi in questa difesa degli ebrei anche negli anni successivi, quando il regime comunista di Gomułka lanciò la sua campagna antisemita (*The Church in Poland*, «Problems of Communism» 31, gennaio-febbraio 1982).

tramento. Solo a Dachau ne furono internati circa tremila. C'erano altri campi, come per esempio quello di Auschwitz, dove donò la vita per Cristo il primo sacerdote canonizzato dopo la guerra, san Massimiliano Maria Kolbe. Tra i prigionieri di Dachau si trovava il vescovo di Włocławek, monsignor Michał Kozal che ho avuto la gioia di beatificare a Varsavia nel 1987».

Infine «merita un ricordo particolare» aggiunge il Papa «il martirologio dei sacerdoti nei lager della Siberia e in altri del territorio dell'Unione Sovietica». Papa Wojtyla ricorda però in particolare il suo caro padre Tadeusz Fedorowicz, «ben noto in Polonia, al quale come direttore spirituale devo personalmente molto. Padre Fedorowicz, giovane sacerdote dell'arcidiocesi di Leopoli, si era spontaneamente presentato al suo arcivescovo per chiedere di poter accompagnare un gruppo di polacchi deportati verso l'Est».

Per avere un'idea della situazione, davvero agghiacciante, basti vedere qualche cifra: nel settembre 1953 viene arrestato il cardinale Wyszyński e quindi è decapitata la Chiesa polacca. Il primate sarà liberato solo nel 1956. Ma nel momento in cui egli è ammanettato, i vescovi in carcere o «impediti» nella loro missione sono 9, circa 300 preti e 54 religiosi sono morti o dispersi. In galera, in esilio o deportati sono circa 2700. Sono state chiuse circa 2000 chiese, 840 conventi e monasteri, 85 scuole cattoliche, tutte le opere di carità, le tipografie e le librerie cattoliche, infine è stato confiscato l'80 per cento dei beni della Chiesa.[12]

[12] Fin dalla sua instaurazione violenta e illegittima in Russia il comunismo ha scatenato una strategia genocida nei confronti della Chiesa per sradicare con il terrore la fede cristiana dalla Terra (mano a mano tutti i Paesi in cui veniva imposto seguirono questo modello). Basta qualche dato per avere la percezione di questo abisso di orrore. La Chiesa ortodossa russa nel 1917 contava circa 210 mila fra sacerdoti e monaci. Fra il 1917 e il 1941 ne furo-

È inaudito che la Chiesa polacca, che era stata tanto martirizzata dai nazisti, abbia poi dovuto subire la stessa sorte dai comunisti. Per questo il Papa parla di una «sorta di "apocalisse" del nostro secolo», per chiarire che «il mio sacerdozio, già al suo nascere, si è iscritto nel grande sacrificio di tanti uomini e donne della mia generazione».[13]

E si comprende allora quanto il vescovo Sapieha avesse bisogno di pastori.

«Anche io» spiega Deskur «pensavo di farmi gesuita, ma Karol ripeté a me quello che il cardinale aveva detto a lui.»

Vi conoscevate già prima del seminario?

«Avevamo già una conoscenza alla lontana, per motivi familiari...»

L'amicizia e la stima fra i due giovani furono poi approfondite dalla condivisione dello stesso amore per la Madre di Dio. Infatti, fecero insieme la consacrazione a lei, quella particolare consacrazione che si ispirava a Grignion de Montfort: «Totus tuus ego sum et omnia mea Tua sunt. Accipio Te in mea omnia. Praebe mihi cor tuum, Maria».[14]

no direttamente fucilati circa 150 mila. Dei 300 vescovi viventi nel 1917 furono assassinati 250. I pochi che non morirono tuttavia sperimentarono gli arresti, la deportazione e varie forme di persecuzione e di violenza. Per quanto riguarda i cattolici, nel 1914 in Russia erano circa 5 milioni, con 27 vescovi e 2194 sacerdoti. «Dopo il crollo dell'impero e la perdita di ingenti territori, nel 1917, all'epoca della instaurazione illegale e violenta della dittatura comunista, i cattolici erano forse 2 milioni e mezzo, i vescovi erano 14 e i sacerdoti 1350, le chiese circa 600. Nel 1941 rimanevano aperte solo due chiese, una a Mosca e l'altra a Leningrado, scampate alla chiusura perché appartenenti all'ambasciata francese e vivevano nel Paese solo un vescovo (straniero) e 20 preti in libertà. Dal 1937 al 1939 (siamo in pieno terrore staliniano) i preti (cattolici, *nda*) fucilati furono circa 150; nel restante periodo ne vennero fucilati altri 135, mentre gli altri furono costretti ad emigrare» (Fiorenzo Emilio Reati, *Dio dirà l'ultima parola*, Arca edizioni 2003, p. 9).

[13] Karol Wojtyla, *Dono e mistero*, cit., pp. 45-47.

[14] La consacrazione è raccontata dal Papa in *Dono e mistero* (pp. 38-39), dove spiega anche l'importanza nella sua vita del libro di san Luigi Maria Grignion de Montfort, *Trattato della vera devozione alla Santa Vergine*. Nel quale tale preghiera è riportata e attribuita a san Bonaventura:

Una consacrazione così importante che il motto del ministero episcopale di Karol Wojtyla sarà proprio l'incipit di questa preghiera: «Totus tuus».

È stupefacente ciò che la Madonna ha fatto di questi due giovani amici, pronti a dare tutto, la loro stessa vita, per lei. Mai avrebbero potuto immaginare il disegno che lei aveva per loro. A una considerazione umana non avrebbero avuto possibilità di alcun genere, come si è visto. Nessuna speranza. Vivevano nel Paese più devastato dalla guerra, prima massacrato dai nazisti, poi oppresso dal comunismo staliniano. Due totalitarismi mai visti prima nella storia, capaci di ogni barbarie. Eppure... Oggi è impressionante, pensando a questi due giovani, constatare le cose grandi che la Madonna ha fatto tramite loro, attraverso la loro semplice e totale consacrazione a lei. Erano del tutto privi di mezzi, addirittura clandestini in quanto seminaristi. Ma la «Regina dei profeti» – che nel Magnificat aveva preannunciato ciò che sarebbe accaduto dall'Incarnazione in poi nella storia umana: «Dio abbatte i potenti dai troni e innalza gli umili» – fece di loro due, misteriosamente uniti (come poi vedremo) dalla croce di Cristo, un segno luminoso per la Chiesa, un ciclone che avrebbe travolto proprio quel sanguinario impero comunista impedendogli di vincere o di trascinare il mondo nell'abisso.

Rivediamo dunque come si dipanò questo silenzioso e formidabile piano di Maria sui due giovani sacerdoti. Qui bisogna fare un passo indietro. Era stato il cardinale Sapieha, che per la povertà del Paese non poteva contribuire all'Obolo di San Pietro, a mandare a Roma, al servizio di Pio XII, «il mio sacerdote migliore».

«Amata mia signora e salvatrice/ agirò con fiducia e nulla temerò/ perché mia forza/ e mia lode nel Signore sei tu!/ Sono tutto tuo/ e tutto ciò che è mio ti appartiene./ O Vergine glorificata e benedetta/ al di sopra di ogni creatura!/ Ti voglio mettere come sigillo nel mio cuore,/ perché forte come la morte è il tuo amore».

Don Andrej Deskur era in effetti una personalità straordinaria, oltretutto appassionato teologo e, come ho detto, già laureato in Giurisprudenza. Egli diventò il primo prete polacco a lavorare per la Santa Sede. Arrivò a Roma il 27 novembre 1952, festa della Medaglia miracolosa. In Vaticano gli fu chiesto di occuparsi di comunicazioni sociali: fece un lavoro eccezionale spalancando ai nuovi media (televisione e radio) la missione dei pontefici. E fu da tutti costoro molto benvoluto e stimato. Giovanni XXIII pensò perfino di prenderlo come suo segretario. Fu creato cardinale da Giovanni Paolo II e poi, dal pensionamento, su mandato del Papa, si occupa dell'Accademia dell'Immacolata.

Da questa sua provvidenziale collocazione nel cuore della Chiesa, Deskur divenne il punto di riferimento di Wojtyla per ogni questione che riguardasse la Santa Sede e sarebbe diventato ancor più importante quando Wojtyla cominciò a doversi recare a Roma per gli incarichi episcopali e per prendere parte al Concilio. Don Andrej fu perito di monsignor Wojtyla al Concilio. Fu poi ancora Deskur, per fare un altro esempio di questa fraternità, che andò a Collevalenza a trovare Madre Speranza, una carismatica dalla vita santa, per chiederle quale fosse l'impedimento che bloccava l'inizio del processo di beatificazione di suor Faustina Kowalska[15] che stava tanto a cuore al vescovo di Cracovia. C'erano infatti problemi con il Sant'Uffizio. Madre Speranza consigliò di far rivedere le traduzioni che erano state fatte dal polacco del diario della giovane mistica. In effetti era così, si comprese che il problema stava lì. Così un giorno Deskur, durante il Concilio, presentò Wojtyla al cardinale Ottaviani:

[15] Helena Kowalska (1905-1938), diventata nel 1925 suora col nome di Faustina, ha avuto una straordinaria vita mistica incentrata sul messaggio della divina misericordia di cui fu la propagatrice silenziosa. Ha lasciato un diario che raccoglie la cronaca straordinaria dei suoi incontri con Gesù e le parole da Lui pronunciate. È morta a soli 33 anni a Cracovia, alla vigilia della Seconda guerra mondiale.

«Eminenza, questo è il nostro vescovo di Cracovia». «Ma così giovane?» obiettò il «prefetto di ferro». In effetti Wojtyla aveva solo 40 anni e, sorridendo, rispose prontamente «è un difetto che passerà presto». Grazie a quell'incontro, fatte rivedere le traduzioni del diario di suor Faustina, Ottaviani sbloccò il veto vaticano e Wojtyla a Cracovia poté dare inizio al processo di beatificazione della mistica polacca che poi canonizzerà lui stesso, da Papa, nel 2000, rendendola una grande luce per tutta la Chiesa.

Ma, per capire quanto fossero all'inizio incompresi la grandezza di questa santa e il messaggio della divina misericordia, si può ricordare che, al suo arrivo in Vaticano, Deskur appese al muro del suo alloggio un quadro di Gesù misericordioso (quello chiesto dal Signore stesso a Faustina) e, viste le posizioni del Sant'Uffizio di allora dovette infine rimuoverlo.

In molte altre circostanze Deskur si darà da fare per l'amico: come quando – nel 1962 – fece recapitare a padre Pio la lettera con la quale Wojtyla chiedeva preghiere al cappuccino per la guarigione di Wanda Poltawska. Un episodio, anzi un miracolo, molto noto su cui poi torneremo, perché c'è un mistero da chiarire.

Ma infine e soprattutto, don Andrej offrì tutto se stesso, letteralmente, alla Madonna, per la missione a cui sentiva che l'amico era chiamato per la Chiesa, per la Polonia e per il mondo. È questo il senso della misteriosa concomitanza fra la sua improvvisa, terribile malattia e l'elezione di Giovanni Paolo II: l'offerta della sua sofferenza per proteggere l'amico Papa. Ecco cosa accadde.

Ogni volta che Karol Wojtyla veniva in Italia, ormai da decenni, don Andrej lo accompagnava in qualche santuario a pregare. Ne avevano visitati tantissimi, con certe tappe fisse: «In particolare il cardinale di Cracovia voleva sempre andare a pregare sulla tomba di santa Maria Goretti che indicava come esempio per le giovani donne polacche».

Dunque, qualche giorno prima del secondo Conclave del 1978, l'8 ottobre, i due amici stavano tornando a Roma e si fermarono alla Storta, alle porte di Roma, dove sant'Ignazio di Loyola aveva avuto una famosa visione. Sopra l'entrata della cappella erano riportate le parole che Ignazio si era sentito rivolgere: «Io vi sarò propizio a Roma».

Quando il cardinale Wojtyla uscì, scherzosamente chiese a Deskur cosa volesse dire quella scritta secondo lui, Deskur rispose senza incertezze: «Vuol dire che il Signore ti sarà propizio nel tuo pontificato». Wojtyla si schermì sorridendo. In realtà stava accadendo proprio questo. Ma nessuno dei due sapeva che quella benedizione del Cielo sarebbe stata propiziata anche da un immenso sacrificio chiesto dal Signore proprio a monsignor Deskur per la missione dell'amico. Cosicché i due «fratelli» sono stati uniti ancora più misteriosamente, una cosa sola con Cristo crocifisso e redentore.

Infatti, ripartiti dalla Storta, poco dopo i due si salutarono separandosi: il cardinale di Cracovia si preparava a entrare in Conclave recandosi a pregare in un altro santuario che amava, la Mentorella, anch'esso vicino a Roma, mentre don Andrej andò a celebrare la messa. Subito dopo Deskur fu colpito dall'ictus che lo ha inchiodato alla sedia per sempre. Fu trovato in casa, disteso in terra, e la situazione fu subito diagnosticata come gravissima.

Al cardinal Wojtyla, di ritorno dalla Mentorella, il 14 ottobre, venne detto quello che era successo all'amico proprio mentre stava entrando in Vaticano. Solo il tempo di una corsa al Gemelli a fare visita a Deskur e poi subito in Conclave.

Quel Conclave dal quale due giorni dopo, il 16 ottobre, egli esce Papa. Un Papa giovanissimo, la cui forza e il cui carisma subito stupiscono il mondo intero e soprattutto inquietano l'immenso impero comunista dove la Polonia già sta esplodendo di gioia.

Deskur è in un letto d'ospedale, gravissimo, pressoché sconosciuto a tutti. A un certo momento, nel pomeriggio del 16, torna cosciente ed è proprio il momento in cui viene annunciato il nome del nuovo Papa. Quanto basta per capire. Poi Deskur ha una nuova ricaduta.

Per comprendere quanto Karol Wojtyla abbia vissuto quel Conclave col pensiero rivolto sempre all'amico bastano due elementi. Il primo è la testimonianza del dottor Renato Buzzonetti, che poi sarà il medico personale del Papa. Il dottore ricorda che il primo incontro con Wojtyla è stato proprio all'uscita dei prelati dalla Sistina, subito dopo l'elezione. Buzzonetti era il medico del Conclave e il nuovo Papa stava uscendo dalla cappella michelangiolesca attorniato da prelati. Subito dopo aver fatto il celebre saluto dal balcone di San Pietro, tornato nella sala Regia, saluta i presenti e si rivolge a Buzzonetti chiedendogli notizie del suo amico, monsignor Deskur.

Il secondo elemento è questo: la sera stessa dell'elezione Giovanni Paolo II farà la sua prima, imprevista e «clandestina», uscita dal Vaticano – il primo di una lunga serie di strappi al protocollo – proprio per andare a far visita all'amico in ospedale.

Al suo arrivo, che nessuno si aspettava, nel trambusto generale, i medici gli presentano la situazione gravissima dell'amico, che ritenevano praticamente senza speranza. Lui si raccoglie in preghiera e poi dice sicuro ai medici: «La Madonna ce lo restituirà...».

Non sembrava solo un auspicio. Sembrava che sapesse... E alla luce delle nuove rivelazioni può essere che abbia conosciuto dalla Madonna stessa il sacrificio con cui l'amico avrebbe accompagnato il suo pontificato.

«Wojtyla conosceva il mio rapporto con Dio» dice Deskur. In effetti il cardinale Dziwisz di recente ha rivelato una confidenza del Papa su quel momento, prima del Conclave, in cui ricevette la notizia dell'ictus dell'amico:

«Anni dopo, da Papa, Karol Wojtyla ricorderà l'improvvisa malattia di monsignor Deskur per dire che vi aveva letto come un segno e che gli aveva dato molto da pensare. Anche perché nella sua vita c'erano stati altri segni di questo genere. Quando stava per essere ordinato vescovo, uno dei suoi più cari amici, monsignor Marian Jaworski (oggi cardinale e arcivescovo di Leopoli dei Latini), doveva sostituirlo in un impegno: andare a predicare gli esercizi ai sacerdoti; era partito in treno, ma c'era stato un pauroso incidente, aveva perduto un braccio. E poi, proprio alla vigilia del Conclave, la gravissima malattia di monsignor Deskur. Come se la sua elezione – intendeva dire il Papa – fosse legata in qualche modo alla sofferenza dell'amico».[16]

In effetti il Papa era ben consapevole di quanto l'offerta della sofferenza avesse un valore e una forza di propiziazione e protezione immense. Qui siamo al mistero più struggente e profondo del cristianesimo, dove tutti i cristiani formano un solo corpo e possono aiutarsi l'uno con l'altro, prendendo i pesi gli uni degli altri (anche fra vivi e defunti: la morte non è più una barriera). Perché in qualche modo è il mistero stesso della redenzione, della sofferenza vicaria di Gesù, il mistero della Croce attraverso la quale il Figlio di Dio si è preso su di sé tutto il peccato e il male del mondo, redimendo l'umanità. È per il misterioso potere della Croce di Cristo che a ogni cristiano è stato dato il potere di associare le proprie preghiere, i propri sacrifici e le proprie sofferenze a quell'unico Sacrificio, ottenendo così grazie immense, protezione e benedizioni per tanti fratelli.

[16] Stanislaw Dziwisz, *Una vita con Karol*, cit., p. 60. Anche la malattia improvvisa di Jan Tyranowski (che lo portò alla morte), subito dopo l'ordinazione sacerdotale di Wojtyla, nel 1947, sappiamo che fu offerta da quell'uomo umile in particolare per Karol (vedi Mieczyslaw Malinski, *Il mio vecchio amico Karol*, Paoline 1982, pp. 85-86).

Per il giovane pontefice la coincidenza fra la sua elezione e la croce improvvisa dell'amico non era certo «casuale». Quella sera il Papa sussurra in ospedale: «Di tutto cuore ti affido alla Divina Misericordia...» evocando così tutto ciò che li univa: prima la Madre di Dio, quindi Gesù misericordioso, ai quali si erano consacrati insieme, nella loro giovinezza.

«È impossibile spiegare la loro unità a chi non abbia conosciuto l'amicizia cristiana, che è letteralmente una cosa dell'altro mondo» mi dicono coloro che li hanno conosciuti. Un'amicizia così profonda, virile, eroica.

«Anche da vecchi e ormai entrambi molto malati bastava loro uno sguardo per capirsi, per andare col cuore a quell'insondabile intimità in cui entrambi custodivano il volto della Madre di Dio che fin da giovani li ha uniti, come indomiti suoi cavalieri.»

E poi c'era quel mistero – la comunione – che unisce i cristiani in un unico Corpo. Karol sapeva bene quale formidabile aiuto e protezione fosse per la sua missione nel mondo l'offerta segreta di don Andrej per lui.

Durante una udienza del 1994, il Papa disse a un sacerdote amico del cardinale Deskur: «Reverendo, voglio che si sappia che io sono così perché don Andrej è così». Il Papa raccomandava sempre a don Stefano di assistere don Andrej «come se fossi io». Nel 2004, il giorno di sant'Andrea, come per ogni onomastico di Deskur, il Papa andò a pranzo dall'amico e gli dedicò un brindisi «perché la Chiesa gli deve tanto e non solo la Chiesa polacca... noi tutti che siamo qua presenti lo dobbiamo a don Andrej». L'apostolo Andrea era il fratello di Pietro, fu il primo insieme a Giovanni a incontrare Gesù e fu quello che portò Pietro da Gesù. Deskur e Wojtyla scherzavano spesso con questa analogia evangelica. Il Papa ricordava allusivamente che era stato Andrea a portare Pietro da Gesù e Deskur diceva: «Sì, ma poi san Pietro portò Andrea a Gesù nell'eternità».

Quando nel 1962 Deskur fece da intermediario con padre Pio per il caso di Wanda Poltawska e non poté portare la lettera a causa del primo infarto, padre Pio disse a Battisti di riferire a monsignor Deskur che sarebbe guarito e sarebbe stato a lungo al servizio della Santa Sede.

Chiedo: «Secondo lei padre Pio vedeva cosa sarebbe accaduto?». Il cardinale risponde sicuro: «Mi ha visto già cardinale e attivo in Curia».

Tornando a parlare della preghiera di Karol Wojtyla, il cardinale mi svela finalmente il mistero: «Egli aveva ricevuto il dono della preghiera infusa, è un dono speciale di Dio che si manifestava durante la preghiera».

«Da quando?»

«Dall'età di 26 anni.»

Dunque è cominciato tutto nel 1946, l'anno dell'ordinazione sacerdotale. Quale mistero si dispiega in quei mesi? Sappiamo un dettaglio significativo: proprio a cavallo di quella data si colloca l'incontro del giovane Karol con il grande mistico san Giovanni della Croce a cui è stato introdotto da quel «mistico» sconosciuto che fu Jan Tyranowski.[17]

Inizia a scrivere sul santo spagnolo e poi a Roma, dove va a studiare all'Angelicum appena ordinato prete, nel fatidico 1946, vorrà fare la tesi proprio su Giovanni della Croce con padre Réginald Garrigou Lagrange. Lavoro che completa al suo ritorno in Polonia nel 1948. L'interesse del giovane prete per quell'argomento era molto più che accademico e il Papa ne accennò parlando con Weigel, ma solo ora possiamo comprendere quello che intendeva dire. Il biografo infatti annota: «Come ricorda l'interessato (il Papa, *nda*), la preparazione e stesura del saggio fu assai più che una semplice esercitazione accademica: fu "la rivelazione di un universo", uno "shock" profondo, "paragona-

[17] Karol Wojtyla, *Dono e mistero*, cit., p. 32 e George Weigel, *L'ultima rivoluzione*, Mondadori 1994, pp. 102 e 105.

bile a quello che avevo provato (...) nel folto della mia foresta metafisica"».[18]

Solo ora possiamo capire cosa significano tutte queste espressioni che sono state finora inspiegabili. È evidente che la lettura e la meditazione di san Giovanni della Croce accompagnarono la scoperta dei suoi stessi doni mistici. E non a caso proprio in questo stesso periodo, trovandosi appunto a Roma, egli volle andare a conoscere padre Pio: come vedremo, questo misterioso e memorabile incontro – di cui solo oggi trapelano alcuni aspetti – trova finalmente la sua spiegazione in questa ricerca di punti di riferimento del giovane sacerdote nel «folto» buio, o nella luce abbagliante, della sua foresta mistica.

Deskur, naturalmente, era presente all'ordinazione di Wojtyla, quel 1° novembre 1946, anzi lui prese gli ordini minori (la tonsura). Domando cosa significa la «preghiera infusa», che tipo di esperienza è. Mi viene spiegato che significa «lasciare che lo Spirito intervenendo ti guidi... Con apparizioni o con locuzioni interiori. Da questa intimità con Dio si dipana tutto. È una diversa percezione della realtà perché è guardata con gli occhi dello Spirito».

Viene da ripensare al volto di papa Wojtyla, che tante volte abbiamo visto inquadrato in primo piano durante la celebrazione della messa in tante parti del mondo. Viene da pensare all'intensità di quella sua preghiera.

E vengono in mente le parole che la giovane Hauviette disse alla sua cara amica, Giovanna d'Arco, nel *Mistero della carità* scritto da Charles Péguy: «Tu vedi. Tu vedi. Quello che sappiamo, noi altri, tu lo vedi. Quello che c'insegnano, a noi altri, tu lo vedi. Il catechismo, tutto il catechismo, e la Chiesa, e la messa, tu non lo sai, tu lo vedi, e la tua preghiera non la dici, non la dici soltanto, tu la vedi. Per te non ci sono settimane. E non ci sono giorni. Non ci sono giorni

[18] Ivi, p. 106.

nella settimana; e non ore nella giornata. Tutte le ore per te suonano come la campana dell'Angelus. Tutti i giorni sono domeniche e più che domeniche e le domeniche più che domeniche».[19]

Mi viene riferito che le persone più sensibili del Vaticano capivano il mistero vissuto da Karol Wojtyla, al punto che un prelato, in un colloquio, ebbe a dire: «Sappiamo bene che la Madonna parla al Papa anche se lui non va a dirlo in giro». E in un'altra occasione, a qualcuno che aveva delle sue idee da prospettare al pontefice, lo stesso disse: «Lui obbedisce solo alla Madonna, fa solo quello che gli dice lei».

Il destino

> *«Così intenso il tuo desiderio di vedere, sorella,*
> *così intenso il tuo desiderio di sentire che*
> *il tuo sguardo è arrivato.»*
> Karol Wojtyla, «Veronica»

Quel giovane Papa polacco era salito al suo grande destino attraverso la Croce. Era stato provato al fuoco delle sofferenze più strazianti. A noi, che lo abbiamo visto affacciarsi vigorosamente alla loggia di San Pietro a 58 anni, come la primavera di Aragon che irrompe inattesa nell'inverno del mondo, Karol Wojtyla è apparso subito un inno alla vita, un uomo vero, eccezionale, che era stato plasmato così dal suo cristianesimo.

I vaticanisti (che all'inizio lo hanno duramente avversato e infine si sono convertiti tutti) lo paragonavano alle statue

[19] Charles Péguy, *I misteri*, Jaca Book 1984, p. 24. Vittorio Messori in una intervista a «Le Figaro Magazine» (2 maggio 2005) si era avvicinato alla verità usando proprio un'espressione analoga: «Innanzitutto direi che è un mistico allo stato puro. (...) Il Papa (...) è posseduto da una certezza. Non ha bisogno di credere: egli vede. Parlando con lui, si ha l'impressione che sia immerso in una sorta di visione».

gotiche delle cattedrali, per indicare il suo carisma da condottiero indomito, il tono epico di ogni suo gesto, la sua vita da leggenda, il popolo eroico e perseguitato che aveva alle spalle. La sua sicurezza trasmetteva una pace profonda, il suo sorriso pronto svelava la sua spontanea simpatia per ogni essere umano.

I giornali hanno parlato per anni di un Papato trionfalista, hanno strologato sul vigore di Wojtyla, sull'esposizione mediatica da superstar della sua persona, anche fisicamente bella e affascinante,[20] hanno presentato la sua passione per la montagna, per lo sci, per il nuoto come vitalismo (mentre viveva la natura nell'incanto della contemplazione), sostenendo che poi, negli ultimi anni, con l'arrivo della vecchiaia e della malattia invalidante, egli avesse voluto ostendere la sofferenza (quando, casomai, il mondo si accorgeva semplicemente del valore della sofferenza e della croce).

In realtà, fin dall'infanzia la sua vita fiorì avvinghiata alla croce, innaffiata da un fiume di prove e sofferenze. Così fu forgiato e preparato per un destino eccezionale.

Il giovane Lolek (questo il soprannome che avevano coniato gli amici) fu spogliato di tutto fin dalla fanciullezza. Appena a 9 anni, una mattina, il padre, carezzandogli la testa, gli disse: «Ragazzo mio siamo rimasti soli». Per un bam-

[20] Non poteva mancare, fra tante critiche, il sospetto di divismo sollevato proprio da quei media laici che vivono di mitologie mondane e consumistiche. Accuse che documentano solo la superficialità di chi le pronuncia. Papa Wojtyla in realtà viveva «per Cristo», tutto e solo per Lui. Un esempio emblematico. Quando ancora era in vita e svolgeva la sua missione, già trapelavano episodi di guarigione dovuti alla sua intercessione. Io stesso ho riferito un caso straordinario sul «Giornale», poi raccolto nel mio libro *Com'è bello il mondo, com'è grande Dio*, Piemme 2005, p. 105. Una raccolta di episodi di questo genere è il libro di Andrea Tornielli, *I miracoli di papa Wojtyla*, Piemme 2005. Ma quando tali episodi venivano raccontati a Giovanni Paolo II, lui reagiva con visibile freddezza e fastidio (diceva: «È Dio che fa i miracoli»), desiderando allontanare da sé ogni aura miracolistica.

bino veder morire la madre è una sofferenza schiacciante. Lui, in silenzio, col cuore a pezzi, la guardò l'ultima volta dentro quella bara.

A 19 anni, nella primavera del 1939, una delle sue prime poesie per lei, fa trasparire appena l'antico suo strazio di bimbo dietro il suo bel volto composto e virile:

> Oh quanti anni sono già spariti
> Senza di te – quanti anni?
> (...)
> Sulla tua bianca tomba,
> Madre, amore mio spento,
> Dal mio amore filiale
> Una preghiera.[21]

Quel dolore si era acutizzato probabilmente perché nel 1938, quando Karol ha solo 18 anni, muore anche suo fratello maggiore, Edmund, medico che eroicamente ha curato in ospedale persone con il virus del tifo e ne è stato contagiato. L'anno successivo, nel tragico settembre 1939, gli viene sottratta la sua stessa patria, invasa a ovest dalla Germania nazista e a est dall'Urss comunista che, in forza del Patto Molotov-Ribbentrop, si spartiscono la Polonia. Inizia la grande tragedia del Novecento. Karol vede la morte dappertutto, dovunque la violenza. Deve lasciare l'università (chiusa dai nazisti) e studiare di nascosto, vede «i suoi professori, insigni uomini di cultura arrestati e deportati in campi di concentramento»,[22] lui stesso si trova costretto ad andare a lavorare in una cava di pietra per evitare la deportazione e poi alla Solvay, a cui era collegata la cava (insieme con amici studenti-operai come Wojciech Zukrowski, il fratello Antoni e Wiesław Kaczmarczyk). Anche il Teatro Ra-

[21] Karol Wojtyla, *Giobbe ed altri inediti*, Libreria editrice vaticana 1982, p. 83.

[22] George Weigel, *Testimone della speranza*, cit., p. 85.

psodico dove recita è costretto alla clandestinità ed è più pericoloso partecipare alle prove, il mercoledì e il sabato, finito il lavoro, prima del coprifuoco. Una volta sfugge fortunosamente a un rastrellamento tedesco rifugiandosi in un sottoscala. Tuttavia in quei mesi la sua compagnia riesce a mettere in scena una serie sorprendente di rappresentazioni clandestine degli autori classici, Słowacki, Mickiewicz, Wyspiański e perfino il *Quo vadis?* Wojtyla è fra i più bravi. «I giovani attori si considerano impegnati in un movimento di resistenza» per «salvare la nostra cultura dall'occupazione» e «contribuire alla rinascita dell'anima della nazione.»[23]

Il Teatro Rapsodico – compreso Karol Wojtyla – fa parte del movimento clandestino UNIA[24] che raggruppa i movimenti giovanili cattolici e l'Azione cattolica (ormai tutti fuorilegge) in attività di resistenza culturale, politica e anche militare (nella rivolta di Varsavia l'UNIA schiera circa 20 mila armati combattenti). Oltre ad aver dato vita al gruppo «Zegota» che si occupa di nascondere gli ebrei dalla furia nazista.

Intanto Karol sperimenta tutta la durezza e la fatica del lavoro nella cava con i suoi compagni. Ma ne vede la grandezza e la dignità e coglie tutto il «senso di ingiustizia» davanti al corpo morto di un compagno, e scorge in quella fatica Colui che fu operaio a Nazaret.[25]

Il 18 febbraio del 1941, torna a piedi dalla cava, come sempre, verso Dębniki e trova suo padre, in casa, nell'appartamento di via Tyniecka, morto per un infarto. Karol era passato a cercare delle medicine proprio per il padre e poi

[23] Ivi, cit., p. 82.

[24] Il Papa riferisce che per la sua ordinazione sacerdotale celebrò una delle tre messe «per gli amici del Teatro Rapsodico e per l'organizzazione clandestina "UNIA" (Unione), alla quale ero legato durante l'occupazione» (*Dono e mistero*, cit., pp. 54-56).

[25] Karol Wojtyla, *La cava di pietra*, in *Il sapore del pane*, Libreria editrice vaticana 1979, p. 67.

dai Kydrynski, dove la signora gli aveva dato un po' di cena per entrambi. Ma quando è arrivato il vecchio «capitano» era morto. Da solo. Lolek scoppia a piangere e se la prende con se stesso perché non era presente. Corre poi subito a cercare un prete alla parrocchia di San Stanislao per i conforti religiosi. Tante volte, durante la notte, aveva sorpreso quell'uomo forte e silenzioso, inginocchiato in preghiera, nella sua povera stanzetta. Vedere il proprio padre così immerso in quella preghiera notturna lo aveva segnato intimamente.

Il papà era stato un soldato dell'esercito asburgico. Dai documenti sappiamo come lo vedevano i suoi superiori: «Onesto, leale, serio, educato, modesto, retto, responsabile, generoso e instancabile». Ed è facile intuire quanto il giovane Karol lo ammirasse e gli somigliasse, anche fisicamente. Lui, silenzioso, andava a vedere le rappresentazioni teatrali in cui recitava il figlio. Dal Natale 1940 non stava bene ed era costretto a letto. Il 18 febbraio è morto. Così Karol a 20 anni è rimasto solo al mondo. Nell'ora più tenebrosa del secolo, Lolek non ha più nessuno di coloro che amava. Gli è stato strappato via tutto tranne la propria stessa vita.

Che però ogni giorno è in pericolo sia alla cava sia, soprattutto, nelle sue attività con la resistenza clandestina, braccata dalla Gestapo e anche con i gruppi del «rosario vivente».[26] Nel 1944, la sera del 29 febbraio, la morte, che tante volte lo ha sfiorato, cerca di ghermirlo definitivamente: di ritorno dalla Solvay, lungo la via Konopnicka, che era buia e senza marciapiede, viene investito da un camion tedesco, sbatte violentemente la testa e perde i sensi.

È una donna, Józefa Florek, una conducente di tram, a vederlo e a salvarlo, scendendo dal veicolo, evitando che

[26] «Del grande e orrendo *theatrum* della Seconda guerra mondiale *mi fu risparmiato molto*. Ogni giorno avrei potuto essere prelevato dalla casa, dalla cava di pietra, dalla fabbrica per essere portato in un campo di concentramento» (Karol Wojtyla, *Dono e mistero*, cit., p. 45).

fosse investito di nuovo. Lolek viene portato all'ospedale e lì rinviene dopo due giorni.

Ma torniamo al 1941. Questo giovane polacco, bello di aspetto, appassionato di poesia e teatro, coraggioso, benvoluto e stimato dagli amici e dai compagni di lavoro, che si è visto strappare via tutto, ha disceso tutta la scala del dolore umano. Ma sulle sue labbra non ci sono parole di rabbia, disperazione o cinismo. Ha visto morire in breve la madre, il padre, il fratello e tanti amici. Ha visto invasa e umiliata la patria, deportati i sacerdoti che più stimava e i suoi professori, massacrati tanti compagni, lui stesso privato della sua vita di giovane, degli studi, braccato e infine ridotto in fin di vita dalla corsa di un camion nazista.

Eppure non mostra mai la psicologia della disgrazia, mai un'espressione di vittimismo o di rancore col Cielo uscirà dalle sue labbra. Tutto viene vissuto da lui come parte del suo dialogo col misterioso Signore di tutti i destini, alla ricerca del suo volto, cioè del proprio stesso destino e del senso delle cose.

Fa trasparire questo drammatico dialogo, che fa sanguinare il suo cuore, col linguaggio del teatro di parola, della poesia. A 20 anni, nel 1940, nel tempo del grande orrore, aveva dedicato infatti un suo dramma teatrale a Giobbe, «misero tra i miseri», il giusto sofferente dell'Antico Testamento: «Queste cose stanno accadendo nei giorni nostri, nel tempo di Giobbe, della Polonia e del mondo». Così avverte nell'introduzione.

In quei mesi – abbiamo detto – è in corso il feroce tentativo di annientamento della nazione polacca da parte di nazisti tedeschi e comunisti sovietici in conseguenza del Patto Molotov-Ribbentrop. Bastano un avvenimento e un nome: Katyń. È la località nella quale l'Armata Rossa, per ordine del Politburo di Stalin, nel 1939 massacra a freddo circa 22 mila ufficiali polacchi, nascondendone i corpi in fosse comuni ignote a tutti.

I due regimi sono concordi sulla cancellazione dalla storia e dalla geografia della Polonia cattolica. I nazisti per annientare l'identità polacca chiudono perfino le università, proibiscono ogni manifestazione culturale e deportano nei loro lager migliaia di sacerdoti cattolici. I sovietici fanno altrettanto, pure macellando a freddo quei 22 mila inermi ufficiali polacchi (in pratica eliminando la classe dirigente del Paese: gli ufficiali polacchi sono giuristi, scienziati, professori, uomini di cultura, medici, giornalisti).[27] I sovietici, finita la guerra, addosseranno poi per decenni la colpa della strage ai nazisti.[28]

Dunque, il ventenne Karol, già profondamente segnato dal dolore personale e familiare, assiste al dispiegarsi dell'orrore sul suo popolo che fa strage di innocenti, specialmente fra gli ebrei polacchi (tra i quali ha molti amici). Di fronte a tanto dolore percepisce l'insufficienza di qualunque discorso o filosofia.

La sola cosa che lo rende attento è vedere in lontananza un Giusto, l'unico Giusto, ma la scena è bestiale:

> Il Giusto è trascinato dalla folla.

[27] Vedi Victor Zaslavsky, *Pulizia di classe. Il massacro di Katyń*, Il Mulino 2006. Due anni dopo, nel 1941, Hitler romperà la scellerata alleanza attaccando la stessa Urss. E questo permetterà a Stalin di sedere tra i vincitori alla fine della guerra e di ottenere il dominio di mezza Europa, Polonia compresa, dove imporre, con i carri armati, regimi comunisti.

[28] I pochi coraggiosi che osarono contestare questa vergognosa menzogna non ebbero vita facile, anche in Italia. Scrive Luigi Geninazzi («Avvenire», 8 marzo 2009): «Nell'immediato dopoguerra ci fu chi venne sottoposto a un vero e proprio linciaggio morale da parte del Pci di Togliatti per aver sollevato i veli sull'eccidio che porta il marchio sovietico». Con la caduta dei regimi comunisti dell'Est, nel 1991, la verità è finalmente venuta ufficialmente alla luce.

Eccolo «spogliato», «umiliato», «sacrificato come un agnello». Viene macellato crudelmente, ecco la corona di spine. Perché Dio permette che venga così sbranato suo Figlio?

Eppure è il Tuo Diletto.

È lui che chiude «il cerchio del sacrificio». E spalanca per tutti l'orizzonte della risurrezione. Infine «il Signore rese a Giobbe l'abbondanza e gli donò di ogni bene che prima aveva il doppio». È dunque all'Agnello, al «Figlio Suo» che potete guardare...

Voi che siete afflitti
voi calpestati, voi condannati.

Fra i «profeti» che in quegli anni drammatici hanno mostrato al giovane Karol Gesù straziato, carico di tutte le nostre pene e Maria come strada per arrivare al Figlio, c'è sicuramente l'umile Jan Tyranowski, che lo introdusse alla lettura («straordinaria per la mia età») delle opere di san Giovanni della Croce e santa Teresa d'Avila, «per me maestra, ispiratrice e guida attraverso i cammini dello spirito».

Nelle pagine di Teresa, che andava in estasi anche in tante situazioni della vita quotidiana (le sue suore, per esempio dovevano scuoterla pure mentre era in cucina), balena il profilo del grande Amico, l'amore folle e appassionato del Salvatore per ogni piccola sua creatura, quel suo sguardo che affascina il cuore ardente del giovane Lolek. Che ne resta incantato.

«Il desiderio degli angeli di vedere il Figlio di Dio (...) (1Pt 1, 12), è libero dal dolore e dalla nostalgia angosciosa perché essi già lo possiedono (...). Il possesso di Dio però dona diletto e sazietà. L'anima in questo desiderio deve anche provare tanta più sazietà e diletto, quanto più esso è intenso.»[29]

Le parole di Teresa planano nella mente e nel cuore, volteggiano leggere mentre i muscoli del giovane poeta-operaio si tendono nella fatica dei colpi di piccone che si susseguono nella cava. Quelle di santa Teresa non erano parole, ma un mondo che si schiudeva. Karol recitava nel Teatro Rapsodico che proclamava il primato della parola, così riflettendo «l'immagine neotestamentaria del mondo creato tramite la Parola, il *Logos* che era presso Dio e che era Dio».[30] Karol era convinto che «la "parola", se proclamata con sufficiente chiarezza, onestà e forza, potesse modificare quelli che il potere ritiene dati immodificabili».[31]

Questa convinzione lo accompagnerà sempre e più avanti lo indurrà a sfidare, con la parola inerme, tutti i poteri di questo mondo per chiamare gli oppressi alla libertà, alla fine della paura. Ma, in quei mesi di guerra, nelle pagine di Teresa d'Avila e Giovanni della Croce scopre una «parola» immensamente più vasta e profonda, capace di far risuonare nell'anima corde misteriose e schiudere la mente a continenti sconosciuti: l'Eternità.

In quella cava polverosa, nei momenti di pausa, mentre con i compagni impastati di sudore e di terra si divide una zuppa e un pezzo di pane, Lolek le riassapora. Poi si fa da parte, cercando un angolo più silenzioso, si siede da solo sulle pietre e cerca questo cibo che sente sempre più gustoso e indispensabile, più del pane e dell'acqua. Immerso nelle pagine di Teresa sente il cuore accendersi, come capitò ai pellegrini di Emmaus ascoltando parlare Gesù. Percepisce la Sua presenza carezzargli l'anima:

[29] In Edith Stein, *Scientia crucis*, Edizioni OCD 2008, p. 237.
[30] George Weigel, *Testimone della speranza*, cit., pp. 82-83.
[31] Ivi, p. 82.

Quanto delicatamente e amorosamente
ti risvegli nel mio seno,
dove segretamente solo dimori;
nel tuo aspirare saporoso
di bene e di gloria colmo;
quanto delicatamente mi innamori![32]

La sera, tornando stanco dalla Solvay, si ferma spesso a pregare nella chiesina dove pochi mesi prima stava in adorazione Helena Kowalska (suor Faustina) e, dopo giornate di lavoro durissimo, al lume di candela, Lolek, nella notte della storia più buia delle viuzze di Cracovia, sotto il coprifuoco, fra rastrellamenti e rumori di spari, in attesa di recarsi negli scantinati dove lo aspettano gli amici del teatro, ancora si nutre di questo cibo divino col quale Teresa e Giovanni della Croce gli spalancano davanti quel paesaggio di luce, di bellezza, l'unica vera realtà sempre presente dietro la scena passeggera e crudele del mondo, infinitamente più vera e più saporosa di qualsiasi piacere terreno.

> Dio si risveglia in molteplici modi nell'anima (...). Questo risveglio del Figlio di Dio però, cui l'anima qui allude, è oltremodo elevato e ricco di profitto per lei.

Teresa parla di tale «forza, magnificenza, soavità interiore che all'anima pare di spargere tutti i suoi balsami... come se tutti i regni e le potenze del mondo fossero in movimento... Se quel grande Sovrano vuole anche farsi percepire, Egli che porta sulle spalle la signoria di tutti e tre i mondi e che con la Parola della sua potenza sostiene tutto, allora pare che tutto si metta in movimento, tutte le cose materiali nel movimento della terra, che si trovano in Lui, in Lui si muovono, come se fossero niente... qui tutte le cose non solo sembrano muover-

[32] In Edith Stein, *Scientia crucis*, cit., p. 213.

si, ma sembra apparire anche la grazia del loro essere, la loro forza, la loro bellezza e la loro attrattiva... Qui l'anima vede, come tutte le creature, dell'ordine superiore e inferiore, abbiano in Lui la vita, la loro forza e la loro sussistenza».[33]

Già in questo periodo gli amici che sono andati a vivere in casa con lui ricordano di averlo trovato talvolta assorto nella preghiera, disteso in terra, con le braccia a croce. Fra la fine del 1941 e i primi mesi del 1942 – nel pieno del turbine bellico – Karol comprende che in lui sta maturando «un processo di distacco dai miei progetti precedenti». In queste settimane una figura è per lui «determinante», oltre a san Francesco di Assisi:[34] è il santo frate Alberto. «Trovai in lui *un particolare appoggio spirituale e un esempio* nel mio allontanarmi dall'arte, dalla letteratura e dal teatro, *per la scelta radicale della vocazione al sacerdozio*.»[35]

Karol intuisce che la più grande e vera «resistenza» al Male, l'unica vittoriosa, è quella commozione che sente per l'Amore fattosi carne e crocifisso. Del resto i sacerdoti che conosceva – dai salesiani di Debniki ai carmelitani di Cracovia – erano stati testimoni eroici di questo Amore, fino al martirio.

[33] Ivi, pp. 343-344.

[34] Parlando di quel momento della sua vita, il Papa un giorno ha svelato: «Devo molto a san Francesco d'Assisi che, non ritenendosi degno dell'ordinazione, si limitò al diaconato» in André Frossard-Karol Wojtyla, *Non abbiate paura*, Rusconi 1983, p. 20.

[35] Karol Wojtyla, *Dono e mistero*, cit., p. 43. Questo «frate Alberto» che in realtà si chiamava Adam Chmielowski, fu uno dei coraggiosi insorti di Varsavia del 1863 e durante i combattimenti perse una gamba. Adam era un pittore di grande qualità, che ebbe successo anche a Parigi, ma quando s'imbatté nel mondo sotterraneo dei mendicanti di Cracovia, nel dormitorio pubblico, decise di vivere fra loro e per loro, lasciando quell'arte che gli prometteva orizzonti di gloria. Sul giovane Karol (e non solo) questa figura, attorno a cui si raccolsero subito altri uomini e donne, esercitò un grande fascino. Secondo Wojtyla, frate Alberto «fu uno degli artefici della rinascita spirituale della Polonia».

L'amore mi ha spiegato ogni cosa,
l'amore ha risolto tutto per me –
perciò ammiro questo Amore
dovunque Esso si trovi.[36]

L'estate del 1942 trascorre e Karol si accorge che la sua vita, tutto quello che è accaduto – pur così tragico e doloroso – ha per lui la forma di una chiamata, addirittura di una predilezione. Paradossalmente se rilegge i suoi 22 anni si sente amato e scelto.

Qualcuno si chinò lungamente su di me (...)
Questo dolce chinarsi pieno di freschezza e insieme di arsura
Che cala dentro di me eppure mi resta sopra (...)
In quel silenzio sento, sopra di me, il chinarsi di Dio.[37]

Un giorno di autunno del 1942, dopo averne parlato con Tyranowski e aver avuto la sua approvazione, Karol salì alla città vecchia, bussò alla porta dell'arcivescovo e chiese di essere ammesso al seminario. Non esisteva più il seminario ufficiale che i nazisti avevano decimato con le retate: «In una occasione furono arrestati cinque studenti, che finirono subito di fronte al plotone di esecuzione o vennero deportati ad Auschwitz».[38]

Però il cardinale aveva nascosto nella sua casa un seminario clandestino, rischiando personalmente la deportazione e la morte come già faceva con la sua coraggiosa difesa di tutte le vittime. Il rettore, padre Jan Piwowarczyk, accettò il giovane Wojtyla, ma gli prescrisse di continuare a lavorare alla Solvay e seguire i corsi di teologia che si tenevano clandestinamente e che potevano subire nuove retate dei nazisti

[36] Karol Wojtyla, *Canto del Dio nascosto*, in *Giobbe ed altri inediti*, cit., p. 95.
[37] Ivi, p. 96.
[38] George Weigel, *Testimone della speranza*, cit., p. 88.

occupanti.[39] Nessuno doveva sapere niente, ma fu giocoforza per il giovane Karol comunicarlo almeno agli amici più stretti, quelli del teatro, che lo costrinsero a ore e ore di discussione notturna, non rassegnandosi ad accettare la sua scelta. Erano cattolici, ma non capivano perché il loro Lolek, con quelle qualità artistiche, con la sua passione per la letteratura, lasciasse tutto per farsi prete, in una circostanza storica, fra l'altro, in cui quella scelta significava solo sofferenze e prove di ogni genere.[40]

Rinunciava anche all'amore umano, lui che era anche un giovane affascinante e aveva tante amiche che certo lo ammiravano. «Vi fu un giorno» racconterà molti anni dopo «in cui ebbi l'assoluta certezza che la mia vita non si sarebbe realizzata nell'amore umano, di cui ho sempre sentito profondamente la bellezza.»[41]

Anche questa giovinezza vissuta con verità e purezza, farà di lui un uomo così straordinario[42] e capace, fra l'altro, di

[39] Karol Wojtyla, *Dono e mistero*, cit., p. 21.

[40] Il 10 giugno 1987 il Papa confiderà a un gruppo di giovani: «Mi ricordo che quando ero giovane come voi e leggevo il Vangelo, per me l'argomento più forte a favore della veridicità di quello che stavo leggendo era che nel Vangelo non c'è nessuna segreta promessa. Egli ha detto ai suoi discepoli una verità assolutamente dura: non aspettatevi niente, nessun regno di questo mondo, nessun posto alla destra o alla sinistra nei ministeri di questo futuro regno messianico. Il re messianico andrà sulla croce e là verrà provato. Poi la risurrezione vi darà la forza per rendervi capaci di testimoniare al mondo questo Crocifisso. Ma nessuna segreta promessa! Nel mondo sarete oppressi. Questo mi convinceva molto, perché normalmente gli uomini cercano di attirare gli altri con le promesse. Con delle promesse, con la carriera, i guadagni».

[41] André Frossard-Karol Wojtyla, *Non abbiate paura*, cit., p. 15.

[42] Spiega Vittorio Messori che un aspetto decisivo di Giovanni Paolo II «è la sua straordinaria umanità. In questo inusitato pontificato c'è anche questo particolare: Karol Wojtyla è il primo Papa, da forse due secoli, che non è entrato in seminario da bambino. Ha avuto una gioventù normale nella Polonia fra nazismo e comunismo, quella di un ragazzo della sua generazione, che ha frequentato gli ambienti sportivi e teatrali, e ha conosciuto delle ragazze. Questa educazione non clericale ha contribuito ad assicurargli una grande facilità di rapporti con chiunque, uomini e

comprendere il grande desiderio di amore dei giovani[43] e sottolineare la grandezza della femminilità con una profondità e una tenerezza che pochi avevano avuto e che ricorda la tenerezza e la profondità di Gesù nei suoi incontri con le donne.[44]

I suoi amici del Teatro Rapsodico alla fine capirono il perché di quella scelta, di quella rinuncia a una vita propria: Karol era perdutamente innamorato. Come il profeta Geremia: «Tu, Signore, mi hai sedotto, e io mi sono lasciato sedurre».[45] Da Papa in qualche occasione si lascerà andare a una confidenza su quella sua amicizia con il Figlio di Dio che forse fa trasparire una «chiamata» speciale, qualcosa di misterioso ac-

donne, capo di Stato o semplice fedele. Lo si vede in occasione dei suoi viaggi, durante i quali s'immerge in bagni di folla, incontra gente comune e alti dirigenti con la stessa naturalezza e la stessa benevolenza. Fra le sue foto, che si contano a milioni, ce n'è una che mi emoziona particolarmente perché mi fa comprendere il segreto di quest'uomo. Fu scattata in occasione di un viaggio: si vede una ragazza, molto bella, che porta un cesto di frutta e lo offre al Santo Padre. E lui, istintivamente, le accarezza paternamente una guancia, atto impensabile per Pio XII o Paolo VI. Nessuna ambiguità in questo gesto, nessun imbarazzo. Questa spontaneità riveste una grande importanza nel carisma di Giovanni Paolo II. Quello che affascina gli intellettuali, più che il pensiero, è la persona di Giovanni Paolo II» (intervista a «Le Figaro Magazine», cit.).

[43] «Fin dall'inizio» ha raccontato il Papa «quando ero un giovane sacerdote, ho trascorso molte ore a parlare con gli studenti nei campus delle Università o passeggiando lungo i laghi, in montagna e in collina. Ho trascorso molte serate cantando con i giovani, ragazzi e ragazze come voi» (19 settembre 1987). «In anni lontani mi è capitato spesso di essere non soltanto testimone di queste importanti vicende personali, ma qualcosa di più: di essere, cioè, colui al quale i giovani confidavano i segreti dei loro cuori, colui con il quale volentieri parlavano della loro vocazione al matrimonio e alla vita familiare. Appresi allora la grande verità sull'amore e sulla responsabilità, e ad essa dedicai anche un libro. Quel testo nacque nel clima di molteplici attese dell'amore e anche di molteplici sforzi per conferire all'amore una forma matura, sì da poter poggiare su di esso l'intera esistenza nella comunità familiare» (15 dicembre 1994).

[44] Domenico Del Rio ha colto acutamente questo aspetto in *Roveto ardente*, Studium 2000, pp. 35-44 e 63-71.

[45] Devo questa immagine profetica, così efficace nel caso del giovane Wojtyla, a Domenico Del Rio, *Karol il grande*, Paoline 2003, p. 30.

caduto un certo giorno: «Alla mia coscienza (...) si manifestava sempre più una luce: *il Signore vuole che io diventi sacerdote*. Un giorno la percepii con molta chiarezza: era come un'illuminazione interiore che portava in sé la gioia e la sicurezza di un'altra vocazione. E questa consapevolezza mi riempì di una grande pace interiore».[46] E ancora: «Avvertivo chiaramente che ciò che sentivo nel mio cuore non era una voce umana, né una mia idea. Cristo mi stava chiamando a servirlo come sacerdote» (15 settembre 1987). «È per tutte queste cose che ho sempre vivo nella memoria lo sviluppo interiore in seguito al quale "ho udito" la chiamata di Cristo al sacerdozio. Questo speciale: "Vieni e seguimi"» (1° giugno 1980).

In effetti, quella che cresce nel cuore del giovane è addirittura una vocazione contemplativa, tanto che, alla sequela di Teresa d'Avila e Giovanni della Croce, Karol pensa di farsi carmelitano.[47] Si sente la vibrazione di questa tensione mistica nelle poesie di quei mesi, specialmente il *Canto del Dio nascosto*. Qui lo struggente desiderio di immergersi nell'abbraccio dell'Atteso, protetto dalle possenti mura di un monastero di contemplativi,[48] è esplicito.

[46] Karol Wojtyla, *Dono e mistero*, cit., p. 44.

[47] «Vorrei farvi una confidenza personale» disse un giorno il Papa in un incontro con dei giovani. «Devo dirvi che nella mia età giovanile la Vergine del Carmelo mi ha aiutato... penso in una misura immensa. Mi ha aiutato a trovare la grazia propria della mia età, della mia vocazione.» E poi: «Io devo tanto negli anni giovanili a questo scapolare carmelitano» (15 gennaio 1989).

[48] Olivier Clément descrive l'itinerario in cui nasce una vocazione monastica: «Così come Giovanni si appoggia al cuore del Maestro durante l'ultima cena e poi, divenuto vecchio, scopre il volto fulgido del Signore dei mondi, così il monaco è affascinato dalla incomparabile bellezza del Risuscitato. In lui l'eros tutto intero è attirato da quella bellezza fatta di amore e di luce, tanto più sconvolgente in quanto irraggia attraverso la sfigurazione della passione della Croce. Non vi è posto per un'altra espressione dell'eros, perché il monaco ha compreso che la distanza e l'identità tra lo sfigurato e il trasfigurato danno la misura dell'amore "folle" di Dio per lui, per tutti, e di quale amore potrebbe avere bisogno?», Olivier Clément, *Riflessioni sull'uomo*, Jaca Book 1975, pp. 77-78.

Lontane rive di silenzio cominciano
appena di là dalla soglia. (...)
Avvolto dalla misteriosa bellezza dell'eternità.[49]

Dovendo continuare il suo lavoro di operaio (e per un po' la «resistenza culturale» col teatro), Karol è sempre più attratto e incantato da questo Dio innamorato della sua creatura e desideroso dell'amore della sua creatura:

Il Signore quando attecchisce nell'intimo è come un fiore
assetato di caldo sole. (...)
Ricordati cuore di quello sguardo
In cui ti attende tutta l'eternità.[50]

Eppure cos'è l'uomo? «Il nulla che attende l'alba della creazione»,[51] ma quando incontra «il soffio del Tuo Amore (...) si confondono l'attimo e l'eterno» e allora «la vita è forse un'onda di stupore, un'onda più alta della morte.»[52]

Pur costretto a una doppia vita, per il giovane operaio (seminarista clandestino) la ricerca quotidiana del volto di Cristo, in cui trovare pace e bellezza, si fa febbrile. Comincia ormai a riconoscerlo in tutte le cose, tutto «si mescola allo stupore», dal «cinguettio di fanciulli» alla distesa dei campi verdi:

T'amo, fieno odoroso (...) perché hai cullato in te uno scalzo Fanciullo. (...)
T'amo, albero severo, che le Sue spalle nascondesti
Sotto grappoli di sangue.
T'amo, pallida luce del pane di frumento
In cui l'eterno dimora un istante,

[49] Karol Wojtyla, *Canto del Dio nascosto*, in *Giobbe ed altri inediti*, cit., p. 96.
[50] Ivi, pp. 96-97.
[51] Ivi, p. 98.
[52] *Ibidem*.

La nostra riva raggiungendo
Per occulti sentieri.[53]

Un giorno, da Papa, confiderà: «Se guardo alla mia giovinezza, a quella giovinezza degli anni dell'occupazione, anni terribili, un incubo, vedo che la fonte della "forza di sfondamento" era proprio l'eucarestia. E non solo per me, ma per molti altri». Attraverso la sofferenza, tuttavia, sente i suoi 20 anni plasmati dalle mani sapienti di un Padre buono e ne è entusiasta:

Egli ha cinto la mia giovinezza di un ritmo stupendo.
Ha forgiato il mio canto sopra un'incudine di quercia. (...)
Io, il Tuo servo orante grato,
perché misteriosamente rendesti angelica la mia giovinezza,
perché da un tronco di tiglio scolpisti una forma robusta.[54]

Karol ha 24 anni. Solo pochi mesi e comincerà a sperimentare, per un misterioso dono di grazia, la Presenza stessa per cui arde, il Volto che brama. Lui non lo sa, ma ancora pochi mesi e assaporerà quei mondi di cui gli hanno parlato i mistici spagnoli. È impressionante trovare in questi suoi versi del 1944 una sorta di presagio dell'avventura a cui Dio lo sta preparando:

Dio venne fin qui, si fermò a un passo dal nulla,
ai nostri occhi vicinissimo.
E parve ai cuori aperti, e parve ai cuori semplici, sparito
all'ombra delle spighe. (...)
Imparate, diletti, vi prego, questo mio nascondiglio.
Dove mi sono nascosto, lì perduro.[55]

[53] Ivi, p. 99.
[54] Karol Wojtyla, *Magnificat*, in *Giobbe ed altri inediti*, cit., p. 87.
[55] Ivi, p. 99.

Bisogna far tesoro di questa poesia eucaristica. Perché abbiamo appreso dal cardinale Deskur che le esperienze mistiche di Karol Wojtyla iniziano a 26 anni, nel 1946, proprio l'anno dell'ordinazione sacerdotale, e ci sono indizi i quali fanno pensare che proprio con l'ordinazione, o meglio con la celebrazione della prima messa, si sia verificata questa caduta dei veli: «Da oltre mezzo secolo», ha scritto nell'enciclica *Ecclesia de Eucharistia* (n. 59), «ogni giorno, da quel 2 novembre 1946 in cui celebrai la mia prima messa nella cripta di San Leonardo nella cattedrale di Wawel[56] a Cracovia, i miei occhi si sono raccolti sull'ostia e sul calice in cui il tempo e lo spazio si sono in qualche modo "contratti" e il dramma del Golgota si è ripresentato al vivo, svelando la sua misteriosa "contemporaneità"».[57]

Sembra quasi che il giovane Karol avverta i passi dell'Amico, ormai vicinissimo, che sta per rivelarglisi apertamente. Dall'ostia già quasi traspaiono i suoi occhi:

> Spesso di là mi fissa lungamente
> inchiodando il mio volto con lo sguardo:
> Sai tu, sai tu fratello,
> come ci ama il nostro Padre?

Egli avverte come «una carezza sul volto/ dopo la quale vi è stupore e silenzio, silenzio senza parole».[58]

Questa è la vita, la vita vera: «Stare così, davanti a Te, guardare con questi occhi».[59]

[56] Lì sono sepolti re, vescovi e poeti che rappresentano la storia della nazione polacca, fra i quali Giovanni III Sobieski.

[57] Il 1° novembre 1996, celebrando la messa nel cinquantesimo anniversario della sua ordinazione, Giovanni Paolo II, con un filo di voce, prese a parlare della visione del volto di Gesù: «Lo vedremo così come egli è, lo vedremo faccia a faccia, e lo vedremo insieme a quanti ci hanno accompagnato lungo il pellegrinaggio terreno».

[58] Karol Wojtyla, *Canto del Dio nascosto*, in *Giobbe ed altri inediti*, cit., p. 96.

[59] Ivi, p. 101.

Perfino la vita quotidiana nell'inferno della guerra, dell'occupazione, delle stragi, fra gli uomini affaticati e oppressi della cava, gli rivela qualcosa dello struggente dialogo del Verbo con il Padre: «Scelgo gli occhi degli uomini/colmi d'una luce di grano».[60] Quel Figlio di Dio, quel Salvatore, la cui delizia è stare fra gli uomini (e sarà pure il suo tormento, perché lo macelleranno ferocemente come un agnello) lo incanta sempre più.

Il giovane Karol cerca di immaginare se fosse stato lì, con lui, duemila anni fa, nei borghi attorno al lago della sua Galilea:

> Quella sera con Nicodemo
> oppure sulla riva del mare,
> affascinato dalla Tua beltà.

Sempre più Lolek sente la «crescente nostalgia di quel giorno», il giorno dell'incontro con quello sguardo, con il Re dei cieli che ha occhi e cuore di uomo. La sua poesia sembra un inconsapevole presagio di ciò che sta per accadere:

> Penso spesso a quel giorno di visione
> che sarà pieno di stupore
> per la Tua semplicità
> che tiene in pugno il mondo.[61]

Con la ritirata dei tedeschi e l'inizio della nuova occupazione, quella dell'Armata Rossa sovietica, per Karol si dischiudono le porte del seminario. Ora può lasciare la Solvay e vivere nella casa del vescovo, sempre più vicino all'ordinazione e a quel misterioso appuntamento, che il Nazareno prepara nel cuore del giovane:

[60] *Ibidem.*
[61] Ivi, p. 102.

Portami con Te, ad Efrem, Maestro, e lascia ch'io rimanga con Te (...)
Ti ringrazio perché hai posta la dimora dell'anima lontano da ogni fragore
e come amico vi soggiorni, circondato dalla Tua sorprendente povertà.
O Immenso! Occupi solo una minuscola cella
ed ami luoghi vuoti e solitari. (...)
Entra in me Tu solo, col Tuo fremente essere
e col vento che trema fra le spighe mature.[62]

Già, il vento. E le spighe mature. Le ritroviamo proprio all'inizio della sua missione, della sua avventura nel mondo, quando arriva nella sua prima parrocchia, sperduta nella povera campagna polacca: Niegowić.[63]

Il vento e il grano, dicevamo. Sarà lo stesso vento che lo accompagnerà, divenuto papa Giovanni Paolo II, in ogni suo viaggio, ai quattro angoli della terra, il vento che soffia fra i suoi capelli candidi e trasforma le sue vesti solenni in ali di angeli. Vento che porta agli uomini il grano, quel pane diventato Gesù stesso.

Sarà il vento che, in quella mattina di aprile del 2005, soffierà impetuoso su piazza San Pietro, per sfogliare le pagine del Vangelo posto su quella cassa di legno, dove un chicco di grano è morto, entrando possente dentro il portale della basilica.

Karol Wojtyla è stato il vento dell'Eterno nella nostra

[62] Ivi, pp. 102-103.

[63] Dal pullman preso a Cracovia don Karol scese a Gdów, dove un contadino gli dette un passaggio sul suo carretto. A un certo punto lo salutò prendendo una scorciatoia fra i campi: «Scorgevo già in lontananza la chiesa di Niegowić. Era il tempo della mietitura. Camminavo tra campi di grano con le messi in parte già mietute, in parte ancora ondeggianti al vento. Quando giunsi finalmente nel territorio della parrocchia di Niegowić, mi inginocchiai e baciai la terra (...). In chiesa sostai davanti al Santissimo Sacramento e poi mi presentai al parroco» (Karol Wojtyla, *Dono e mistero*, cit., p. 71).

generazione. Attraverso di lui il Re dei Cieli ci è passato accanto donandoci la sua carezza e facendoci volare.

La penna spezzata

Ma facciamo un passo indietro. Torniamo ai giorni, alle ore, in cui fu scelto come Vicario di Cristo in terra il giovane operaio-poeta di Cracovia, primo straniero dopo mezzo millennio, primo Papa slavo.

Il 28 settembre 1978, festa di san Venceslao, è il ventesimo anniversario della consacrazione episcopale di Karol Wojtyla. Il giovane cardinale di Cracovia – tornato dalla visita pastorale a una parrocchia di montagna – la sera festeggia l'anniversario con gli amici. Che però lo ricordano stranamente silenzioso.

Il mattino dopo, 29 settembre, mentre fa colazione, gli portano la sconvolgente notizia della morte, nella notte, di Giovanni Paolo I. Si irrigidì, si alzò e subito andò da solo in cappella dove rimase due ore a pregare. «Non fece alcun commento» ricorda il segretario don Stanislaw Dziwisz, «lo sentimmo solo mormorare: "Una cosa inaudita".»[64]

Celebrando la messa di suffragio, il 1° ottobre, Wojtyla parla con tenerezza di papa Luciani e ricorda che era stato eletto nel giorno della festa della Madonna di Częstochowa. Altri noteranno che era morto nel giorno di san Michele Arcangelo, protettore della Chiesa.

Gli amici e i collaboratori di Wojtyla rammentano che il cardinale in questi giorni appariva pensieroso. Turbato. Celebrando la messa di suffragio alla basilica Mariacka lasciò trasparire alcuni pensieri del suo cuore: «Tutto il mondo, tutta la Chiesa si domanda: perché? (...) Non sappiamo che

[64] Stanislaw Dziwisz, *Una vita con Karol*, cit., p. 59.

cosa significhi questa morte per la Sede di Pietro. Non sappiamo che cosa Cristo voglia dire attraverso questo alla Chiesa e al mondo».

Il 3 ottobre parte per Roma con il primate Wyszyński. È nelle ore successive alla morte di papa Luciani e durante il viaggio per Roma che il cardinale di Cracovia scrive l'ultima poesia della sua vita, *Stanislao*, dedicata appunto al suo predecessore, il santo vescovo di Cracovia che subì il martirio per mano di re Boleslao. Ed è in questo inno d'amore alla Polonia e alla Chiesa che emergono i pensieri più intimi e traspare, in qualche modo, ciò che egli «sa». È infatti una poesia chiaramente profetica. È stata scritta, come ha detto l'autore stesso a George Weigel, per pagare «il mio debito con Cracovia». Weigel nota giustamente che è una poesia sul martirio e che «è una poesia che suona come un commiato. E mentre Wojtyla la scriveva, la penna gli si spezzò».[65]

Da questi versi e dalle circostanze della composizione appare chiaramente che Wojtyla sembra conoscere già il destino che lo aspetta. Ma come? Era un presentimento, una considerazione razionale, magari dovuta ai voti che già aveva ricevuto nel precedente conclave di agosto? Oppure sapeva perché gli era stato rivelato?

Ci sono episodi di queste ore che fanno pensare a segni, presentimenti o comunicazioni soprannaturali.[66] Ma diventa inevitabile cercare di capire cosa egli sapeva proprio nei versi di quella poesia di addio. Che parla della sua Chiesa

[65] George Weigel, *Testimone della speranza*, cit., p. 309.

[66] Ivi, p. 311. Weigel riferisce che dieci giorni prima del Conclave, il 5 ottobre, a Roma, al Collegio polacco, parlando con alcuni amici della morte di Giovanni Paolo I, Wojtyla raccontò che quel giorno lui si trovava in una parrocchia di montagna e durante la messa scoppiò un tremendo temporale: «Mentre lo descriveva, il cardinale fu preso da una strana emozione. Gli amici lo ascoltarono in silenzio, non sapendo che cosa dire. Poi Wojtyla tacque, temendo di essersi lasciato troppo andare».

che si è «legata alla mia terra» affinché «quanto vi sarà legato, resti legato nei cieli».

Attraverso un uomo di nome Stanislao (e poi in seguito tanti altri uomini) il popolo polacco «ricevette un secondo battesimo/ un battesimo di sangue» e quindi seguì il «battesimo di prove diverse».

Nella terra nutrita dal sangue dei martiri, il Nome di Colui che è la stessa libertà degli uomini, ha fecondato la «zolla dell'umana libertà» e il popolo polacco nel corso dei secoli ha visto come «il soffio occulto dello spirito salderà, unendole,/ la parola troncata e la spada: la spina dorsale troncata, le mani piene di sangue», ovvero Stanislao vescovo e re Boleslao.

«Se la Parola non ha convertito, sarà il Sangue a convertire.» E qui, nel tempo di Stanislao (la fine del primo millennio), c'è come un presagio del suo, alla fine del secondo: «Il primo secolo volge alla fine/ e comincia il secondo./ Mettiamo mano al DISEGNO di un tempo ineluttabile».

Wojtyla parla della terra polacca come gli appare dall'auto e dall'aereo che lo portano verso Roma. Vede la Polonia come «terra di unione difficile... Terra, infine, spartita sulle carte del mondo», ma «terra unita nei cuori polacchi» proprio da quel martirio. «Di dove viene il nome che quell'uomo ricevette per gli altri?» Cioè: perché il suo martirio?

> Per i genitori, la stirpe, e il Vescovato di Cracovia, per il re Boleslao, detto «Il temerario» e «Il generoso»?
> Per il ventesimo secolo?
> Quel nome.

Il nome di martire. È strano che il tema scelto per questa poesia di commiato sia il martirio. Il martirio di un suo predecessore. Il martirio che genera unità e libertà. C'è in questo un presagio di se stesso? C'è una meditazione sulla morte di papa Luciani? Difficile capirlo. Fatto sta – come ricorda Weigel nella sua biografia – che, arrivato a Roma, l'8 ottobre, celebrando col primate polacco una messa in suffragio di Giovanni Paolo I nella chiesa di San Stanislao, Wojtyla torna a parlare del martirio, legato alla Cattedra di Pietro.

Commentando il capitolo 21 del Vangelo di Giovanni, dice:

Pensando alla straordinaria chiamata di papa Giovanni Paolo, non possiamo non ritornare a quella prima chiamata, quella rivolta a Simone, al quale nostro Signore diede il nome di «Pietro». E in particolare a quella chiamata definitiva dopo la risurrezione, quando Cristo gli chiese per tre volte: «Mi ami?». (...) La successione a Pietro, la chiamata al ministero pontificale, contiene sempre al suo interno una chiamata all'amore che è in assoluto il più alto, un amore molto particolare. E sempre, quando Cristo dice a un uomo: «Vieni, seguimi», gli chiede quello che ha chiesto a Simone: «Mi ami tu più di costoro?». Allora un cuore umano non può che tremare. Tremò il cuore di Simone e tremò il cuore di Albino Luciani (...). Il testo del Vangelo di Giovanni prosegue. Cristo pronuncia parole enigmatiche. Dice a Pietro: «Quando eri più giovane, ti cingevi la veste da solo, e andavi dove volevi; ma quando sarai vecchio, tenderai le tue mani e un altro ti cingerà la veste e ti porterà dove tu non vuoi». Parole misteriose, enigmatiche (...). E così, in questa chiamata rivolta da Cristo a Pietro dopo la risurrezione, l'intimazione di Cristo: «Seguimi» ha un duplice significato. È un invito a servire e un invito a morire.[67]

Una cosa è chiara: Karol Wojtyla sapeva bene cosa significava quella chiamata. Mentre lo scrutinio andava avanti, pare che lui stesse con la testa tra le mani, in una silenziosa e intensa preghiera. E quando il cardinale Villot gli si

[67] In George Weigel, *Testimone della speranza*, cit., p. 312.

rivolse chiedendo se accettava l'elezione, alzò la testa e con una voce calma e sicura pronunciò la risposta latina: «Accepto».

Poi là fuori, dalla loggia di San Pietro, in quel primo memorabile discorso improvvisato alla gente, confidò subito che nel suo cuore c'era un tumulto di sentimenti: «Io ho avuto paura a ricevere questa nomina, ma l'ho fatto nello spirito dell'ubbidienza verso Nostro Signore Gesù Cristo e nella fiducia totale verso la sua Madre, la Madonna santissima».

Il suo sì significò la sua piena e cosciente disponibilità al martirio. Che non ha solo sfiorato nell'attentato del 13 maggio 1981 o in altri che furono sventati, ma che probabilmente ha vissuto appieno, sia pure in differita, con una precisa offerta sacrificale di sé come vittima (lo vedremo). Offerta a cui – per il mistero di comunione che unisce i cristiani in un solo Corpo – si sono associati altri, come l'amico Andrej Deskur, ottenendo che il suo pontificato durasse a lungo (e, come vedremo, non è solo Deskur, ma anche altri, per vie misteriose e spesso prodigiose, si sono offerti per il Papa).

S'impone però, dopo la lettura di quella omelia, anche un'altra domanda: il cardinale Wojtyla pensava alla morte di papa Luciani come a un martirio? Un uomo di fede e maestro di cristianesimo, don Luigi Giussani, in un'intervista dell'agosto 1988, parlando di papa Luciani, disse: «Dio ha voluto» io credo «il sacrificio di quest'uomo (perché è stato un sacrificio reale! E sapremo forse soltanto alla fine del mondo fin dove è stato martirio), Dio ha voluto questo per preparare la Chiesa all'ingresso di Giovanni Paolo II. Un Papa straniero che è l'incarnazione di quello che gli ultimi dieci anni di Paolo VI hanno intuito ed espresso»[68] (vedi

[68] *I volti segreti di Pietro*, intervista a monsignor Luigi Giussani di Renato Farina, in «Il Sabato», n. 32-33, agosto 1988, riportato in *Un avvenimento di vita, cioè una storia*, introduzione del cardinale Joseph Ratzinger, pp. 78-79.

Appendice a questo capitolo). E – per tornare alla vicenda di Karol Wojtyla – il modo in cui l'arcivescovo di Cracovia visse quei giorni fra settembre e ottobre 1978 fa veramente pensare che egli potesse già conoscere quale sarebbe stato il suo destino:

> Il primo secolo volge alla fine
> E comincia il secondo.
> Mettiamo mano al DISEGNO di un tempo ineluttabile.[69]

Nuove conferme

A questo punto occorre capire meglio. Cerco di rimettermi in contatto con la mia prima fonte, quello che ho chiamato Petrus. Non è semplice. Per qualche settimana ho l'impressione di trovarmi davanti a un muro di gomma. Poi scopro che si trovava all'estero. Infatti un pomeriggio mi chiama lui stesso. Sapeva che l'avevo cercato e mi dà un appuntamento per l'indomani. All'ora stabilita sono dal prelato. Cordiale, seppure riservato, come la volta precedente, ascolta senza tradire la minima emozione il resoconto delle mie scoperte. Alla fine osserva, quasi sussurrando fra sé, che il cardinale Deskur «è davvero un grande uomo di fede» e che, confidandomi quel «segreto», ha fatto verso di me, «un atto di profonda stima: le ha donato un tesoro».

Lei pensa che Deskur sappia molto di più del mistero di Wojtyla?

«Naturalmente. Del resto» aggiunge sorridendo «non sono solo gli uomini di Dio a sapere, ma anche le donne di Dio...»

[69] Nel testo della poesia *Stanislao* (Karol Wojtyla, *Giobbe ed altri inediti*, cit., pp. 133-137) è lo stesso Wojtyla che traccia la parola DISEGNO tutta maiuscola.

Che intende dire?

«Un giorno il cardinale Deskur andò in Portogallo e visitò suor Lucia di Fatima. Alla fine del colloquio chiese se doveva portare un messaggio al Santo Padre da parte della Madonna. Suor Lucia rispose: "No, no, ci penserà la Madonna stessa...".»

Alla luce di questo lato mistico, inedito, della vita di Karol Wojtyla c'è da ripensare a tante vicende del suo straordinario pontificato. Ma in Curia non filtrava nessuna voce?

«La Curia è il regno delle voci» dice ridendo il prelato. «Mi è capitato diverse volte di sentir bisbigliare che "il Papa parla con la Madonna". Voci... Che però, in fondo, hanno avuto la conferma più solenne e pubblica che si potesse immaginare...»

Quando? Come?

«Solo che nessuno se n'è accorto. Nessuno se n'è reso conto.» Mi faccia capire... Il prelato apre un cassetto e, in silenzio, mi allunga un foglio. È la fotocopia di un articolo del «Corriere della Sera» del 3 aprile 2008, il giorno successivo alla celebrazione di Benedetto XVI nel terzo anniversario della morte di Karol Wojtyla. In quel ritaglio si legge: «Ratzinger: "Giovanni Paolo II aveva qualità soprannaturali"». Ecco le parole precise di papa Benedetto: «Egli nutriva una fede straordinaria in Cristo risorto e con lui intratteneva una conversazione intima, singolare e ininterrotta. Tra le tante qualità umane e soprannaturali aveva infatti anche quella di un'eccezionale sensibilità spirituale e mistica. Bastava osservarlo quando pregava: si immergeva letteralmente in Dio e sembrava che tutto il resto in quei momenti gli fosse estraneo».

Parole molto chiare. Solo che tutti hanno pensato che papa Ratzinger usasse quei termini («qualità soprannaturali», «mistico», «conversazione intima») in senso generico, per sottolineare la profonda spiritualità del predecessore, l'intensità della sua preghiera. Per esempio, Joaquin Navarro Valls, intervistato da «la Repubblica» del 3 aprile 2008 su quelle espressioni di Benedetto XVI riduce tutto alla normalità: «Naturalmente sono d'accordo con Benedetto XVI. Significa che ogni cristiano riceve col battesimo questa possibilità soprannaturale che lo fa capace di Dio. Il problema è che cosa ne facciamo di questa possibilità ricevuta». Invece le parole di Benedetto XVI erano da prendere alla lettera: «Mistico» in senso – per così dire – tecnico, proprio, letterale.

«Esattamente...»

In effetti lo stesso monsignor Slawomir Oder, postulatore della causa di beatificazione, in quella pagina del «Corriere», dichiara: «Abbiamo molte testimonianze sulla forza della sua preghiera, sulle posizioni che assumeva nel pregare – per esempio sdraiandosi a terra – e sul fatto che pregava ad alta voce anche essendo da solo, come parlasse con il Signore». Poi aggiungeva: «Poteva capitare che lo si sentisse parlare durante la sua preghiera e da un'altra stanza o dal corridoio si poteva pensare che stesse conversando con qualcuno, invece parlava ad alta voce con il Signore, cioè dialogava con Dio come appunto è attestato nella vita di tanti mistici».

Anche il segretario del Papa, Stanislaw Dziwisz, diventato cardinale di Cracovia, nel suo libro-ricordo *Una vita con Karol* aveva usato le stesse parole a proposito di chi partecipava alla messa mattutina del pontefice: «Trovavano spesso il Papa in ginocchio che pregava a occhi chiusi, in uno stato di abbandono totale, quasi di estasi, senza nemmeno accorgersi di chi entrava. "Dava l'impressione" notò più di qualcuno "che stesse parlando con l'Invisibile"».[70]

[70] Stanislaw Dziwisz, *Una vita con Karol*, cit., p. 81. Dziwisz aggiunge: «Per tutta la giornata, non smetteva mai di pregare. Non era raro che uno dei segretari, andando a cercarlo, lo trovasse in cappella, disteso a terra, completamente immerso nelle sue orazioni, o intento a canticchiare durante l'adorazione quotidiana». Per esempio «si fermava meditando davanti alla diverse immagini e in particolare a un piccolo altare con l'effige della Madonna di Fatima. Recitava sempre il rosario intero, la preghiera che prediligeva. Ogni giovedì praticava l'ora santa. Il venerdì faceva la Via Cru-

È un modo per dire e non dire. Ma che, dopo aver ascoltato la rivelazione del cardinale Deskur, non lascia incertezze sul suo significato. Karol Wojtyla in effetti parlava con l'Invisibile! Qualcuno aveva sfiorato la verità. Per esempio George Weigel, nella sua monumentale biografia del Papa, a un certo punto scrive:

In primo luogo papa Giovanni Paolo II è sempre stato un uomo con un senso della privacy profondamente radicato, e solo di recente ha iniziato a rivelare, in riflessioni autobiografiche date alle stampe, certi aspetti dei suoi primi anni e della sua prima evoluzione. Una delle cause della reticenza di Karol Wojtyla è il suo misticismo. Come altri mistici, il Papa trova di fatto impossibile descrivere le sue più profonde esperienze religiose, che fanno di lui l'uomo che è. Coloro che l'hanno udito gemere pregando, prima della messa del mattino, nella sua cappella privata, sanno che nella vita di Karol Wojtyla c'è una dimensione in cui il suo solo compagno e interlocutore, in una conversazione letteralmente al di là delle parole, è Dio.[71]

Weigel si è avvicinato a quel segreto inconsapevolmente? O piuttosto sapeva e non ha potuto scrivere oltre?

Chiedo a Petrus se lui è al corrente di qualche episodio particolarmente impressionante.

«C'è un fatto che è trapelato dall'appartamento pontificio. Ho saputo che una notte – si era nell'agosto 1997, alla vigilia del viaggio a Parigi per la XII Giornata mondiale della Gioventù – uno stretto collaboratore del Papa sentì dei rumori

cis, in qualsiasi parte del mondo si trovasse... Per lui la messa, la recita del breviario, le frequenti visite al Santissimo, e poi, via via, il raccoglimento, le devozioni, la confessione ogni settimana, le pratiche di pietà (continuò a osservare il pieno digiuno perfino in età avanzata) erano altrettanti momenti fondamentali che costituivano la trama quotidiana della sua vita spirituale, cioè il suo essere costantemente in intimità con Dio» (p. 83).

[71] George Weigel, *Testimone della speranza*, cit., pp. 8-9.

nella camera del Papa» mi racconta Petrus. «Lui scese e silenziosamente si accostò alla porta che era socchiusa... La stanza era illuminata e la luce usciva dallo spiraglio della porta... ma si accorse che non era una luce naturale... Si rese conto che il Papa era disteso a terra e pregava alla sua maniera, con le braccia a croce, ma non entrò per capire cosa era quella luce non naturale che brillava in alto sopra di lui e davanti a lui...»

Ma chi emanava quella luce?

«Non poté verificarlo, perché non si affacciò. Ma l'indomani mattina, alla prima colazione, gli disse: "Santità siamo alla vigilia del viaggio in Francia... La notte dovrebbe riposare...". Il Papa lo guardò e gli rispose: "Se sapessi quello che so io anche tu passeresti la notte a pregare con me".»

Ma dunque cosa sapeva? Cosa, precisamente?

«Questo è il punto.»

È qualcosa che riguarda tutti noi? È per questo che lei ha voluto «suggerirmi» di indagare sul mistero di questo grande Papa? Allora mi dica tutto. Tutto quello che sa e che pensa.

«Io le ho detto già molto. Sta a lei adesso andare avanti. Provi a chiedersi, per esempio, se ci sono stati altri pontefici che hanno vissuto esperienze mistiche o hanno avuto rivelazioni soprannaturali. E quando e perché.»

Cos'altro dovrei chiedermi?

«Potrebbe chiedersi cosa più preoccupava Giovanni Paolo II. E mettere insieme tante tessere di un mosaico.»

Quale mosaico?

«Quello del suo pontificato. Ricordi quanti e quali mistici lo hanno annunciato, con quali messaggi. E quanti avvenimenti soprannaturali lo hanno accompagnato. Quando mai si è verificata una tale quantità di segni del Cielo, una tale cascata di grazie sull'umanità?»

Per qualche imminente avvenimento? Per uno sconvolgente pericolo che incombe su di noi? O per l'«esagerata» misericordia di Dio per questa generazione? O per tutti questi motivi?

Appendice

Le «visioni» di Erika

C'è – attorno alla morte di Giovanni Paolo I – una misteriosa vicenda riferita da uno dei più grandi teologi dei tempi moderni, Hans Urs von Balthasar, definito «un gigante della teologia del XX secolo» (ricevette per questo il premio «Paolo VI»). Von Balthasar era un uomo molto stimato da Karol Wojtyla, che lo volle cardinale, e da Joseph Ratzinger che, insieme con lui e Henri De Lubac, negli anni Settanta, aveva dato vita alla rivista teologica «Communio» (De Lubac definì Balthasar «l'uomo più colto del XX secolo»).

Dunque nel 1988 von Balthasar, per le Edizioni Johannes, pubblica un libro (poco conosciuto e mai tradotto dal tedesco) così intitolato: *Erika. Diario.* E nell'interno: «Testi dai diari di Erika Holzach scelti da Hans Urs von Balthasar». Suor Erika Holzach, nata a Basilea il 26 agosto 1903, a 24 anni si converte al cattolicesimo nonostante la fortissima opposizione della famiglia. Fa l'insegnante, entra in una comunità femminile riconosciuta dalla Chiesa e vive un'importante esperienza umana al Concilio Vaticano II durante il quale fu segretaria del professor Feiner, teologo, membro del consiglio del Concilio. Entrò poi nell'Istituto secolare della Comunità di san Giovanni (una comunità di consacrati) nato nel 1944 dal sodalizio spirituale fra von Balthasar e Adrienne von Speyr.

Suor Erika visse «numerose esperienze spirituali» nelle quali «conobbe molto sull'amore di Dio». Balthasar spiega nel libro che «alla fine, negli ultimi anni sempre più spesso ogni notte veniva rapita in estasi verso Dio – queste estasi potevano durare dalle 2 alle 5 ore – delle quali solo raramente al risveglio riusciva a riferire qualcosa».

Inoltre, negli ultimi periodi (Erika muore nel 1987), riceve la presenza sempre più frequente della Madonna, di sant'Ignazio e di Adrienne von Speyr. Questa esperienza mistica, spiega Balthasar, alla fine si caratterizza per la disponibilità di Erika a ricevere rivelazioni riguardanti avvenimenti ecclesiali, «che qui» precisa Balthasar «vengono solamente accennati».

Particolarmente strane sono le visioni riguardanti «l'assassinio di papa Luciani che dopo lei incontrò spesso» (si intende in visione). Balthasar, a questo proposito, fa due importanti sottolineature: 1) «si tratta di una "rivelazione privata", da interpretare adeguatamente»; 2) «Erika non sapeva assolutamente niente del libro di David Yallop (sulla morte di Luciani, *nda*)». Dunque le sue «visioni» non c'entrano niente con i teoremi di Yallop. Vediamo cosa Erika annota: «Subito dopo la morte di papa Luciani, ancora prima della sua sepoltura, lo riconobbi all'improvviso, mentalmente in Dio, presso di me. Lui era là, così sicuro e così reale come gli Angeli o i Santi (...). Era radioso e felice, ma io non "vedevo" niente. Lo sapevo con il cuore o con la mia persona. Tutto nel mondo fa parte di Dio».

Poi, più avanti, annota: «Ieri sera, quasi alla fine della preghiera nel mondo di Dio, mi è stato dato di conoscere qualcosa in modo molto chiaro: nella notte in cui fu ucciso, due uomini entrarono nella camera da letto del Papa. Il primo aveva una siringa letale, l'altro doveva solo fare la guardia. Il Santo Padre si svegliò e capì subito che lo volevano uccidere. Vide anche il secondo uomo. Non volle difendersi. Accettò volontariamente, per amore, la morte. Tutto successe molto velocemente. L'amata Madre di Dio mi mostrò che il Santo Padre si affidò totalmente a lei nell'ultimo istante, raccomandandole anche la Chiesa e il futuro Pontefice».

Erika aggiunge che «se non sbaglio» più tardi il secondo uomo «in quanto connivente fu ucciso dal primo». E conclude: «Ero veramente scossa. Ma dopo Gesù mi infuse una grande pace. Poi mi è stato detto che ciò che ho conosciuto sulla morte di Giovanni Paolo I non è stata una fine ma un inizio. Una volta il mio spirito fu in intimo e vivo contatto con il Papa morto. Lui mi ha fatto capire che gli stava a cuore che il Papa attuale (Giovanni Paolo II, *nda*) sapesse che è morto per amore di Cristo e per amore della Chiesa».

Poi papa Luciani le parla del Sinodo dei vescovi convocato dal suo successore (dovrebbe trattarsi del Sinodo straordinario sul «XX anniversario della conclusione del Concilio vaticano II» che Giovanni Paolo II convocò fra il 24 novembre e l'8 dicembre 1985, al termine del quale il Papa – in risposta alle proposte dei Padri sinodali – autorizzò l'elaborazione del catechismo universale della Chiesa cattolica poi pubblicato nel 1992). Luciani spiegò che «per desiderio della Madre di Dio lui voleva aiutare il Sinodo dei vescovi» e così «Lei lo chiamò e lui proteggerà il suo successore in un modo particolare».

Più avanti nel diario si legge che viene chiesto a Erika di pregare perché i gesuiti «si sottomettano alle decisioni importanti del Santo Padre». E quando, il 27 ottobre 1986, Giovanni Paolo II convoca il famoso incontro di tutte le religioni ad Assisi, un giorno di preghiera per la pace, Erika annota la sua «sconvolgente nostalgia della salvezza di quella gente». Poco dopo, presumibilmente nel novembre-dicembre 1986, annota queste parole che le vengono rivolte: «Presto ci sarà una catastrofe in Europa, derivata da un abuso della chimica. Molte persone si dispereranno, tanto da togliersi la vita, perché non si sono potuti limitare e non hanno creduto al Suo amore. Tu, Erika, e la maggior parte dei tuoi conoscenti, che sono già vecchi, non vedrete tutto questo. Dopo questa catastrofe avverrà una breve persecuzione dei cristiani da parte dell'Islam. Mia Madre abbrevierà la catastrofe attraverso la sua intercessione e per resistere infonderà una grazia particolare ai singoli uomini».

Erika, dopo essersi offerta in espiazione, muore alle 4 del mattino del 23 febbraio 1987. Nell'introduzione a quest'ultimo capitolo von Balthasar spiega che sia la predizione dell'«incidente chimico» che quella della «persecuzione dei cristiani» sono «riferite come rivelazioni private ed Erika vorrebbe che fossero valutate come tali» (va detto, a proposito della seconda profezia, che in quel momento storico, il 1986, non era neanche immaginabile l'emergere del «problema Islam» nei termini in cui oggi lo conosciamo).

Balthasar accenna a vari altri fatti che non può spiegare. Una delle annotazioni del famoso teologo è questa: «Importante anche il suo (di Erika, *nda*) rapporto con l'attuale Santo Padre (Giovanni Paolo II, *nda*). Tutto ciò che lo riguarda gli è stato notificato». Non spiega come e cosa papa Wojtyla abbia commentato in proposito. Il mondo delle rivelazioni private, almeno quelle di questo genere, è ovviamente da considerare con molta prudenza. E altrettanta ne occorre nel valutare la visione relativa al presunto martirio di Giovanni Paolo I. Tuttavia l'avallo dato da un così grande nome della teologia e della Chiesa fa riflettere, anche se lui stesso non sembra sottoscrivere quello sconcertante racconto, anche perché dall'indagine è risultato che papa Luciani è deceduto di morte naturale.

C'è anche un'altra circostanza che colpisce (devo questa considerazione al dottor Giuseppe Biffi che qui ringrazio). Erika muore nel febbraio 1987, von Balthasar pubblica in Svizzera questo libro con brani dei suoi diari (di cui fa parte la visione relativa al «martirio» di Papa Luciani), ai primi di aprile del 1988. Un mese dopo, il 29 maggio, il Papa annuncia la nomina di 25 nuovi cardinali, fra i quali spicca il nome di von Balthasar. Ad aggiungere un tocco di «giallo» alla porpora cardinalizia accade un fatto sorpendente: von Balthasar muore all'improvviso il 26 giugno, proprio alla vigilia del giorno in cui avrebbe ricevuto la berretta cardinalizia dalle mani del pontefice.

Naturalmente quella nomina non ha nulla a che vedere con il libro *Erika*, pubblicato il mese precedente. Ma sappiamo dallo stesso Balthasar che Giovanni Paolo II era stato informato dei suoi contenuti che lo riguardavano e la nomina cardinalizia documenta almeno la grande e immutata stima che il Papa aveva per questo grande teologo. Infatti il pontefice lo ricorderà «con gratitudine e venerazione» ritenendolo «un grande uomo di Chiesa». Giudizio condiviso da Joseph Ratzinger che nel 2005, commemorando il centenario della nascita del teologo-cardinale svizzero, disse: «Lo ricordiamo in questa significativa circostanza come un uomo di fede, un sacerdote che nell'obbedienza e nel nascondimento non ha mai ricercato l'affermazione personale, ma in pieno spirito ignaziano ha sempre desiderato la maggior gloria di Dio».

Segni e profezie attorno a Wojtyla

«Il dramma è che tanti non capiscono nulla del loro tempo. L'uomo è oppresso dalle strutture di Mammona, fortificate dalla filosofia del nulla: oppresso dalle potenze di questo mondo, dai loro miti. La Chiesa non è con il mondo: la Chiesa è con l'uomo, essa è la voce della libertà, della libertà che nasce dallo Spirito Santo. La Chiesa non può essere là dove regnano le forme ciniche o quelle eversive e nichiliste dei padroni di questo mondo e di questo tempo. Ma questa è una vocazione mirabile per la Chiesa: in questa vocazione opera la potenza dello Spirito Santo. Nel momento in cui tutto umanamente sembra perduto, allora è il tempo dello Spirito Santo: che conduce al nulla i potenti di questo mondo e trova vie impensate per mostrare agli uomini la divinità della Chiesa, della sua opera di santificazione e di santità.»

Cardinale Giuseppe Siri

«Chiunque abbia avuto la ventura di incontrare un santo non troverà facile, per tutto il resto della sua vita, pronunciare senza un'estrema cautela la parola bellezza.»

Cristina Campo

Due casi illuminanti

Prima di indagare su ciò che Karol Wojtyla sapeva e che probabilmente riguarda il mondo intero e la nostra generazione, dobbiamo abituare i nostri occhi a questa prossimità del soprannaturale che si rivela. Siamo infatti nella condizione di chi, vivendo in uno scantinato buio, si trova d'improvviso la porta spalancata, con il sole che inonda tutto. Gli occhi devono assuefarsi. Siamo così compenetrati dal buio che quasi riteniamo impossibile che il sole possa illuminare tutto e quando accade restiamo abbagliati, di nuovo incapaci di vedere.

Lo ha spiegato benissimo, da cardinale, Joseph Ratzinger durante una conferenza su sant'Agostino: «Noi viviamo un po' tutti in un'atmosfera di deismo. La nostra idea delle leggi naturali non ci permette più facilmente di pensare a un'azione di Dio nel nostro mondo. Sembra che non ci sia spazio perché possa agire Dio stesso nella storia umana e nella mia vita. E così abbiamo l'idea che Dio non può più entrare in questo cosmo, fatto e chiuso contro di lui. Che cosa rimane? La nostra azione. E dobbiamo trasformare noi il mondo, dobbiamo noi creare la redenzione, dobbiamo noi creare il mondo migliore, un mondo nuovo. E se si pensa così, ecco che il cristianesimo è morto, il linguaggio religioso diventa un linguaggio puramente simbolico e vuoto».[72]

L'irruzione diretta del soprannaturale, che nel nostro tempo è stata così clamorosa (specialmente con le grandi apparizioni mariane, nei tanti miracoli e nelle vite dei santi), ha avuto come protagonisti altri pontefici?

Sì. Se restringiamo il campo di indagine al Novecento i due Papi di cui abbiamo notizie di questo genere sono Leone XIII e Pio XII. Nel primo caso si tratta di un avvenimento davvero singolare, ricostruito da padre Gabriele Amorth in *Un esorcista racconta*, che qui seguiamo. Una mattina (vedremo dopo l'importanza della data), subito dopo la celebrazione della messa, mentre – come d'abitudine – Leone XIII assisteva a una seconda messa di ringraziamento, stando a quanto scrive padre Domenico Pechenino, «a un tratto lo si vide drizzare energicamente il capo, poi fissare qualche cosa al di sopra del capo del celebrante. Guardava fisso, senza batter palpebra, ma con un senso di terrore e di meraviglia, cambiando colore e lineamenti. Qualcosa di strano, di grande avveniva in lui».

Ci sono diverse versioni di quello che Leone XIII vide e udì in quei momenti. La sostanza sembra questa: avrebbe sentito un dialogo presso il tabernacolo. Una voce aspra, appartenente a Satana, con orgoglio avrebbe lanciato la sfida di poter distruggere la Chiesa se solo avesse avuto il potere e il tempo sufficienti per metterla alla prova. Sembra che la dolce voce di Gesù abbia raccolto questa sfida permettendo tale prova per circa 100 anni. Infine il Papa avrebbe visto la basilica di San Pietro assalita dai demoni e scossa fin dalle fondamenta. Questa rivelazione ha una straordinaria consonanza con una visione testimoniata dalla mistica Anna Katharina Emmerich, la quale ha scritto: «Se non sbaglio sentii che Lucifero sarà liberato e gli verranno tolte le catene, cinquanta o

[72] In «30 Giorni», n. 10, ottobre 1998, pp. 62-63.

sessant'anni prima degli anni 2000 dopo Cristo, per un certo tempo. Sentii che altri avvenimenti sarebbero accaduti in tempi determinati, ma che ho dimenticato».[73] Il contesto è quello della visione dell'Inferno, avvenuta nel 1819.

Tornando al resoconto di padre Pechenino sulla visione di Leone XIII: «Finalmente, come rivenendo in sé, dando un leggero, ma energico tocco di mano, (il Papa, *nda*) si alza. Lo si vede avviarsi verso il suo studio privato. I familiari lo seguono, con premura e ansiosi. Gli dicono sommessamente: "Santo Padre, non si sente bene? Ha bisogno di qualcosa?". Risponde: "Niente, niente". Dopo una mezz'ora fa chiamare il segretario della Congregazione dei Riti e, porgendogli un foglio, gli ingiunge di farlo stampare e di farlo pervenire a tutti gli ordinari del mondo. Che cosa conteneva? La preghiera che recitiamo al termine della messa insieme al popolo, con la supplica a Maria e l'infocata invocazione al Principe delle milizie celesti, implorando Dio che ricacci Satana nell'Inferno».[74]

Il Papa dunque raccomandò le sorti della Chiesa all'arcangelo san Michele, colui che ha sconfitto Lucifero e il protettore della Chiesa militante. Il resoconto dell'episodio fatto da padre Pechenino è confermato dalla testimonianza del cardinale Nasalli Rocca che nella Lettera pastorale per la Quaresima del 1946, emanata a Bologna, scriveva: «Leone XIII scrisse egli stesso quella preghiera, La frase "(i demoni) che si aggirano nel mondo a perdizione delle anime" ha una spiegazione storica a noi più volte riferita dal suo segretario particolare, monsignor Rinaldo Angeli. Leone XIII ebbe veramente la visione degli spiriti infernali che si addensavano sulla città eterna (Roma) e da quella esperienza venne la preghiera che volle far recitare in tutta la Chiesa. Tale pre-

[73] Anna Katharina Emmerich, *Visioni*, a cura di Vincenzo Noja, Edizioni Cantagalli 1995, p. 200.

[74] Vedi *Ephemerides Liturgicae*, 1955, pp. 58-59. L'episodio era già stato riferito in «La settimana del clero», 30 marzo 1947.

ghiera egli la recitava con voce vibrata e potente: la udimmo tante volte nella basilica vaticana. Non solo, ma scrisse di sua mano uno speciale esorcismo contenuto nel Rituale romano. Questi esorcismi egli raccomandava ai vescovi e ai sacerdoti di recitarli spesso nelle loro diocesi e parrocchie. Egli lo recitava spessissimo lungo il giorno».

Questo avvenimento mistico è l'eloquentissima premessa del secolo XX che stava per cominciare a vedere il dilagare dei demoni dei totalitarismi con le loro immani stragi di cristiani e di interi popoli.

Inevitabile pensare – a proposito di esorcismi – a quelli che papa Pio XII tenterà di fare, a distanza, su Hitler che riteneva chiaramente posseduto da potenze sataniche. E ancor prima, Pio XI, nell'allocuzione del 30 giugno 1930 (come pure per san Giuseppe, il 19 marzo), aveva ordinato di recitare quelle preghiere con una particolare intenzione relativa alla Russia, dove divampavano le persecuzioni e le stragi comuniste che vengono evocate da Pio XI, il quale poi aggiunge: «E affinché tutti possano senza fatica e incomodo continuare in questa santa crociata, stabiliamo che quelle preci che il nostro antecessore di felice memoria, Leone XIII, comandò che si recitassero dopo la messa dai sacerdoti e dai fedeli, siano dette a questa particolare intenzione, e cioè per la Russia. Di ciò i vescovi e il clero secolare e regolare abbiano cura di rendere informati il loro popolo e quanti sono presenti al Santo Sacrificio, né manchino di richiamare spesso quanto sopra alla loro memoria».[75]

La preghiera di Leone XIII all'arcangelo Michele, recitata in ginocchio alla fine della messa, da sacerdoti e fedeli, fu poi cancellata dopo il Concilio vaticano II.

Paolo VI denuncia dopo di allora, con toni drammatici, che «da qualche fessura sia entrato il fumo di Satana nel

[75] «Civiltà Cattolica», 1930, vol. III.

tempio di Dio». Evoca la follia rivoluzionaria di quegli anni e aggiunge: «Anche nella Chiesa regna questo stato di incertezza. Si credeva che dopo il Concilio sarebbe venuta una giornata di sole per la storia della Chiesa. È venuta invece una giornata di nuvole, di tempesta, di buio, di ricerca, di incertezza».

Come è potuto accadere? Il Papa confida di vedere in questo dramma le tracce di un potere oscuro, misterioso, il cui nome è Satana: «Crediamo in qualcosa di preternaturale venuto nel mondo proprio per turbare, per soffocare i frutti del Concilio Ecumenico».[76]

Vediamo ora ciò che accadde a Pio XII. Siamo nell'autunno del 1950. Il 29 ottobre la statua della Madonna di Fatima, alla fine di un lungo pellegrinaggio nel mondo, arriva a Roma: «L'indomani, 30 ottobre, 35 cardinali e più di 450 vescovi erano riuniti in concistoro attorno al Sommo Pontefice che, per la prima volta, li mise ufficialmente al corrente della sua intenzione di definire prossimamente il dogma dell'Assunzione di Maria al Cielo».[77] Ricevuto l'unanime consenso, «lunedi 30 ottobre mentre la Madonna di Fatima fu collocata per tre giorni nella chiesa del Casalet-

[76] Omelia per la solennità dei santi apostoli Pietro e Paolo (29 giugno 1972). Il 15 novembre 1972 Paolo VI tornerà su questo suo angoscioso pensiero accentuando la drammaticità della sua analisi: «Quali sono oggi i bisogni maggiori della Chiesa? Non vi stupisca come semplicista, o addirittura come superstiziosa e irreale la nostra risposta: uno dei bisogni maggiori è la difesa da quel male, che chiamiamo il Demonio (...). Esce dal quadro dell'insegnamento biblico ed ecclesiastico chi si rifiuta di riconoscerla esistente; ovvero chi ne fa un principio a sé stante, non avente essa pure, come ogni creatura, origine da Dio; oppure la spiega come una pseudo-realtà, una personificazione concettuale e fantastica delle cause ignote dei nostri malanni (...). È il nemico numero uno, è il tentatore per eccellenza. Sappiamo così che questo Essere oscuro e conturbante esiste davvero, e che con proditoria astuzia agisce ancora; è il nemico occulto che semina errori e sventure nella storia umana».

[77] Frère Michel de la Sainte Trinité, *Toute la vérité sur Fatima. Le Troisième secret*, Renaissance Catholique 1994 (vol. III), p. 188.

to, proprio dietro i giardini vaticani e in territorio vaticano, in questo 30 ottobre che era il giorno anniversario della consacrazione del mondo al Cuore Immacolato di Maria fatta otto anni prima,[78] fu dato al Santo Padre di contemplare lo stesso spettacolo straordinario che videro i 70 mila pellegrini di Cova da Iria, il 13 ottobre 1917».[79]

Seguiamo la testimonianza dello stesso pontefice: «Era il 30 ottobre 1950, antivigilia del giorno della definizione solenne dell'Assunzione al Cielo della Santissima Vergine Maria (...), verso le quattro del pomeriggio, io stavo facendo la mia abituale passeggiata nei giardini vaticani, leggendo e studiando, come al solito, diversi dossier. Io salivo dal viale di Nostra Signora di Lourdes verso la cima della collinetta, nel viale di destra che costeggia il muro di cinta. A un certo momento, avendo alzato gli occhi dai fogli che tenevo in mano, fui colpito da un fenomeno che non avevo mai visto prima. Il sole, che era ancora assai alto nel cielo, si mostrava come un globo opaco giallo pallido, circondato attorno da un alone luminoso, che, tuttavia, non impediva in alcun modo di fissare attentamente il sole, senza sentirne il minimo disagio. Una foschia molto leggera gli stava davanti. Il globo opaco si muoveva verso l'esterno, tornando lentamente su se stesso e si spostava da sinistra a destra e viceversa. Ma all'interno del globo si vedevano chiaramente e senza interruzioni fortissimi movimenti. Lo stesso fenomeno si ripeté l'indomani, 31 ottobre e il 1° novembre, giorno della proclamazione del dogma dell'Assunta, e poi l'8 novembre, ottava della solennità. In seguito mai più. Varie volte, gli altri giorni alla stessa ora e nelle stesse condizioni atmosferiche o assai simili, provai a guardare il sole per vedere se si verificava lo stesso fenomeno, ma inva-

[78] Vedi Antonio Socci, *Il quarto segreto di Fatima*, Rizzoli 2006, pp. 196-197.

[79] Frère Michel, *Toute la vérité sur Fatima*, cit., p. 188.

no. Non potevo fissare il sole neanche un istante, la vista era immediatamente abbagliata. Tale è, in parole semplici e brevi, la pura verità».[80]

Il Papa, di ritorno dalla passeggiata, visibilmente emozionato, scosso, confida ciò che ha visto alle persone a lui più vicine, come monsignor Tedeschini e suor Pascalina. Ma nessuno di loro poté poi vedere quel fenomeno. Né alla Specola, l'Osservatorio vaticano, rilevò nulla. Dunque il fatto soprannaturale fu visto solo da Pio XII e – possiamo concludere – era destinato solo a lui che lo interpretò come approvazione del Cielo, nel segno di Fatima, per la proclamazione di quel dogma mariano. Perché quel dogma mariano c'entra profondamente con la storia del nostro tempo? Lo ha spiegato Giovanni Paolo II nella *Redemptoris Mater* (n. 41), dove si legge: «Nel mistero dell'Assunzione si esprime la fede della Chiesa, secondo la quale Maria è unita da uno stretto e indissolubile vincolo a Cristo, perché, se madre-vergine era a lui singolarmente unita nella sua prima venuta, per la sua continua cooperazione con lui lo sarà anche in attesa della seconda: "Redenta in modo più sublime in vista dei meriti del Figlio suo", ella ha anche quel ruolo proprio della madre, di mediatrice di clemenza nella venuta definitiva quando tutti coloro che sono di Cristo saranno vivificati e "l'ultimo nemico ad essere annientato sarà la morte"» (1Cor 15,26).

Ora c'è un filo sottile che lega quell'avvenimento soprannaturale, di natura profetica, vissuto da Leone XIII (che, ricordiamo, sarà il Papa della «Rerum novarum», perché proprio nell'ordine sociale e politico si sarebbero scatenati in modo speciale quei demoni), con l'evento soprannaturale vissuto da Pio XII e infine con Giovanni Paolo II. Quel filo è Fatima, la grande apparizione profetica del XX secolo, quella nella quale la Madonna preannuncia la Rivoluzione

[80] Ivi, pp. 188-190.

comunista in Russia, le persecuzioni alla Chiesa, una nuova e più devastante guerra mondiale, l'orrore dei genocidi e il martirio della Chiesa fino al successore di Pietro.

Leone XIII assistette a quell'evento soprannaturale il 13 ottobre 1884. Ora, il 13 ottobre sarà il giorno in cui, esattamente 33 anni dopo, nel 1917, si concluderanno le apparizioni di Fatima con lo strepitoso segno del sole che gira nel cielo, mostrato dalla Vergine a 70 mila persone convenute a Cova da Iria. Un grandioso segno pubblico che era stato chiesto, anzitutto dai non credenti, dai mass media (e ottenuto: un caso unico nella storia) come prova della presenza vera di Maria e dei suoi messaggi. Quel sole ruotante evoca proprio l'immagine della Donna dell'Apocalisse e quindi la vittoria della Vergine su Satana: «Alla fine il mio Cuore Immacolato trionferà».

Dunque, la visione profetica di Leone XIII non casualmente si verifica in quel giorno che, 33 anni dopo, sanzionerà la grande profezia di Fatima. Non solo. Se da quel 13 ottobre 1917 facciamo un altro salto di 33 anni, ci troviamo nel 1950, precisamente quando Pio XII vede, dal Vaticano, lo stesso segno del sole di Fatima, del 13 ottobre 1917, a conferma della proclamazione del dogma dell'Assunta, fatta al culmine dell'Anno santo. Se poi dal 1950 contiamo di nuovo 33 anni ci troviamo in un nuovo Anno santo, lo speciale Anno santo della redenzione voluto da Giovanni Paolo II, al termine del quale, il 25 marzo 1984, a cento anni esatti dalla visione di Leone XIII sui «cento anni di Satana», il Papa farà quella consacrazione del mondo al Cuore Immacolato di Maria che – secondo quanto ha detto suor Lucia di Fatima, che lo ha appreso dalla Vergine stessa – «ha salvato il mondo da una guerra atomica» (lo vedremo più avanti).

Stiamo parlando di un Papa, Giovanni Paolo II, il cui pontificato si è svolto letteralmente nel segno di Fatima: è infatti nella data della festa della Madonna di Fatima (ricorrenza della prima apparizione a Cova da Iria) che si verifica l'attentato, il 13 maggio 1981. È la Madonna di Fatima che miracolosamente salva la vita del Papa. È secondo la richiesta della Madonna che egli fa quella consacrazione della Russia e del mondo. Inoltre, sarà Giovanni Paolo II a beatificare due dei pastorelli, Giacinta e Francesco, e a rendere noto il testo della visione contenuta nel famoso Terzo segreto, quella dove compare appunto il Papa ucciso in cui la maggior parte ha visto proprio una profezia dell'attentato a papa Wojtyla del 1981.

Ecco dunque che tanti eventi nell'arco di un secolo, in apparenza scollegati, appaiono invece come punte di uno stesso iceberg sommerso. Che ha la sua premessa nella visione di Leone XIII il quale, inorridito, disse che riguardava il futuro prossimo della Chiesa sottoposta allo scatenarsi di un potere inusitato da parte di Satana. Chiesa però anche soccorsa da una serie speciale e formidabile di interventi soprannaturali – a cominciare dalle apparizioni mariane – che in modo vigoroso e particolare hanno difeso il Papato e il popolo cristiano.

Lo dimostra anche un secondo episodio soprannaturale che riguarda Pio XII. Dopo il 1950 il pontefice comincia a star male in salute. La situazione si fa seria all'inizio del 1953 e si aggrava nel 1954. Per inquadrare la condizione della Chiesa in questo frangente può essere utile un inquietante episodio rivelato in una recente intervista da Giuseppe Alberigo, noto storico progressista del Concilio e, al Concilio stesso, assistente di don Giuseppe Dossetti.

Dunque Alberigo, in una lunga intervista con Simonetta Fiori di «Repubblica», a un certo punto descrive così il presunto «immobilismo degli anni Cinquanta» che sarebbe stato «rotto» dal Concilio: «Le racconterò un episodio che spiega molte cose. In quegli anni talvolta veniva a casa un padre benedettino, pio e assai famoso. Si fermava anche a dormire. Una sera, sul finire del 1953, al momento delle preghiere chiamò me e mia moglie Angelina: "E ora preghiamo per la morte del Pontefice". Con mia moglie ci guardammo stupefatti: Papa Pio XII stava benissimo. Lui, quieto, replicò al nostro disagio: "Ora il Santo Padre è un peso per la Chiesa. Preghiamo perché il Signore se lo prenda presto"».[81]

Certamente questo strano aneddoto sull'abate «pio e assai famoso», che lascia esterrefatti, «spiega molte cose», come diceva Alberigo. Anche della successiva «damnatio memoriae» di Pio XII, non da parte del Concilio vaticano II (ché, anzi, nei documenti conciliari papa Pacelli è l'autore più citato), ma appunto dalla cultura progressista postconciliare.

In ogni caso le strane preghiere dell'abate «assai famoso», che Alberigo definiva «pio», non dovettero essere affatto gradite in Cielo a giudicare da quello che, di lì a poco, accadde a papa Pacelli. Si verificò infatti un evento straordinario che, trapelato sui giornali, fece grande impressione.

La malattia si stava facendo sempre più grave tanto che, scrive Andrea Tornielli, «fa presagire a molti che l'ora della morte del pontefice sia ormai giunta».[82] Ma Gesù stesso viene a guarirlo, apparendogli visibilmente e lasciando nel suo cuore un'impressione vivissima e struggente.[83]

La prima testimonianza è quella del prosegretario di Stato monsignor Domenico Tardini che, essendosi recato dal Pontefice la mattina del 2 dicembre, alle ore 12.45, lo trova ancora a letto malato, ma si sente fare questa confidenza: «Lo dico a lei: gli altri potrebbero pensare che siano allucinazioni da malato. Ieri mattina ho sentito chiaramente una

[81] Da «la Repubblica», 2 luglio 2005.

[82] Andrea Tornielli, *Pio XII*, Mondadori 2007, p. 554.

[83] Se in certi ambienti si arrivava a pregare per la morte del Pontefice, è documentato che altri, come padre Pio da Pietrelcina, pregarono ardentemente per la guarigione del Pontefice e furono da lui ringraziati. (Vedi Antonio Socci, *Il segreto di padre Pio*, Rizzoli 2007, pp. 113-114.)

voce (ma chiara!) che diceva: adesso viene una visione. Invece non venne niente. Questa mattina, mentre assistevo alla Santa messa, io ho visto per un attimo il Signore. È stato un attimo, ma l'ho visto bene».[84]

Anche qualcun altro raccolse la confidenza del Pontefice. Padre Hentrich, per esempio, scrive nel suo diario in data 24 novembre 1955: «Il Santo Padre mi fa comunicare telefonicamente che desidera vedermi. A pomeriggio sono presso il Santo Padre (...). Il Santo Padre mi parla con precisione (ancora una volta) dell'apparizione. Il 1° dicembre 1954, durante la sua malattia, quando era solo nella sua camera, sentì in modo chiaro ed evidente una voce: "Verrà un'apparizione"; ma in quel giorno non accadde nulla. Il giorno dopo, 2 dicembre 1954, nelle ore del mattino, quando era già giorno ed egli era completamente sveglio, vide dal suo letto l'apparizione del Signore. Il Papa, credendo che il Redentore venisse a portarlo alla patria celeste, disse: "Iube me venire ad Te!" (*Dall'Anima Christi*). L'apparizione scomparve allora senza aver detto alcunché. Da ciò che seguì, e cioè dal fatto che da questo giorno cominciò il miglioramento, il Santo Padre ha concluso che il Redentore non venne per portarlo nella patria celeste, ma per consolarlo e ridargli la salute (N.B. Il Santo Padre mi aveva già in precedenza parlato di questo; vedasi il mio diario del 7 dicembre 1954)».[85] Il Papa ordinò che tutto restasse segreto, ma la notizia trapelò egualmente, con suo grande dispiacere.

Si tratta, sia nel caso di Leone XIII sia nel caso di Pio XII, di avvenimenti mistici. Tuttavia, per loro sono episodi sporadici che indicano uno speciale intervento divino in relazione alla vita della Chiesa (o del Papa) e al momento storico. Invece il caso di Karol Wojtyla sembra diverso. La sua

[84] In Andrea Tornielli, *Pio XII*, cit., p. 554.
[85] Ivi, pp. 554-555.

esperienza mistica inizia negli anni della giovinezza e ininterrottamente accompagna la sua vita e la sua missione.

Non solo. Tutta una serie di mistici (ed eventi soprannaturali) sembrano preannunciare e accompagnare il suo pontificato che sembra essere al centro perfino delle grandi apparizioni di Fatima.

Un evento preannunciato

Le apparizioni di Cova da Iria, con il vaticinio sul XX secolo e sulla sorte eterna degli uomini, rappresentano uno degli eventi più clamorosi e straordinari della storia cristiana: una vera profezia di tipo biblico, «la più grande dei tempi moderni», la definirà il cardinale Sodano, segretario di Stato vaticano. E quella visione ha al suo centro un Papa in particolare che – come dicevamo – secondo l'interpretazione corrente è proprio Giovanni Paolo II. Cosicché il suo pontificato si trova eccezionalmente anticipato dalla Madonna stessa e collocato al centro dell'apocalittico duello dei tempi moderni fra la donna vestita di sole e il dragone.

Anche se non vi è un commento ufficiale al testo del Terzo segreto anche se Papa Wojtyla non ha mai detto esplicitamente di riconoscersi nel Papa colpito a morte di quella visione, questa sembra essere stata – secondo i giornali – la sua convinzione. Come molti hanno dedotto dai discorsi di presentazione del Terzo segreto fatti dal cardinal Sodano e dal cardinale Ratzinger, insieme allo scritto introduttivo di monsignor Bertone.

Tale interpretazione potrebbe essere avvalorata dalla circostanza dell'attentato al Papa che – verificatosi proprio un 13 maggio, festa della Madonna di Fatima e anniversario della prima apparizione – solo grazie a un fatto miracoloso non ha portato alla morte di Giovanni Paolo II. Lo ha affermato lo stesso professor Francesco Crucitti, che operò il pontefice.[86]

Secondo il commento teologico del cardinale Ratzinger al Terzo segreto, la difformità fra la sorte del Papa della visione (che muore) e quella di Giovanni Paolo II, cui fu miracolosamente salvata la vita, è la prova della forza della preghiera che ha mutato il destino (in sostanza, secondo Ratzinger, quella del Papa ucciso era una profezia condizionata all'osservanza o alla non osservanza delle accorate esortazioni della Madonna).

Afferma dunque il cardinale Ratzinger: «Non doveva il Santo Padre, quando dopo l'attentato del 13 maggio 1981 si fece portare il testo della terza parte del "segreto", riconoscervi il suo proprio destino? Egli era stato molto vicino alla frontiera della morte ed egli stesso ha spiegato la sua salvezza con le seguenti parole: "Fu una mano materna a guidare la traiettoria della pallottola e il Papa agonizzante si fermò sulla soglia della morte". Che qui una "mano materna" abbia deviato la pallottola mortale, mostra solo ancora una volta che non esiste un destino immutabile, che fede e preghiera sono potenze che possono influire nella storia e che alla fine la preghiera è più forte dei proiettili, la fede più potente delle divisioni».[87]

In un altro volume,[88] ho rilevato che l'attentato del 13 maggio 1981 – che non coincide con la visione profetica

[86] «Il professor Crucitti aggiunse di aver osservato una cosa "assolutamente anomala e inspiegabile". La pallottola si era mossa, nel ventre del Papa, a zigzag, evitando gli organi vitali. Era passata a un soffio dall'aorta centrale: se l'avesse raggiunta, il Santo Padre sarebbe morto dissanguato ancora prima di arrivare in ospedale. Aveva evitato la spina dorsale e tutti gli altri principali centri nervosi: se li avesse colpiti, Giovanni Paolo II sarebbe rimasto paralizzato. "Sembra" concluse il professore "che quella pallottola sia stata guidata per non provocare danni irreparabili"» (Renzo Allegri, *Il papa di Fatima*, Mondadori 2006, p. 271).

[87] *Il Messaggio di Fatima*, San Paolo 2000, p. 61.

[88] Antonio Socci, *Il quarto segreto di Fatima*, cit.

del Terzo segreto di Fatima – sembra ricalcare invece un'altra precedente profezia della Vergine nell'apparizione della Salette, avvenuta il 19 settembre 1846 e che è, per tanti aspetti, l'anticipazione di Fatima.[89]

I due bambini, Melania e Massimino, furono depositari di rivelazioni relative ad avvenimenti pubblici del futuro che in effetti si verificarono. Anche lì la Madonna parla della grande apostasia moderna, delle potenti forze anticristiane che avrebbero colpito la Chiesa e di grandi sciagure che incombono sull'umanità con alcune tremende prove per la Santa Chiesa. Ma soprattutto nel testo del suo messaggio, trascritto da Massimino Giraud, si legge che «il Santo Padre sarà perseguitato», e in quello di Melania la Madonna dice: «Il Papa sarà perseguitato da ogni parte, gli si sparerà addosso, lo si vorrà mettere a morte, ma non gli potranno far nulla. Il vicario di Cristo trionferà ancora una volta».[90]

Non solo. Nel cosiddetto «segreto escatologico» di Melania si legge: «Il Santo Padre soffrirà molto. Io sarò con lui fino alla fine per ricevere il suo sacrificio. I cattivi attenteranno più volte alla sua vita senza però poter nuocere ai suoi giorni; ma né lui né il suo successore vedranno il trionfo della Chiesa».

Antonio Galli sottolinea pure le parole di Massimino, nella lettera a Pio IX, dove si parla di un Papa che «nessuno si aspetta». Poi, altrove, il bambino «confidò, tra molte inesattezze, che quel Papa non sarebbe stato "romano", forse intendeva dire italiano, che avrebbe regnato una ventina d'anni e che lui, Massimino, non avrebbe voluto essere al suo posto, lasciando intendere che avrebbe sofferto molto. Da quei due documenti e dalle altre precisazioni di Melania» scrive Galli «è facile dedurre che quel pontefice è Gio-

[89] Per la sua storia vedi Antonio Galli, *Apologia di Melania*, Edizioni Segno 2001.
[90] Ivi, pp. 406-408.

vanni Paolo II», infatti è straniero, «nessuno si aspettava che fosse eletto... Il suo regno ha già superato di poco i vent'anni. È stato attentato alla sua vita più volte, come ha predetto Melania».[91]

Viene spontaneo domandarsi se questa profezia, che calza bene alla vicenda di papa Wojtyla, si riferisca a un evento e a un pontefice diversi rispetto alla visione di Fatima, la quale così annuncerebbe un Papa che verrà effettivamente ucciso. Oppure se le due profezie possono alludere in realtà allo stesso successore di Pietro, Giovanni Paolo II, che, nei disegni del nemico, avrebbe dovuto morire e che invece si salva.

Sono possibili interpretazioni diverse,[92] tuttavia se quella era la convinzione di Giovanni Paolo II, oggi, considerando anche i suoi doni mistici, che in quest'indagine siamo andati scoprendo, dobbiamo ritenerla più di una convinzione soggettiva.

Secondo Renzo Allegri il «legame tra il Segreto di Fatima e l'attentato del 1981», che è «la chiave della vita di papa Wojtyla, soprattutto la chiave di lettura del suo pontificato, lo ha indicato lui stesso nel testamento».[93]

È così? A dire il vero nel testamento di Giovanni Paolo II, in data 1982, si legge: «L'attentato alla mia vita il 13 maggio 1981 in qualche modo ha confermato l'esattezza delle parole scritte nel periodo degli esercizi spirituali del 1980 (24.II-1-III)». Cosa aveva scritto nel 1980? Aveva delineato i drammatici tempi che stava vivendo la Chiesa come «un periodo di persecuzione tale da non essere inferiore a quelle dei primi secoli, anzi li supera per il grado della spietatezza e dell'odio».

[91] Ivi, p. 410. Un secondo tentativo di attentato ai danni di Giovanni Paolo II si consumò in effetti il 13 maggio 1982. Altri erano stati progettati, si è scoperto, durante le sue visite in Polonia.

[92] Vedi Antonio Socci, *Il quarto segreto di Fatima*, cit.

[93] Renzo Allegri, *Il papa di Fatima*, cit., p. 23.

Come si vede in queste pagine del testamento, il Papa non fa alcun riferimento a Fatima e dunque non si può dire, come fa Allegri, che Karol Wojtyla abbia stabilito esplicitamente il legame fra il Segreto di Fatima e il suo attentato. Tuttavia c'è il legame fra l'attentato al pontefice e le persecuzioni contro la Chiesa che già il Terzo segreto lega insieme. Inoltre questo legame è stato di fatto stabilito e proclamato dalla solennità con cui, nel 2000, è stato rivelato il Terzo segreto, una ufficialità del tutto inedita e che rappresenta un caso unico nella storia della Chiesa.[94] «È stata la prima volta che la Chiesa ha ufficialmente riconosciuto l'incisività storica di una profezia la cui fonte è un'apparizione della Vergine.»[95]

Peraltro il Segreto di Fatima, che è un tutto unico, non contiene solo la seconda parte (ovvero la profezia dell'avvento del comunismo in Russia e dello scoppio della Seconda guerra mondiale con le persecuzioni alla Chiesa) e la terza parte (ovvero la Via Crucis dei Papi del XX secolo, con la carneficina dei cristiani e il martirio di un pontefice). Contiene anche la prima parte, la più importante, cioè la visione dell'Inferno e le parole della Madonna sul destino eterno degli uomini con il drammatico ammonimento sulla loro possibile perdizione. Questo, che è il contenuto proprio del messaggio, dà alle apparizioni di Fatima e ai tempi che viviamo una cornice apocalittica: non a caso sia Paolo VI sia Giovanni Paolo II, nelle loro omelie a Fatima, hanno evoca-

[94] Sono state infatti le più alte autorità della Chiesa dopo il Papa, ovvero il segretario di Stato vaticano e il prefetto della Congregazione per la dottrina della fede, ad annunciare e spiegare il testo. L'annuncio è stato dato dal cardinal Sodano il 13 maggio 2000 davanti al Papa e al popolo di Dio, in mondovisione, durante la solenne beatificazione di due dei pastorelli, al santuario di Fatima, alla presenza di suor Lucia. Mentre il cardinale Ratzinger, la massima autorità dottrinale della Chiesa, ha esposto personalmente, il 26 giugno successivo, il commento teologico, rendendo noto il testo del Segreto.

[95] Renzo Allegri, *Il papa di Fatima*, cit., p. 21.

to la pagina dell'Apocalisse in cui la donna vestita di sole si batte col dragone.

In questo senso ha ragione Allegri quando scrive: «Dare credito a quelle rivelazioni e affermare di "riconoscersi" in quel "vescovo vestito di bianco" voleva dire schiudere scenari sconcertanti, impensabili, che fanno addirittura spavento, perché vanno oltre il tempo, oltre la realtà della vita quotidiana su questo pianeta. Papa Wojtyla lo sapeva bene, ma ha voluto farlo. Forse anche contro la volontà di molti collaboratori».[96]

Allegri ne trae la conclusione che la vita e il pontificato di Karol Wojtyla siano «da riscrivere o almeno da ripensare» tutti «attraverso il Segreto di Fatima» preso «nel suo insieme», dove le tragedie dell'Europa e del mondo del XX secolo e l'orrore del comunismo e il destino della Russia, sono letti dalla Regina del Cielo sull'orizzonte della sorte eterna del genere umano, sospeso fra la salvezza e la dannazione.

D'altra parte, considerato l'insieme di quella profezia, è coerente e suggestivo l'epilogo legato a un Papa slavo, proveniente dai Paesi oppressi dal comunismo, che dovrebbe morire martire e che invece assesta il colpo mortale all'Anticristo comunista, abbattendolo. Il pontificato di Karol Wojtyla acquista così un significato misterioso, quasi apocalittico.

Del resto c'è pure un curioso presagio letterario (di diverso peso) attorno all'arrivo di un Papa slavo. Uno dei poeti-drammaturghi del romanticismo polacco, Juliusz Słowacki (1809-1849), uno di quegli autori che il giovane Karol, con gli amici, amava rappresentare in quei teatri poveri, più di un secolo prima dell'elezione di Wojtyla, tracciò un enigmatico presagio:

In mezzo ai tumulti
Dio suona una grande campana
Ecco a un Papa slavo il trono è preparato.

[96] Ivi, pp. 20-21.

Egli non fuggirà davanti alla spada come l'italiano.
Ardito come Dio,
fronteggerà le spade.
Per lui il mondo è fango
(...) Egli spazzerà l'interno delle chiese,
farà pulizia nell'atrio,
mostrerà Dio nella creazione del mondo,
chiaramente come in pieno giorno (...)
ecco perciò che viene un Papa slavo
fratello dei popoli.

Una stranezza poetica, dettata dal sentimento nazionale. Eppure, che su Wojtyla, uno dei vescovi più giovani della cristianità e poi uno dei cardinali più giovani, aleggiasse il segno di una predestinazione è confermato anche da un altro curioso episodio.

Negli anni del Concilio vaticano II il famoso teologo Henri De Lubac indicò in quel giovanissimo monsignore di Cracovia, che pochissimi conoscevano, addirittura il suo candidato ideale alla successione di Paolo VI. A quel tempo era un'idea davvero molto bizzarra e irrealistica. Interrogato in proposito negli anni Ottanta da Angelo Scola, quando padre De Lubac era stato elevato alla dignità cardinalizia proprio da quel giovane, diventato Giovanni Paolo II, il teologo ironizzò sulla propria «profezia».

Spiegò: «Profezia è una parola fuori posto. Si è trattato piuttosto di una battuta tra amici durante una passeggiata. Ho detto pressappoco così: "Speriamo che la Provvidenza ci conservi a lungo Paolo VI, ma il giorno in cui ci sarà bisogno di un Papa, io ho il mio candidato: Wojtyla! Soltanto che è impossibile. Non ha nessuna chance". Pensavo alla cortina di ferro, alle complicazioni diplomatiche ecc. Vede dunque che non c'è stata nessuna profezia, al contrario: era un desiderio già venato di rammarico». La perspicacia di De Lubac è stupefacente, ma forse era dovuta al particolare carisma del giovane Wojtyla (lo si vide la sera stessa della sua elezione: una sicurezza, un'eccezionalità umana, una padronanza della scena e degli eventi tale che sembrava avesse sempre fatto il Papa, sembrava fosse da sempre predestinato a essere lì in quel momento). Dunque può essere stata una geniale intuizione di De Lubac, nulla di soprannaturale.

Diverso è invece il caso di cinque personalità mistiche: san Pio da Pietrelcina, padre Dolindo Ruotolo, santa Faustina Kowalska, Madre Speranza e suor Lucia di Fatima. Tutti, in tempi e modi diversissimi, hanno formulato misteriosi presagi che hanno previsto, accompagnato e illuminato il pontificato di Giovanni Paolo il Grande.

Il misterioso legame con padre Pio

Il rapporto di Karol Wojtyla con uno dei più grandi mistici del XX secolo, padre Pio da Pietrelcina, è profondo e ancora pieno di enigmi irrisolti. I fatti finora venuti alla luce sono come le punte di un iceberg che, sotto la superficie, intuiamo molto più vasto.

Ritengo che proprio la scoperta delle esperienze mistiche dello stesso Wojtyla sia la soluzione di tanti aspetti tuttora inspiegabili del rapporto fra i due. Voglio anticipare anche un'altra conclusione: alla luce del quadro che si delinea, diventa sempre più plausibile che il santo cappuccino abbia accompagnato misteriosamente tutta la missione del giovane sacerdote polacco, che si recò da lui nell'aprile del 1948, fino a propiziarne il pontificato che, nei piani della Provvidenza, doveva portare alla salvezza della Chiesa (dal tentativo di autodemolizione di correnti ideologicamente rivoluzionarie), e poi doveva accompagnare il mondo all'epocale abbattimento del comunismo.

Dunque rivediamo nel dettaglio i diversi enigmi tuttora irrisolti nel rapporto del santo cappuccino con Wojtyla. Il primo riguarda la ragione stessa del viaggio del giovane don Karol, nelle vacanze pasquali del 1948. Francesco Castelli scrive: «Due domande sono rimaste senza risposta: 1) Chi parlò per primo a don Karol Wojtyla di padre Pio? 2) Perché il giovane sacerdote polacco decise di andare proprio da lui?».[97]

Secondo Stefano Campanella,[98] Wojtyla, che stava studiando all'Angelicum di Roma e approfondiva da qualche anno l'opera di san Giovanni della Croce, deve aver pensato di comprendere meglio il mistico spagnolo proprio incontrando un personaggio come padre Pio e, osserva Francesco Castelli, «il giovane studente polacco dovette avere delle rassicurazioni precise circa l'autenticità e la veridicità del mistico in questione» soprattutto perché «giunto a san Giovanni Rotondo, don Karol Wojtyla si confessò da padre Pio compiendo un gesto non riconducibile a un semplice interesse accademico, ma espressione di una personale certezza sull'autenticità del sacerdote stimmatizzato». Dunque, si chiede Castelli, «dove aveva maturato questa convinzione?».[99]

Si è ipotizzata finora una sola risposta che si riferisce ancora una volta agli studi all'Angelicum, dove Wojtyla stava lavorando alla tesi su san Giovanni della Croce sotto la guida di padre Garrigou-Lagrange. Secondo Castelli, al giovane prete polacco «la notizia di padre Pio e le rassicurazioni su di lui» dovettero venire da lì. Castelli porta, come indizio, il fatto che nel 1936 la rivista «Études carmélitaines» abbia pubblicato un numero monografico sulla stimmatizzazione e che pure padre Lagrange abbia contribuito con un suo articolo. Sennonché lo stesso Castelli nota che il padre domenicano menzionò alcuni stimmatizzati, anche recenti (come santa Gemma Galgani) e addirittura viventi (come Teresa Neumann), ma non padre Pio. «Probabilmente» prova a spiegare Castelli «fu una scelta strategica per evitare di impantanarsi in polemiche e proibi-

[97] «Voce di Padre Pio», XI, 2007, 11-14.

[98] Stefano Campanella è autore del fondamentale volume *Il papa e il frate*, Edizioni Padre Pio da Pietrelcina 2006.

[99] «Voce di padre Pio», cit.

zioni accademiche e istituzionali». Cosa che, tuttavia, indebolisce la tesi secondo cui proprio da padre Lagrange sarebbe arrivata a Wojtyla la notizia di padre Pio e l'assoluta rassicurazione circa l'autenticità delle sue stimmate e la sua santità.

Scoprendo oggi le esperienze di tipo mistico che il giovane don Karol aveva iniziato a vivere da pochi mesi, si può ipotizzare che egli abbia sentito il bisogno di cercare consiglio da una figura come padre Pio non tanto per la tesi su Giovanni della Croce (di cui non risulta abbia parlato col frate stimmatizzato), quanto per comprendere meglio e vivere quella misteriosa e imprevista vocazione mistica. Non potendo e non volendo farne parola se non con chi, come padre Pio, poteva essergli maestro esperto. Questo potrebbe spiegare il senso di quella confessione che don Karol desiderò fare col cappuccino del Gargano.

Inoltre potrebbe spiegare l'oggetto del colloquio fra i due che rappresenta l'altro clamoroso mistero. Sappiamo infatti con certezza che padre Pio rivelò a quel giovane prete polacco qualcosa di sé che non rivelò mai a nessuno (ovvero l'esistenza sul suo corpo di una sesta piaga della Passione di Gesù, la più dolorosa, sulla spalla):[100] un gesto di intimità assolutamente inspiegabile, soprattutto nei confronti di uno sconosciuto: padre Pio non aveva mai rivelato a nessuno quel segreto e con nessun altro ne farà mai parola. È dunque una rivelazione che deve aver avuto un significato speciale nel rapporto fra i due. Forse è da mettere in relazione con quello che padre Pio sapeva del destino di quel giovane prete polacco.

Sappiamo infatti che egli conosceva molto bene l'identità e il futuro che attendeva don Karol per averlo manifestato chiaramente ad Angelo Battisti nel 1962[101] (del resto abbiamo vi-

[100] Vedi Stefano Campanella, *Il papa e il frate*, cit., pp. 53-60.

[101] Quando Angelo Battisti nel 1962 gli lesse la lettera di questo monsignore, che chiedeva preghiere per una madre di famiglia malata di cancro, padre Pio disse di assicurare le sue preghiere e poi aggiunse: «Angelino, a questo non si può dire di no» (Stefano Campanella, *Il papa e il frate*

sto che addirittura conosceva e rivelò il destino che aveva monsignor Deskur di stare per lunghi anni accanto al Papa).

Sappiamo infine che vi sono alcune dettagliate testimonianze secondo le quali il cappuccino avrebbe svelato allo stesso Wojtyla che sarebbe diventato Papa (come d'altronde sarebbe accaduto con Giovan Battista Montini). Ma è anche vero che Wojtyla in ripetute occasioni ha negato che gli sia stata fatta dal padre questa profezia. Cosicché, secondo Campanella, «l'unica ipotesi che rimane in piedi, se mai c'è stata una profezia esplicita di padre Pio, è che il frate non l'abbia comunicata direttamente al futuro Pontefice, ma a qualcun altro».[102]

Quello che è certo è che papa Wojtyla non ha mai rivelato il contenuto di quel colloquio con padre Pio, come pure (naturalmente) della confessione. Forse possiamo ipotizzare che abbia mantenuto il silenzio proprio per non rendere nota la sua personale esperienza mistica, che probabilmente allora sottopose al discernimento e al consiglio di padre Pio.

Sappiamo infine che da quel momento si instaurò fra i due un legame profondissimo e misterioso di cui è prova la stessa testimonianza scritta di Giovanni Paolo II[103] su quella

cit., pp. 74-75). Dopo l'arrivo della lettera di ringraziamento di monsignor Wojtyla, per la guarigione miracolosa della signora in questione, padre Pio commenta: «Sia ringraziato Dio». Poi affida la prima e la seconda lettera a Battisti dicendogli: «Tienile tu queste due lettere, perché un giorno serviranno». Casualmente Battisti si ritroverà fra le mani quelle lettere ai primi di ottobre del 1978 e quando, pochi giorni dopo, sentì il nome del firmatario di quelle lettere, Wojtyla, proclamato Papa, ripensò subito alle parole di padre Pio (vedi Franco D'Anastasio, *La missione dei servi di Dio*, Editoriale Eco 1996, pp. 154-155).

102 Stefano Campanella, *Il papa e il frate*, cit., p. 62. Legata a questa profezia c'è quella relativa all'attentato che resta comunque ammantata di mistero, vedi Antonio Socci, *Il segreto di padre Pio*, cit., pp. 254-255 e Stefano Campanella, *Il papa e il frate*, cit., p. 64 nota 28.

103 È una testimonianza in forma di lettera, datata 5 aprile 2002, indirizzata al padre guardiano del convento cappuccino di San Giovanni Rotondo, padre Gianmaria Cocomazzi (pubblicata da Stefano Campanella, *Il papa e il frate* cit., pp. 33-34).

sua visita a San Giovanni Rotondo. Memoria che contiene alcune espressioni enigmatiche che oggi possiamo comprendere meglio nel loro autentico significato.

Il Papa ricorda in particolare la messa di padre Pio durante la quale «si vide sulla sua faccia che soffriva profondamente». Ma subito dopo Giovanni Paolo II scrive delle parole molto forti: «Tale evento è rimasto in me come un'esperienza indimenticabile. Si aveva la consapevolezza che qui sull'altare, a san Giovanni Rotondo, si compiva il sacrificio di Cristo stesso, il sacrificio incruento e, nello stesso tempo, le ferite sanguinose sulle mani ci facevano pensare a tutto quel sacrificio, a Gesù crocifisso. Questo ricordo dura fino a oggi e, in qualche modo, fino a oggi ho davanti agli occhi quello che allora vidi io stesso».

Parole enigmatiche, queste ultime, che inducono uno storico attento come Castelli a porre una domanda: «Sarebbe stato interessante sapere da Giovanni Paolo II cosa voglia dire che "in qualche modo [...] ho davanti agli occhi quello che vidi"».[104]

Si può ipotizzare che queste enigmatiche espressioni del Papa trovino oggi finalmente una spiegazione esauriente nell'esperienza mistica dello stesso Wojtyla, anche se è impossibile sapere cosa, in particolare, egli vide allora che ancora nel 2000 «in qualche modo» aveva «davanti agli occhi». Del resto fa anche riflettere, nella lettera del Papa, la conclusione: «Questo primo incontro con lui, vivente e stigmatizzato, a San Giovanni Rotondo, lo considero come il più importante e ringrazio, in modo particolare, la Provvidenza per esso».

Evidentemente se lo definisce «il primo incontro» e «il più importante» devono essercene stati altri. Ma non si ha notizia di altri viaggi di Karol Wojtyla a San Giovanni Ro-

[104] Francesco Castelli, *Monsignor Wojtyla e Padre Pio: il rapporto si intensifica*, in «Studi su Padre Pio», anno IX, gennaio-aprile 2008, pp. 131-145.

tondo. Dunque o egli si è recato da padre Pio anche fra il 1948 e il 1968 (ma non se ne sa nulla) oppure altri incontri con lui sono stati di altro genere.[105]

A testimoniare l'intensità del rapporto fra i due è arrivata di recente una nuova lettera, che si aggiunge alle due relative alla malattia e alla guarigione miracolosa di Wanda Poltawska.

Questa terza missiva, pubblicata da Francesco Castelli nel saggio citato (sulla rivista «Studi su Padre Pio»), è datata 14 dicembre 1963 ed è scritta da Roma, mentre Wojtyla sta partecipando alla conclusione della II sessione del Concilio. In essa il vescovo ricorda le precedenti richieste di intercessione da lui rivolte al padre e le grazie effettivamente ottenute (rivelando un altro caso di guarigione, per intercessione del padre, di cui non avevamo notizia). Quindi monsignor Wojtyla passa a chiedere di nuovo preghiere per una signora paralizzata di Cracovia, ma in questa occasione aggiunge anche delle righe personali: «Nello stesso tempo mi permetto di raccomandarle le ingenti difficoltà pastorali che la mia povera opera incontra nella presente situazione».

È la prima volta che Wojtyla parla della sua missione e questo rivela un'intimità profonda fra i due. Quali erano le difficoltà in cui si trovavano lui e la sua diocesi? Ovviamente quelle relative alla vita della Chiesa in un regime comunista.

Monsignor Wojtyla era stato nominato nel 1958 vescovo ausiliare di Cracovia. Aveva 38 anni, si occupava in particolare della missione fra gli studenti universitari, con i quali spesso si recava in montagna e proprio durante una di queste escursioni ricevette la nomina: era il più giovane vesco-

[105] Tenderei a escludere che Giovanni Paolo II si riferisca alle visite fatta a San Giovanni Rotondo negli anni Settanta e poi da Papa, perché quelli non furono «incontri» con padre Pio e perché sarebbe stato del tutto ovvio che l'incontro personale del 1948 era più importante di questi pellegrinaggi dopo la morte del frate.

vo polacco e probabilmente il più giovane del mondo. Nel giugno 1962 morì monsignor Baziak, vescovo di Cracovia, e Wojtyla era stato nominato vicario capitolare. Da mesi andava avanti il braccio di ferro fra il primate, cardinale Wyszyński e il regime. Quando Wojtyla scrive quella lettera a padre Pio, chiedendogli di pregare per le «ingenti difficoltà pastorali» in cui si svolge la sua missione di giovanissimo vicario, è passato circa un anno e mezzo e tutto è ancora in sospeso, mentre il regime comunista faceva sentire tutta la sua pesantezza sulla Chiesa.

Padre Pio, nota Castelli, «accoglie sempre le sue richieste» (di Wojtyla, *nda*) e «sarà una coincidenza ma dopo 15 giorni dalla richiesta di monsignor Wojtyla di pregare per le sue necessità pastorali, il 30 dicembre 1963 monsignor Wojtyla riceve l'ingiunzione di recarsi a Roma da Paolo VI: è stato nominato arcivescovo metropolita di Cracovia, sede cardinalizia, trampolino di lancio per il luminoso pontificato del Papa venuto dall'Est».

Una svolta decisiva nel destino di Wojtyla. Un nuovo sorprendente punto di incontro fra il frate del Gargano e l'arcivescovo di Cracovia si ha attorno all'evento che provoca la tempesta sul pontificato di Paolo VI e la sua solitudine, cioè l'enciclica *Humanae vitae*. È un documento dirompente, perché emanato proprio nel momento esplosivo della rivoluzione sessuale planetaria. Quella del Papa è una posizione che trova il sorprendente appoggio di qualche intellettuale libero, come il simbolo del pensiero critico, fondatore della Scuola di Francoforte, Max Horkheimer,[106] ma trova pure la disapprovazione generale della mentalità dominante, dei media e il dissenso sem-

[106] «Noi dobbiamo pagare la pillola con la morte dell'amore erotico... Ritengo mio dovere rendere attenti gli uomini sul prezzo che devono pagare per questo progresso e il prezzo è l'accelerazione della perdita della nostalgia, e alla fine la morte dell'amore»; in Max Horkheimer, *La nostalgia del totalmente altro*, Queriniana 1977, pp. 87-88.

pre più duro dell'*intellighentsia* clericale progressista. La quale non capì né la sensibilità sociale del Papa, che chiedeva di affrontare il boom demografico del Terzo mondo con lo sviluppo economico e la giustizia, anziché col sistema colonialista dei contraccettivi di massa, né capì l'intuizione profetica del pontefice sulle devastazioni umane che avrebbe prodotto la cosiddetta «rivoluzione sessuale». Quella mercificazione del sesso, asservito all'imperialistica società dei consumi, fece dilagare una delle più formidabili e oppressive industrie dei tempi moderni. Le dolorose conseguenze, come lo sfascio delle famiglie, il dilagare di nuove epidemie a trasmissione sessuale, la svalutazione della vita umana fino alla legalizzazione in quasi tutto il mondo dell'aborto (con un miliardo di vittime in 50 anni), sebbene enormemente tragiche, sono solo una parte della tragedia che è ancora largamente incompresa e tuttora in corso.[107]

Eppure fra gli ispiratori dell'enciclica del Papa, proprio sul punto più controverso (i metodi naturali di controllo delle nascite preferiti a quelli artificiali), ci fu un personaggio che lo stesso mondo moderno osannava a parole, come il Mahatma Gandhi. Sì, proprio il paladino della non-violenza, impropriamente idealizzato dalla cultura laica e, in Italia, addirittura dai Radicali.[108] Ma da dove arriva Gandhi

[107] Gabriele Kuby, *Gender revolution*, Cantagalli 2008, p. 86.

[108] «A mio avviso» scriveva il grande indiano «affermare che l'atto sessuale sia una azione spontanea, analoga al sonno o al nutrirsi, è crassa ignoranza. L'esistenza del mondo dipende dall'atto del moltiplicarsi e poiché il mondo è dominio di Dio e riflesso del suo potere, l'atto del moltiplicarsi deve essere sottoposto alla norma, che mira a salvaguardare lo sviluppo della vita sulla terra. L'uomo che ha presente tutto questo, aspirerà ad ogni costo al dominio dei suoi sensi e si fornirà di quella scienza necessaria per promuovere la crescita fisica e spirituale della sua prole. Egli tramanderà poi i frutti di questa scienza ai posteri, oltre che usarli a suo giovamento.» In un altro passo della sua autobiografia, Gandhi racconta che due volte nella sua vita subì l'influsso della propaganda che raccomanda-

fino al Vaticano? Lo scopriamo domenica 5 gennaio 1969, sulla prima pagina dell'«Osservatore romano», quando appare un lungo articolo che commentava, a cinque mesi dall'uscita, l'enciclica di papa Montini. Questo articolo iniziava proprio da quelle citazioni di Gandhi.[109] Tale lungo articolo era firmato Karol Wojtyla, arcivescovo di Cracovia. Proprio lui era stato chiamato a scrivere questo commento, perché proprio a lui Paolo VI riteneva di dovere la riflessione centrale della *Humanae vitae*.

Qual era il pensiero di Wojtyla? Appena eletto Papa, Giovanni Paolo II per cinque anni fece la sua catechesi settimanale proprio sull'amore umano sviluppando quel suo approccio. Dice Messori: «La sua teologia del matrimonio è squisitamente rivoluzionaria. Se si legge quello che ha scritto sull'argomento, si scopre che, contrariamente all'insegnamento tradizionale, che considera come finalità primaria del matrimonio la procreazione e l'educazione dei figli, il moralista Wojtyla mette in primo piano l'amore reciproco tra i coniugi».[110]

Ma Paolo VI, in quella svolta drammatica del suo pontificato, si troverà accanto, oltre a Karol Wojtyla, qualcun altro che ormai godeva universale fama di santità: padre Pio da Pietrelcina. Li troviamo entrambi accanto al Papa in quel momento cupo. E c'è qualcosa di più grande ancora.

L'ho ricostruito nel libro che ho dedicato al frate del Gargano: «Le stesse circostanze della morte del frate stimmatizzato potrebbero celare un mistero, un'offerta di sé che ri-

va i contraccettivi artificiali per escludere la procreazione. Ma egli sostiene di essere arrivato alla convinzione «che si deve piuttosto agire attraverso la forza interiore, nella padronanza di se stesso, ossia mediante l'autocontrollo».

[109] Spiegava poi: «Sembrerà strano che noi cominciamo le nostre riflessioni sull'enciclica *Humanae vitae* partendo dall'*autobiografia* di Gandhi, ma questi tratti della sua autobiografia acquistano il significato di una particolare testimonianza».

[110] Intervista a «Le Figaro Magazine», cit. Vedi anche Domenico Del Rio, *Roveto ardente*, cit. pp. 75-77.

guarda proprio il Papato. Infatti la situazione della Chiesa, in quell'autunno 1968, era cupissima. Proprio dieci giorni prima di morire, il 12 settembre 1968,[111] il Padre indirizza una lettera pubblica a papa Paolo VI.

«L'evento è del tutto insolito e va compreso. Mai padre Pio aveva fatto una cosa simile. Quali ne erano le ragioni? Principalmente la terribile crisi che stava esplodendo nella Chiesa. Il postconcilio, come ebbe a dire Paolo VI, si rivelò essere, anziché l'alba di un giorno radioso, una giornata buia e tempestosa. Soprattutto con la pubblicazione dell'enciclica *Humanae vitae*, sulla crescita demografica del mondo e sulla morale sessuale, esplose tutta la carica di ribellione al Papato che stava covando dentro la Chiesa, anche tra teologi e pastori».[112]

È stato «il documento papale più criticato del XX secolo»[113] che ricorda l'ostilità raccolta dal Sillabo nel 1864. Per questo, come osservò il laico Garry Willys, più che un'enciclica sulla popolazione e la sessualità, alla fine riguardò l'autorità del Papa nella Chiesa stessa.

Il pontefice infatti si trovò solo, incompreso e sotto attacco, al punto che pensò addirittura all'ipotesi delle dimissioni,[114] che in quel momento avrebbero avuto un effetto forse devastante. Padre Pio, con quel gesto clamoroso della lettera, corse in difesa del Papato e della Chiesa minacciata da una delle crisi peggiori della sua storia. Questo spiega l'eccezionalità della sua iniziativa.

[111] È la festa del Santissimo nome di Maria che fu istituita da papa Innocenzo XI in ringraziamento della vittoria contro i turchi nell'assedio di Vienna (12 settembre 1683) dovuta al re polacco Giovanni III Sobieski (di cui parleremo più avanti). Quella vittoria, inimmaginabile a causa della sproporzione di forze, impedì ai turchi sostanzialmente di invadere l'Europa, fino a Roma, dove avrebbero sradicato il cristianesimo imponendo l'Islam ai popoli sottomessi.

[112] Antonio Socci, *Il segreto di padre Pio*, cit., pp. 259-260.

[113] Francisco Pérez de Antón, *Il gatto in sacrestia*, Liberilibri 2004, p. 50.

[114] Vedi Francesco Castelli, *1978: l'anno dei due conclavi*, in «Studi cattolici» n. 573, novembre 2008.

Padre Pio invitò l'ordine cappuccino a essere vicino al Santo Padre, poi offrì le sue quotidiane preghiere e sofferenze «quale piccolo, ma sincero pensiero dell'ultimo» dei suoi figli, in riparazione delle tante sofferenze inflitte al Papa che penava «per le sorti della Chiesa, per la pace del mondo, per le tante necessità dei popoli, ma soprattutto per la mancanza di obbedienza di alcuni, perfino cattolici».

A questo proposito lo ringraziò per la «parola chiara e decisa» pronunciata con la *Humanae vitae* e solennemente scrisse: «Riaffermo la mia fede, la mia incondizionata obbedienza alle Vostre illuminate direttive». Chiedendo infine la sua apostolica benedizione per sé, i confratelli, per i figli spirituali, i gruppi di preghiera e le iniziative di carità.[115]

Non era solo un incoraggiamento. Padre Pio si offriva ancora e stavolta in modo definitivo come vittima in difesa del Papa e della Chiesa in un momento drammatico della sua storia. E infatti così immolò la sua vita come aveva chiesto fin dalla sua ordinazione sacerdotale (dopo 50 anni esatti di crocifissione come gli era stato predetto). Infatti, dieci giorni dopo quella lettera a Paolo VI, trascorso il 50° anniversario delle sue stimmate (il 20 settembre), padre Pio morì improvvisamente.

Il senso di quella morte offerta si coglie dalle parole di Paolo VI, il 15 febbraio 1970: «La Chiesa anch'essa ha bisogno di essere salvata da qualcuno che soffre, da qualcuno che porta dentro di sé la Passione di Cristo».[116]

Una figlia spirituale del cappuccino come Cleonice Morcaldi ha testimoniato che già un prelato vaticano, subito dopo la morte del frate, le disse: «Padre Pio è morto di crepacuore per quel che succede nella Chiesa di Dio».[117] E altri

[115] Ep. IV, pp. 12-14.

[116] In A. Negrisolo-N. Castello-S.M. Manelli, *Padre Pio nella sua interiorità*, San Paolo 2002, p. 222.

[117] *Beatificationis et canonizationis Servi Dei Pii a Pietrelcina. Positio super virtutibus*, IV, p. 215 (Diario).

testimoni hanno aggiunto le considerazioni drammatiche che il santo faceva sullo smarrimento del mondo ecclesiastico: «Negli ultimi giorni della vita un fatto lo faceva soffrire: "Si tace di fronte al male! Non si parla dell'aldilà; non esistono più i Novissimi!"».[118]

Due voci insospettabili confermano la drammaticità di quel momento storico. Jacques Maritain, a cui fu solennemente consegnato il messaggio del Concilio agli intellettuali, scriveva nella sua ultima opera del 1966 che «oggi in confronto alla febbre neomodernista, molto contagiosa almeno nei circoli detti intellettuali, il modernismo dei tempi di Pio X non era altro che un modesto raffreddore da fieno».[119]

E Henri De Lubac, che pure è un nome simbolo del Concilio, anni dopo ha affermato: «Vediamo moltiplicarsi da qualche anno i segni di una crisi spirituale quale raramente scosse la Chiesa. Sotto i nomi equivoci di nuova Chiesa, di Chiesa postconciliare, è una Chiesa diversa da quella di Cristo che rischia di essere instaurata, se si può parlare di instaurazione per designare un fenomeno che è prima di tutto di abbandono e di disintegrazione, una società antropocentrica, minacciata di apostasia immanente e che si lascia trascinare in un momento di generale dimissione, col pretesto del ringiovanimento, dell'ecumenismo e dell'adattamento».[120]

Tutto questo esplose soprattutto con la *Humanae vitae* e padre Pio ne era perfettamente consapevole. Nel mio libro ho documentato infine un episodio che mostra il significato espiatorio e propiziatorio della morte del cappuccino a favore dei sacerdoti, della Chiesa e del Papa.[121] Un episodio, avvenuto attorno al 20 settembre, nel quale il padre ribadì

[118] A. Negrisolo-N. Castello-S.M. Manelli, *Padre Pio nella sua interiorità*, cit., p. 197.

[119] Jacques Maritain, *Le paysan de la Garonne*, Desclée de Brouwer 1966, p. 16.

[120] In Luigi M. Carli, *Nova et vetera*, IEM 1969, p. 132.

[121] Antonio Socci, *Il segreto di padre Pio*, cit., p. 262.

espressamente l'offerta di sé, per morire poche ore dopo, nella notte fra il 22 e il 23 settembre.

Non possiamo sapere da quanti mali il sacrificio di padre Pio abbia protetto la Chiesa e il Papa. Di sicuro in quegli anni l'assalto al Papato e alla Chiesa fu tale che si poteva temere potesse veramente prevalere. Del resto è stata la Madonna in persona, apparendo alla mistica Luigina Sinapi, figlia spirituale di padre Pio di cui è in corso il processo di beatificazione, a svelare il senso e il valore del sacrificio di padre Pio in quel tempo: «Ci voleva una grande vittima nei momenti attuali della Chiesa».

Quel sacrificio propiziò anche il pontificato del giovane prelato polacco legato sia a padre Pio che a Paolo VI? È questo un mistero che non è possibile sciogliere. Tuttavia si può fare una considerazione storica realistica, basata sui fatti.

Da quel momento, da quel 1968, gli anni del pontificato di Paolo VI trascorrono nel dolore, in una progressiva solitudine[122] e incomprensione, con più di 70 mila sacerdoti che lasciano l'abito e quasi altrettante religiose che abbandonano i chiostri.[123] All'odio del mondo, dove negli anni Settanta impazzavano le ideologie e le persecuzioni (in Italia pure il terrorismo), si aggiungeva l'ostilità furibonda di un certo *establishment* clericale contro i pochi segni di rinascita cristiana (com'era Comunione e liberazione) e per la religiosità popolare che si esprimeva ancora nei santuari ma-

[122] «Toccherà agli storici della Chiesa spiegare nei dettagli i terribili perché di un'altra esclamazione di Paolo VI fatta davanti a Magee (per anni segretario personale del Papa, *nda*) poco tempo prima (del 1978, *nda*), un pomeriggio di domenica, mentre insieme scendevano alla biblioteca privata del Papa. Paolo VI parlava di sua madre, dei suoi amici di seminario, del suo lungo periodo alla segreteria di Stato. (...) All'improvviso, fermandosi, esclamò: "Tanti amici!... E adesso sono solo...". Non era, a parer mio, un'esclamazione disperata né un'accusa personalizzata, ma la constatazione di una realtà vicina e anche, purtroppo, di una realtà di portata mondiale», Julián Herranz, *Nei dintorni di Gerico*, Ares 2006, p. 260.

[123] Vedi Francisco Pérez de Antón, *Il gatto in sacrestia*, cit., pp. 19-20.

riani. La disgregazione della Chiesa si stava facendo sfrenata «autodemolizione», come la chiamò lo stesso Paolo VI.[124]

Era la stessa ortodossia cattolica, il tesoro più prezioso della Chiesa, che, agli occhi di Paolo VI, stavano cercando di demolire. Il 30 novembre 1967 il Papa aveva indicato le tre fondamentali verità della fede che si trovavano sotto attacco: «La risurrezione di Cristo nel suo vero corpo, la realtà della sua presenza nell'Eucaristia, la verginità corporea di Maria e di conseguenza il mistero augusto dell'Incarnazione».[125]

I suoi pronunciamenti, sempre più drammatici, sulle sorti della cristianità, davano ormai la sensazione che anzitutto il Papato fosse considerato da tanti irrimediabilmente al capolinea, a causa della sua delegittimazione all'interno stesso del mondo clericale. Non a caso un grande teologo come von Balthasar, proprio in questi anni, sente il dovere di scrivere un'opera, *Il complesso antiromano*, che cerca di ribattere teologicamente al formidabile attacco, anche clericale, contro il Papato, pilastro della Chiesa.

Con la morte di Paolo VI, con una Chiesa che sembrava ormai un relitto della storia, si poteva pensare che il Papato fosse arrivato al tramonto e iniziasse una sconvolgente notte della fede cattolica. Invece sorse l'alba di un pontificato straordinario, giovane e grande, quello di Giovanni Paolo II, proprio colui che aveva sostenuto Paolo VI nella *Humanae vitae* e che era così misteriosamente legato a padre Pio. L'elezione di Giovanni Paolo II segnò la disfatta di quelle forze autodemolitrici e determinò, in quel momento, la salvezza della Chiesa.

Il Papa polacco iniziò il pontificato proclamando con vigore davanti al mondo intero: «Aprite, anzi spalancate le

[124] Scrive George Weigel: «Padre Walter Abbott sj, che faceva parte della Curia ai tempi di Paolo VI, lascia intendere che nel 1973 il dissenso interno alla Chiesa aveva trascinato il Pontefice quasi sull'orlo dell'esaurimento nervoso», *Testimone della speranza*, cit., p. 1132.

[125] Allocuzione all'Udienza del 30 novembre 1967.

porte a Cristo». E subito, alla fine di quella sua prima messa d'insediamento, stravolgendo il protocollo, mentre il *Te Deum* riempiva la piazza, scese i gradoni della basilica con la croce in mano, come fosse il bastone di Mosè, per abbracciare alcuni ammalati sulle carrozzelle,[126] incurante della confusione fra gli addetti alla sicurezza e senza guardare cardinali, re, governanti e capi di Stato.

Pochi giorni dopo si capì che quella era la cifra del suo pontificato: «Voglio andare da tutti, da tutti coloro che pregano, dal beduino nella steppa, dalla carmelitana o dal monaco cistercense nei loro conventi, dal malato al suo letto di sofferenza, dall'uomo attivo nel pieno della sua vita, dagli oppressi, dagli umiliati... dappertutto... vorrei oltrepassare la soglia di tutte le case».

E così ha fatto instancabilmente nei suoi 27 anni di missione, accolto sempre da folle immense ai quattro angoli del pianeta. Non per cercare le masse ma per incontrare ciascuno.

Si calcola che i chilometri che ha percorso equivalgano a tre volte la distanza tra la terra e la luna e a circa 30 volte il giro del mondo. Per chiamare ognuno per nome. Perché ognuno sapesse e potesse dire: il Papa è venuto da me, è venuto proprio per me. Lo dimostrò quando volle andare perfino in un paese dell'ex Urss dove – in un territorio immenso – vivevano solo 120 cristiani.

Così a Santiago di Compostela, davanti a una folla di ragazzi in festa, scandisce: «Bisogna scuotere il torpore del nostro mondo, con il grido convinto di migliaia e migliaia di giovani che annuncino Cristo redentore di tutti gli uomini, centro della storia, speranza delle genti e salvatore dei popoli».

Così «a Calcutta, da madre Teresa, ha baciato i moribondi, li ha abbracciati. Tre erano lebbrosi. A San Francisco ha

[126] Vedi Domenico Del Rio-Luigi Accattoli, *Wojtyla. Il nuovo Mosè*, Mondadori 1988, p. 21.

stretto a sé teneramente un bambino con l'Aids, e ha posato lungamente la mano sulla fronte di tutti gli altri adulti che avevano contratto il male per droga o per relazioni omosessuali. Ha sussurrato loro: "Dio vi ama. Dio ama tutti senza distinzione, senza limiti. Ama i poveri, ama i vecchi, ama gli ammalati. Dio ama gli ammalati di Aids"».[127] E così pure fra i lebbrosi di Marituba. O a Manila, dove cinque milioni di giovani che aveva esortato a essere «figli e figlie della luce» a un certo punto hanno cominciato a gridargli, a una voce sola: «We love you!». Ed era il dialogo a cui lui non si sottraeva mai: «Anche io vi amo!».

Desiderava essere il pavimento su cui l'umanità poteva camminare verso il volto dell'Amato, il pavimento che sostiene il passo e lo conduce alla felicità. Come quello della basilica di San Pietro che è simbolicamente posto sui corpi dei successori di Pietro. Lì:

> Non ti perdi, ma vai trovando unità e significato
> è perché il pavimento ti guida.
> Esso unifica non solo gli spazi d'una struttura rinascimentale,
> ma gli spazi dentro di noi
> Che camminiamo così consapevoli delle nostre debolezze
> e sconfitte.
> Sei tu, Pietro. Vuoi essere qui il Pavimento su cui camminano gli altri
> (che avanzano ignorando la mèta) per giungere là dove guidi i loro passi.[128]

Un grande filosofo contemporaneo, René Girard,[129] ha fatto la sintesi di questo inimmaginabile pontificato. Girard parla di «qualcosa di unico e originale, che riguarda il peso

[127] Domenico Del Rio, *Roveto ardente*, cit., p. 57.
[128] Karol Wojtyla, *Pietra di luce*, Libreria editrice vaticana 1979, p. 60.
[129] Il suo sintetico, ma geniale intervento è uscito sulla «Repubblica», 31 marzo 2006, p. 50.

e l'identità del potere papale nel mondo: il valore che, grazie a Giovanni Paolo II, ha raggiunto il ruolo del Papa».

Girard parla di «potere reale e concreto, potere politico nel senso di influenza sui governi, potere spirituale e conquista dell'appoggio dei media». Ma forse è il Papato in sé che Wojtyla ha riportato nei cuori: ha mostrato il suo vero potere che è quello disarmato dell'amore, di un'umanità divina più grande e vera, quella del Crocifisso, capace di abbracciare e portare sulle spalle tutta la condizione umana di oggi, come traspariva dal volto, dalle parole e dai gesti del Papa. Traspariva l'Amato di cui lui era testimone intrepido, con tutto se stesso, pronto a dare la vita per lui.

Per questo, dice Girard, «ha dato un soffio d'ossigeno religioso al Papato e al suo prestigio». Il filosofo francese aggiunge: «Quello che gli interessava era arrivare alle persone, toccarle nel profondo. Il suo pontificato si è svolto in un periodo di gravissima crisi, e lui capì che bisognava calarsi nel mondo, impressionare le folle. Per questo viaggiava di continuo e si mostrava ovunque. Aveva compreso la dinamica della modernità».

Potremmo dire che si è letteralmente dato in pasto, perché gli uomini hanno bisogno di incontrare un volto concreto in cui riconoscere Gesù. Come intuiva un grande poeta della sua terra, il premio Nobel per la poesia Czesław Miłosz:

> Ho chiesto più volte, lo sai, che la figura in chiesa
> levasse per me la mano, una volta, un'unica volta.
> Capisco però che i segni possono essere soltanto umani.
> Desta dunque un uomo, in un posto qualsiasi della terra
> (non me, perché ho comunque il senso della decenza)
> e permetti che guardandolo io possa ammirare Te.[130]

[130] Czesław Miłosz, *Poesie*, Adelphi 1983, p. 112. Di Miłosz, che ha vissuto esule negli Stati Uniti, erano anche i versi che gli operai dei cantieri navali di Danzica, che fondarono Solidarność, vollero riportare sul monumento, tre altissime croci di acciaio, che ricorda i loro compagni ammazzati dalla polizia comunista nella rivolta del 1970.

Soprattutto Giovanni Paolo II aveva compreso che se l'avvento del villaggio globale permetteva quell'attacco ideologico senza precedenti contro la cristianità, allo stesso tempo forniva anche la possibilità di un grandioso annuncio cristiano, su scala planetaria e da parte dello stesso vicario di Cristo in terra, in prima persona, diventato incontrabile, volto familiare a ogni essere umano della Terra come mai prima era accaduto.

«I viaggi» ha detto un giorno il Papa «sono l'applicazione su scala universale del carisma di Pietro.»[131] Cosicché il primato di Pietro e il suo magistero sono diventati – per la prima volta per l'umanità intera – un vero e proprio incontro personale, ricco di ragioni e straordinariamente suggestivo. Rendendo anche visibile l'universalità della Chiesa e la sua natura misteriosa di popolo.

Quest'uomo dalla vita leggendaria, dal fascino travolgente, che è risultato, spiega Girard, «un conquistatore di folle... è stato Papa in un periodo terribilmente difficile per la Chiesa, in cui il modernismo ha raggiunto il culmine. Con l'esito di una diffusa antireligiosità, del rifiuto di ogni dettame della Chiesa, della negazione di ogni disciplina».

Girard aggiunge che «Benedetto XVI ha ereditato una situazione profondamente modificata rispetto a quello che era lo stato della Chiesa alla morte di Paolo VI». Secondo Girard «bisogna risalire ai grandi papi medioevali per trovare un pontefice con una personalità altrettanto incisiva, sconvolgente e carismatica».

Ma l'impressione è che nessuno, nemmeno fra i «grandi papi medioevali», regga il confronto con lui, Karol il Grande.

[131] Discorso del 28 giugno 1982. Nella stessa occasione spiegò: «Molti dicono che il Papa viaggia troppo e a scadenze troppo ravvicinate. Penso che, umanamente parlando, costoro abbiano ragione. Ma è la provvidenza che ci guida e qualche volta ci suggerisce di fare qualcosa *per excessum*». Questa missione verso tutte le genti, in ogni angolo della Terra, è stata dunque «suggerita» dall'Alto?

Il nuovo Giovanni Sobieski

C'è un enigma legato a un biglietto scritto da una mano anziana. La firma: don Dolindo Ruotolo. Chi è? Proclamato dalla Chiesa «Servo di Dio», don Dolindo, sacerdote napoletano morto nel 1970, di cui è in corso il processo di beatificazione, fu un mistico per vari aspetti simile a padre Pio.[132] Qui ci interessa quel suo strano scritto, nel quale si può ravvisare un sorprendente presagio dell'arrivo del Papa polacco e del suo epico destino di distruttore del comunismo.

Il documento, autenticato dal vescovo Pavel Hnilica (amico personale di Giovanni Paolo II che, quindi, con ogni probabilità, venne a conoscenza del testo profetico), è il retro di un'immagine della Madonna. Lo scritto è datato 2 luglio 1965 ed è indirizzato al polacco Vitold Laskowski. In esso don Dolindo riporta le parole della Madonna che probabilmente ha ricevuto in una locuzione interiore o comunque da una misteriosa ispirazione. Ecco ciò che scrisse: «Maria all'anima. Il mondo va verso la rovina, ma la Polonia, come ai tempi di Sobieski,[133] per la devozione che ha al mio cuore, sarà oggi come i 20.000 che salvarono l'Europa e il mondo dalla tirannia turca. Ora la Polonia libererà il mondo dalla più tremenda tirannia comunista. Sorge un nuovo Giovanni, che con marcia eroica spezzerà le catene, oltre i confini imposti dalla tirannide comunista. Ricordalo. Benedico la Polonia. Ti benedico. Beneditemi.

[132] Si tramanda che il cappuccino del Gargano un giorno abbia detto ad alcuni pellegrini venuti da Napoli: «Perché venite qui, se avete don Dolindo Ruotolo a Napoli? Andate da lui, egli è un santo!».

[133] Giovanni III Sobieski (1624-1696), re di Polonia, andò in aiuto dell'imperatore Leopoldo I e, il 12 settembre 1683, con coraggio e genialità sconfisse i turchi che assediavano Vienna. Storicamente questa vittoria salvò l'Europa dall'invasione turca che era ormai a portata di mano, subito dopo la caduta di Vienna. I turchi lo soprannominarono il Leone di Lehistan.

Il povero don Dolindo Ruotolo – Via Salvator Rosa, 58 Napoli».[134]

È inevitabile pensare che di lì a dodici anni, in effetti, dalla Polonia sarebbe venuto «un nuovo Giovanni», cioè Giovanni Paolo II che, eroe disarmato, sarebbe riuscito nell'impossibile come Sobieski: abbattere il più vasto, duraturo e mostruoso impero ateo e persecutore di cristiani della storia, il comunismo.

La profezia di don Dolindo si è attuata. Il «caso» vuole che il 2 novembre 1946 don Karol Wojtyla, per sottolineare il suo «particolare legame spirituale con la storia della Polonia», abbia deciso di celebrare con un pugno di amici la sua prima messa, che, sappiamo, fu così importante nella sua vita, nella cripta di San Leonardo, la cattedrale di Wawel. Quella piccola cripta romanica è il cuore della nazione polacca perché lì riposano re, regine, vescovi, poeti «che hanno avuto un'importanza enorme» nella formazione del giovane Karol. Lì riposa soprattutto re Giovanni III Sobieski dinanzi al quale, dunque, è iniziato il ministero sacerdotale di Karol Wojtyla.

E c'è un avvenimento singolare nel quale sarà lo stesso Giovanni Paolo II a evocare re Giovanni III Sobieski, facendo trasparire l'analogia con la vittoria da riportare sul comunismo (entrambe le vittorie – quella sui turchi e quella sul comunismo – avvengono sotto il segno della Madonna nera di Jasna Góra).

Dunque – per venire a quel memorabile discorso, durante il secondo viaggio in Polonia, nel 1983, in occasione dei 300 anni dall'impresa di Sobieski che il 12 settembre di quell'anno sbaragliò l'impero ottomano – Giovanni Paolo II, in faccia al regime comunista e in faccia a tutto l'impero dell'Est comunista, evocò «la storica data di trecento anni fa: il soc-

[134] Sotto si trova scritto ancora: «Vidimata dal vescovo monsignor Paolo Hnilca s.g. vescovo titolare – Vicariato di Roma il 24 maggio 1979».

corso a Vienna, la vittoria viennese! Questo è l'anniversario che unisce noi tutti». Poi sottolineò «il valore del soccorso a Vienna del 1683 e la vittoria del re Giovanni III Sobieski. Il re avvisò della vittoria la Sede apostolica con le significative parole "Venimus, Vidimus, Deus vicit": sono giunto, ho visto, Dio ha vinto. Queste parole del sovrano cristiano si imprimono profondamente sia nel millennio del nostro Battesimo, sia nel giubileo di Jasna Góra di quest'anno (...). La mia presente visita in patria cade in un periodo difficile. Difficile per molti uomini, difficile per l'intera società (...). Tuttavia la nazione deve vivere soprattutto con le proprie forze. Da sola deve riportare questa vittoria che la Provvidenza divina le dà come compito in questa tappa della storia. Tutti ci rendiamo conto che non si tratta di una vittoria militare, come trecento anni fa, ma di una vittoria di natura morale».

In sostanza, in forma di parabola storica, il Papa, quel 17 giugno 1983, diceva ai polacchi riuniti a Varsavia che «come la Polonia salvò nel 1683 l'Europa dai turchi, così essa libererà un giorno l'Europa dal comunismo».[135] Dettagliò anche le modalità: pazienza attiva, non violenza, attesa della maturazione dei tempi e nessun cedimento all'odio.

Sembrava a tutti un'illusione velleitaria, un'utopia da sognatori. Era inimmaginabile spazzar via i sistemi comunisti dell'Est, oltretutto con mezzi pacifici. Eppure solo un soffio di mesi dopo, nel 1989, l'impossibile si era realizzato. E papa Wojtyla potrà rivendicare questa inimmaginabile vittoria avvenuta incredibilmente senza alcuna violenza e senza armi: «Le lotte che hanno condotto al crollo del marxismo insistono con tenacia nel tentare tutte le vie del negoziato, del dialogo, della testimonianza della verità, facendo appello alla coscienza dell'avversario e cercando di risvegliare in lui il senso della comune dignità umana. Sembrava che l'ordine europeo uscito dalla Seconda guerra mondiale e consacrato

[135] Carlo Cardia, *Karol Wojtyla. Vittoria e tramonto*, Donzelli 1994, p. 24.

dagli Accordi di Jalta potesse essere scosso soltanto da un'altra guerra. È stato, invece, superato dall'impegno non violento di uomini che, mentre si sono sempre rifiutati di cedere al potere della forza, hanno saputo trovare di volta in volta forme efficaci per rendere testimonianza alla verità. Ciò ha disarmato l'avversario, perché la violenza ha sempre bisogno di legittimarsi con la menzogna, di assumere, pur se falsamente, l'aspetto della difesa di un diritto o della risposta a una minaccia altrui».[136]

Quello che era accaduto era inimmaginabile, si sarebbe ritenuto del tutto impossibile: «Il Santo Padre» riferisce Dziwisz «la considerava una delle più grandi rivoluzioni della storia. Anzi, leggendola in una dimensione di fede, la accolse come un intervento divino. Come una grazia. Per lui, la caduta del comunismo e la liberazione delle nazioni dal giogo del totalitarismo marxista erano indubbiamente legate alle rivelazioni di Fatima, all'affidamento del mondo e in particolare della Russia alla Madonna, come Lei stessa aveva chiesto alla Chiesa e al Papa».

Dziwisz ricorda qui la solenne consacrazione del mondo

[136] George Weigel, *L'ultima rivoluzione*, cit. p. 67. Un intervento dello storico polacco Bronisław Geremek uscito su «la Repubblica» del 20 aprile 2009 conferma quanto ha detto il Papa. L'intellettuale, laico e di origini ebraiche, rivendica: «Solidarność è stato un movimento di liberazione nel senso più ampio del termine, nella sua dimensione al contempo nazionale e sociale con, in mezzo a tutto ciò, l'idea religiosa della dignità umana ritrovata. Era dunque una rivoluzione, ma una rivoluzione umanista e, fatto molto importante, una rivoluzione che fin dall'inizio aveva ripudiato ogni violenza. Questo rifiuto della violenza fu uno dei suoi tratti più caratteristici». Geremek infine sottolinea, in accordo con François Furet, che l'epoca aperta dalla Rivoluzione francese si è conclusa con «il crollo dell'Unione Sovietica, nella quale è dato vedere il compimento della tradizione giacobina europea, mentre il bolscevismo sarebbe una metamorfosi del Terrore. Gli avvenimenti del 1989 sono stati rivoluzionari anch'essi», ma «si trattava di una rivoluzione contro l'idea giacobina, innanzitutto contro i suoi metodi, contro la violenza, il terrore e il bagno di sangue» e «contro la centralizzazione del potere e l'onnipotenza dello Stato».

davanti alla Madonna di Fatima compiuta dal Papa il 25 marzo 1984 e nota: «Era stato così realizzato il desiderio della Madonna (la richiesta fatta a Fatima dalla Vergine, *nda*). E, proprio allora, erano cominciati i primi episodi di sgretolamento del mondo comunista».[137]

È la prima volta che in modo esplicito – e da una fonte indubitabile – apprendiamo che lo stesso Giovanni Paolo II attribuiva a quel gesto solenne e misterioso il potere decisivo dell'abbattimento dell'impero comunista.

Del resto siamo di fronte a un doppio miracolo: il primo riguarda quel feroce impero, armato fino ai denti, che è stato spazzato via in poche ore senza alcun atto di violenza, da uomini inermi e pacifici. Il secondo – come ricorda il Papa – è il fatto che quel regime non reagì (come pure aveva programmato, come era nella sua natura e com'era politicamente prevedibile) scatenando una guerra che sarebbe stata senza dubbio nucleare.

Voglio ripeterlo e sottolinearlo (e lo vedremo nel dettaglio): attraverso il Papa polacco il mondo è stato letteralmente salvato dal comunismo, ma, ancor prima, da una incombente catastrofe nucleare.

David e Golia

Ha scritto Carlo Cardia: «Oggi si può dire che Giovanni Paolo II è stato il pontefice più legato alla sua nazione, la Polonia, e quello che più ha contribuito a cambiare la storia del mondo».[138]

Un osservatore acuto come Gianni Baget Bozzo ha fatto un'analisi illuminante sul secondo Conclave del 1978: «Wojtyla non divenne Papa per far la guerra al comunismo.

[137] Stanislaw Dziwisz, *Una vita con Karol*, cit., p. 159.
[138] Carlo Cardia, *Karol Wojtyla. Vittoria e tramonto*, cit., p. 9.

Che così sia avvenuto e che obiettivamente la nomina di Wojtyla a Papa segni il principio della crisi dell'Est, è un fatto. Ma che ciò fosse un proposito del Papa o dei suoi elettori, è impensabile. Perché la crisi del socialismo reale, come poi essa avvenne, era imprevedibile nei giorni in cui fu eletto Karol Wojtyla. Wojtyla non fu eletto per combattere il comunismo esteriore, ma quello interiore, la secolarizzazione della Chiesa, l'invadenza del sociale sul personale, il mito del cambiamento radicale della Chiesa e della storia».[139]

In sostanza, si desiderava fermare l'autodemolizione dovuta al dilagare delle ideologie dentro la Chiesa e alla scristianizzazione del mondo. Il giovane Papa polacco fu di per sé – direi quasi «fisicamente» – una novità folgorante che subito tutti percepirono con sorpresa, sia la gente comune sia i media. Conquistò tutti.

D'improvviso il mezzo era il messaggio. Un messaggio sorprendente arrivava diritto agli occhi, alla mente e al cuore. In un paio di minuti (tanto durò quel saluto dalla terrazza di San Pietro) con il cinquantottenne polacco appoggiato con due mani alla balaustra e sorridente, il mondo scoprì che Gesù Cristo è giovinezza, virilità, libertà, mentre fino a quel momento si pensava e si parlava della Chiesa come un'accolita decrepita di vecchi, un reperto preistorico ormai frequentato solo da donne e bambini.

Il suo stesso volto, la virilità dei suoi gesti, il suo sorriso sicuro (non mostrava la minima soggezione, sembrava fosse sempre stato lì, davanti alle folle), la sua libertà dai formalismi, il popolo eroico da cui proveniva e che resisteva a tutti i totalitarismi con la forza del suo cattolicesimo, insomma la sua persona fisica e la sua eccezionale biografia, che sintetizzavano tutto questo, di colpo spazzavano via, come un uragano irresistibile, tutte le teorie della secolarizzazione che dominavano negli anni Settanta. Teorie secondo cui «la

[139] Gianni Baget Bozzo, *Il futuro del cattolicesimo*, Piemme 1997, p. 129.

dimensione religiosa, propria del passato dell'umanità, era destinata a dissolversi con l'avvento della tecnologia e del progresso» e «l'idea dell'*homo faber*, unidimensionale, per la quale la prospettiva religiosa era cosa del clero e dell'umanità "debole": vecchi, donne e bambini».[140]

D'improvviso in un volto, in un uomo, tutti scorgevano che il cristianesimo era invece la giovinezza del mondo, che Cristo plasmava uomini veri, un'umanità più bella e forte, che i miti ideologici che galvanizzavano l'Occidente erano cupa tirannia disumana e addirittura che la Vergine Maria (ritenuta negli ambienti clericali un retaggio preconciliare) era il respiro di libertà dei popoli oppressi, era la Bellezza che vinceva il Potere.

E tutto questo diventava subito evidente, dovunque, con una forza mai vista prima, grazie ai media del villaggio globale che fino ad allora avevano veicolato la presunta modernità laica. Cosicché d'improvviso i media divennero lo strumento che comunicò ai quattro angoli della Terra questa imprevista novità. La forza di impatto mediatico del Papa polacco, del suo volto, dei suoi gesti, rimane irraggiungibile.

Bisogna tener presente la terribile situazione di quel 1978. Il pontificato di Paolo VI era entrato dieci anni prima, nel 1968, nella tempesta e non ne era più uscito. Tutto era esploso – lo abbiamo visto – con il bombardamento ecclesiale e sociale dovuto all'irrompere del Sessantotto e al terremoto della *Humanae vitae*.

All'isolamento del pontefice e alla contestazione interna si erano aggiunti il fallimento della mediazione di pace per il Vietnam, il referendum sul divorzio, il «tradimento» che Montini subì da parte dell'*intellighentsia* cattolica a lui più

[140] Massimo Borghesi, *Il senso religioso come sintesi dello spirito*, introduzione a Giovanni B. Montini-Luigi Giussani, *Sul senso religioso*, Bur 2009, p. 9.

vicina e, infine, l'assassinio di Aldo Moro che lo scosse anche nell'intimo.

L'ideologia comunista (con quella radicale) stava dilagando nella società italiana. Il Pci era sostanzialmente al governo e il Partito comunista combattente era all'opposizione, scatenando una sorta di guerra civile. In mezzo mondo – dove aveva conquistato il potere – il comunismo aveva instaurato feroci regimi persecutori della Chiesa. Ma, quel che è peggio, una certa traduzione di quell'ideologia si era infiltrata con efficacia dentro la Chiesa, non solo nella forma esplicita della «teologia della liberazione», ma anche in quella più generica del progressismo modernista e socialisteggiante.

Paolo VI muore il 6 agosto 1978 e, dopo il brevissimo interregno di Giovanni Paolo I, si arriva a un nuovo Conclave nell'ottobre 1978. Il collegio cardinalizio è scioccato dalla repentina scomparsa di papa Luciani.

Per capire come emerse la sorpresa del Papa polacco bisognerebbe cogliere qual era il pensiero dei protagonisti di quel Conclave. E lo si comprende da una memorabile intervista «profetica» del cardinale Giuseppe Siri a «Renovatio», che già nel 1970 fotografava in tutta la sua drammaticità la situazione della Chiesa. Siri parlava già allora di «dittatura dell'opinione», di manipolazione di massa delle menti e dei cuori, di teologi compiacenti con i poteri di questo mondo, di «coloro che usano la loro funzione ecclesiastica per sovvertire la Chiesa», affermava che «la cosa più urgente è restaurare nella Chiesa la distinzione tra verità ed errore», sebbene «l'esercizio dell'autorità ecclesiastica è considerato abuso nei confronti della libertà». Infine, alla domanda sui segni di rinnovamento nella Chiesa, rispose testualmente:

Noi siamo in un tempo di prova: e nei tempi di prova è più facile vedere la tenebra che la luce. Ma la luce è presente: la potenza stessa della tenebra è un mezzo di purificazione perché siamo fatti più capaci di vedere la luce. Le tenebre non possono vincerla. Noi sappiamo che il Signore conduce le cose in bene: e usa le sofferenze e gli stessi peccati degli uomini perché ne risulti un bene più grande.

Quando cento anni fa cadde il potere temporale, il Papa sembrò prigioniero. «La fine del Papato», strillavano i modesti mezzi di comunicazione sociale d'allora. Stava invece per cominciare una grande stagione del Papato. E la stessa perdita del potere temporale vi contribuì. Non che noi dobbiamo salutare i politici di allora come dei liberatori della Chiesa: è che Dio usa delle opere di tutti per il bene del suo popolo, che è il bene di tutta l'umanità. Sarà così anche domani: delle nostre difficoltà, si considererà soltanto la luce.

La nostra umana debolezza, l'isolamento, il senso di sconfitta apparirà cambiato dalla potenza di Dio, in segno della gloria della sua città. È nella luce della croce del Signore che la notte diviene luminosa. Non sono un pessimista, solo rilevo che il tempo si è fatto scuro perché l'ombra del culto delle cose materiali si stende sul mondo. Ho sempre notato che in genere gli errori teologici derivano da inquinamenti marxisti. È una storia lunga. Ma finora non ho trovato sulla mia strada uomini così puri nella fede come quelli che hanno esperimentato nella vita quella teoria. Sono stati vaccinati.[141]

Intuizione profetica: solo otto anni dopo il Conclave chiamerà sul soglio di Pietro proprio uno di quegli uomini puri nella fede che era stato provato dal fuoco della tirannia marxista.

Lo storico Francesco Castelli, in un sintetico ma efficace suo recente articolo, ha ricostruito i pensieri di un altro cardinale importante in quel Conclave: Joseph Ratzinger.[142] Secondo Castelli:

[141] Da *La dittatura dell'opinione*, intervista al cardinale Giuseppe Siri, in «Renovatio», VI (1970), fasc. 4, pp. 477-490.

[142] Francesco Castelli, *1978: l'anno dei due conclavi*, in «Studi cattolici» n. 573, novembre 2008.

Importante e in certa misura profetico, fu l'intervento dell'arcivescovo di Monaco il cardinale Ratzinger. In una intervista pubblicata dalla «Frankfurter Allgemeine Zeitung» l'8 ottobre, l'illustre porporato dichiarò che l'imminente conclave sarebbe stato sottoposto alla «pressione delle forze di sinistra». Papa Luciani, osservò il futuro papa Benedetto XVI, aveva avviato una presa di distanze dal «compromesso storico» contestando il valore dell'aforisma «ubi Lenin, ibi Jerusalem». Di qui l'attenzione che le sinistre avrebbero rivolto al successore, istituzionalmente capace di confermare o di compromettere pesantemente la forza politica delle sinistre in Europa e nel mondo. La portata profetica di quelle parole sembrò confermata dall'attentato del 1981 e dal giudizio dello stesso Giovanni Paolo II sull'accaduto. Quanto all'intervento del cardinale Ratzinger, molti vaticanisti, successivamente, lo hanno giudicato decisivo per l'apertura dei conclavisti a un candidato dell'Europa dell'Est.

Nell'epoca del dilagante comunismo planetario esce dal Conclave il Papa slavo, che viene dalla nazione martire dei totalitarismi. Non sarà un caso se il nuovo Papa chiamerà a Roma, a tenere in mano il timone della dottrina cattolica, proprio quel cardinale Ratzinger, arcivescovo di Monaco di Baviera, che aveva fatto quell'intervento così illuminante e che – da prefetto dell'ex Sant'Uffizio – sarà in effetti colui che subito sradicherà la «teologia della liberazione», soprattutto in America Latina, dalla vita della Chiesa.[143]

Ma subito il nuovo pontificato diventa dirompente anche nell'Est europeo. E soprattutto l'incendio viene appic-

[143] Il cardinale Ratzinger, oltre a essere stato un fidatissimo collaboratore di Giovanni Paolo II, a lui legato da affetto e stima infiniti, è stato il pilastro del governo della Chiesa di papa Wojtyla per quanto riguarda la custodia della retta dottrina. E il suo pontificato, probabilmente auspicato negli ultimi mesi di vita dallo stesso Giovanni Paolo con i cardinali a lui più vicini, è definito appunto dal suo motto «Collaboratore della verità».

cato dalla quinta colonna cattolica nell'impero comunista, la Polonia, la patria del Papa, quella che – come aveva previsto don Dolindo Ruotolo – avrebbe ripetuto la mirabile impresa del salvataggio dell'Europa già compiuta con Giovanni Sobieski. La Polonia infatti è sotto un potere comunista imposto dai sovietici, ma il suo cuore e il suo popolo sono altrove: con la Chiesa cattolica, oasi di libertà e di umanità anche nella dittatura rossa.

Seguiamo dunque il rapidissimo e imprevedibile divampare dell'incendio.

16 ottobre 1978: viene eletto Papa il cardinale polacco Wojtyla. 1979: primo viaggio del Papa slavo nella sua Polonia all'insegna del suo esordio: «Non abbiate paura! Aprite, anzi spalancate le porte a Cristo!». È un ciclone.[144] Annuncia che Cristo ha scelto un Papa slavo per affidargli la missione di manifestare «l'unità spirituale dell'Europa cristiana... nonostante le sue attuali, durevoli divisioni dei regimi». Chiede il «rispetto dei diritti» di ogni essere umano e «di ogni nazione... diritto all'esistenza e all'autodecisione, diritto alla propria cultura e al suo multiforme sviluppo». È un inno di libertà. Secondo il politologo Bogdan Szajkowski quel viaggio fu per tutti «un terremoto psicologico, un'occasione di catarsi politica di massa». E soprattutto un terremoto spirituale e morale.

Accade l'incredibile: un intero popolo dopo decenni di dittatura comunista tornò ad assaporare la propria libertà. Da quei giorni luminosi – come spiegherà in seguito Lech Wałęsa – deriva l'esplosione di dignità che, pochi mesi dopo, nell'agosto 1980, porta all'occupazione non violenta dei

[144] «Quando il 22 ottobre 1978 pronunciai in piazza San Pietro le parole "Non abbiate paura!", non potevo rendermi del tutto conto di quanto lontano avrebbero portato me e la Chiesa intera. Il loro contenuto proveniva più dallo Spirito Santo... Perché non dobbiamo avere paura? Perché l'uomo è stato redento da Dio» (Giovanni Paolo II-Vittorio Messori, *Varcare la soglia della speranza*, Mondadori 1994, p. 241).

cantieri navali di Danzica e alla nascita del sindacato libero Solidarność, i cui simboli – ben sventolati da Wałęsa davanti al mondo intero – sono la Madonna nera di Jasna Góra e papa Giovanni Paolo II. In Polonia si instaura una diarchia fra regime (che rappresenta i sovietici) e Solidarność che rappresenta i polacchi.

L'impero sovietico, inizialmente scioccato dal susseguirsi imprevisto degli eventi, corre ai ripari. E lo fa alla sua maniera. Con la ferocia della forza. La stessa forza bruta che il 24 dicembre 1979 ha indotto l'Urss a invadere l'Afghanistan. Infatti viene assoldato un killer turco di estrema destra e si tenta il tutto per tutto per sradicare alla radice il problema: eliminare il Papa polacco. È il maggio 1981. Sette mesi dopo, con un autogolpe del regime comunista polacco, si mette fuorilegge Solidarność scatenando una feroce repressione. Si crede che la forza bruta risolva tutto, ma al Cremlino non hanno ancora risposto alla domanda che si poneva Stalin: «Quante divisioni ha il Papa?». Soprattutto non hanno capito «quali» divisioni ha il Papa.

Così accade che una «mano invisibile» dal Cielo, quel 13 maggio 1981, in piazza San Pietro, impedisce miracolosamente all'attentatore turco di ammazzare il Papa. E un mese dopo l'attentato, il 24 giugno, Colei che ha protetto papa Wojtyla restituisce il colpo a Satana alla sua maniera: mentre il Santo Padre è ancora in ospedale, sofferente, la Regina della pace in persona si manifesta oltrecortina, in Jugoslavia, nel paesino di Medjugorje. Appare ogni giorno: una giovane bellissima e inerme. Appare a sei ragazzini dicendo loro di essere venuta a compiere ciò che aveva iniziato a Fatima. Significa che è venuta ad «abbattere i potenti dai troni e innalzare gli umili». È venuta a schiacciare definitivamente la testa dei demoni del XX secolo (a cominciare dal comunismo) e, col trionfo del suo Cuore Immacolato, a stabilire infine la sua pace nel mondo. L'immediata repressione del regime jugoslavo non ferma il contagio.

Quello che iniziava in quei giorni oltrecortina, nel paesino dell'Erzegovina, dunque era un segno e un soccorso enorme per Giovanni Paolo II e per la Chiesa, ma era anche una vicenda eccezionale che avrebbe riportato alla fede milioni di persone, accompagnando la missione di papa Wojtyla. E una «missione» tuttora in corso, che deve ancora compiersi pienamente.

Giovanni Paolo II capì subito, perfettamente, il senso di quell'attentato inaudito, perpetrato sul luogo del martirio dell'apostolo Pietro, e soprattutto comprese perfettamente il senso di quei due segni del Cielo: la sua inspiegabile salvezza dai proiettili e l'inizio delle apparizioni di Medjugorje, compimento di Fatima.

Tutto questo significava che il moloch rosso era disposto a tutto: come aveva tentato di arrivare a uccidere il Papa in piazza San Pietro, avrebbe scatenato il suo tremendo arsenale nucleare nel caso in cui qualcuno avesse attaccato il suo dominio. Questo Wojtyla già lo sapeva bene. Ma quegli eventi significavano pure che il Papa e la Chiesa potevano contare sul soccorso e la potenza di Colei che è venerata come «Regina del Cielo e della Terra» e «Regina della pace»; dunque, confidando in lei, tutto era possibile (fra l'altro si scoprirà che altri tentativi di attentato al Papa nel corso delle sue visite in Polonia verranno scongiurati).

È per questo che, nel letto di ospedale, Giovanni Paolo II si convince che deve a ogni costo realizzare quanto richiesto dalla Madonna a Fatima: la consacrazione della Russia al suo Cuore Immacolato.

Il segreto più terribile dell'uomo che salvò il mondo

Cosa «sapeva» Karol Wojtyla che noi tutti ignoriamo? Già nella *Redemptor Hominis*, la sua prima enciclica, il «manifesto» del suo pontificato, si denunciava il rischio che i prodotti dell'ingegno umano «possano diventare mezzi e strumenti di un'inimmaginabile autodistruzione, di fronte alla quale tutti i cataclismi e le catastrofi della storia, che noi conosciamo, sembrano impallidire» (n. 15).

In fondo sono parole chiarissime che le controverse parole del Papa a Fulda semplicemente confermeranno. Nel novembre 1980, durante il viaggio in Germania, il pontefice – appunto a Fulda – incontra un gruppo ristretto di fedeli e si sente interrogare sul Terzo segreto di Fatima e sul futuro dell'umanità. Secondo la rivista tedesca «Stimme des Glaubens» (n. 10 del 1981), questo fu il dialogo precisamente trascritto.

Prima domanda: *«Che cosa c'è nel Segreto di Fatima? Doveva essere pubblicato già nel 1960, perché non è ancora stato reso noto?»*

Risposta del pontefice: «Per il suo contenuto impressionante e per non animare la forza mondiale del comunismo a certe ingerenze, i miei predecessori preferirono una "relazione diplomatica" (del Terzo segreto, nda). Inoltre, dovrebbe bastare a ogni cristiano di sapere quanto segue: quando si legge che oceani inonderanno interi continenti, che gli uomini verranno tolti dalla vita repentinamente, da un minuto all'altro, e ciò a milioni... se si sa questo, non occorre davvero pretendere la pubblicazione di questo segreto... Molti vogliono sapere solo per curiosità e sensazione, ma essi dimenticano che il sapere porta con sé anche la responsabilità...: ma essi vogliono solo accontentare la loro curiosità. Questo è pericoloso quando, in pari tempo, non si vuole fare nulla, dicendo: tanto non giova a nulla...».

A questo punto, secondo le cronache, il Papa prese in mano il rosario e lo mostrò dicendo: «Ecco la medicina contro questo male! Pregate, pregate e non interrogate ulteriormente. Tutto il resto domandatelo alla Madonna».

Seconda domanda: *«Come andranno le cose con la Chiesa?»*.

Risposta del Papa: «Dobbiamo essere ben pronti a grandi prove vicine, che potranno richiedere anche il sacrificio della nostra vita e la nostra totale donazione a Cristo e per Cristo (sei mesi dopo accadde l'attentato di Ali Ağca, nda). Le prove potranno essere ridotte con la vostra e la nostra preghiera, ma non possono essere evitate, perché un vero rinnovamento nella Chiesa potrà avvenire solo in questo modo. Come già tante volte la Chiesa rinacque dal sangue, non sarà diverso neppure questa volta. Siamo forti e prepariamoci, confidando in Cristo e nella Madre sua. Preghiamo molto e spesso il santo rosario».[145]

Subito dopo l'attentato del 1981, mentre era ancora in ospedale, incontrando l'amico vescovo Pavel Hnilica, gli confidò: «Ho capito che bisogna salvare l'umanità dalla guerra mondiale e dall'ateismo militante».[146] E in mille modi ha tentato di farlo. Nonostante la sordità dei più. In fondo, se lo avessimo ascoltato per davvero ci aveva detto tutto, con la sua voce vibrante, accorata quel 25 marzo 1984, in piazza San Pietro, quando, davanti alla statua della Madon-

[145] A dire il vero la sala stampa vaticana smentì questo incontro e le fu risposto che esisteva la registrazione di quel dialogo. Nell'autunno 2007 il cardinale Tarcisio Bertone, segretario di Stato di Benedetto XVI, ha pubblicato un libro intervista nel quale per la prima volta accredita ufficialmente quelle dichiarazioni. La risposta del segretario di Stato è stata questa: «Esse (tali dichiarazioni, *nda*) non presupponevano la lettura del testo di Lucia (il testo segreto, *nda*). Erano una valutazione generale della situazione della Chiesa e delle difficoltà di quel tornante della storia del mondo». (Tarcisio Bertone-Giuseppe De Carli, *L'ultima veggente di Fatima*, Rizzoli 2007, p. 60). Questa spiegazione, riletta oggi, con la consapevolezza dei fenomeni mistici che viveva Karol Wojtyla, potrebbe essere la soluzione di un intricato enigma che altrimenti, con riferimento al Terzo segreto di Fatima, non si riuscirebbe a spiegare. Ciò che papa Wojtyla «sapeva» (compresa la possibilità di un attentato alla sua vita) poteva essere proveniente da altro tipo di rivelazione.

[146] Testimonianza riportata in Andrea Tornielli, *Fatima, il segreto svelato*, Gribaudi 2000, p. 117.

na di Fatima, Giovanni Paolo II, al termine dell'«Anno Santo della Redenzione» da lui voluto, pronunciò questa drammatica e solenne consacrazione del mondo al Cuore Immacolato di Maria:

> E perciò, o Madre degli uomini e dei popoli, Tu che conosci tutte le loro sofferenze e le loro speranze, Tu che senti maternamente tutte le lotte tra il bene e il male, tra la luce e le tenebre, che scuotono il mondo contemporaneo, accogli il nostro grido che, mossi dallo Spirito Santo, rivolgiamo direttamente al Tuo Cuore: abbraccia con amore di Madre e di Serva del Signore, questo nostro mondo umano, che Ti affidiamo e consacriamo, pieni di inquietudine per la sorte terrena ed eterna degli uomini e dei popoli (...).
> Oh, Cuore Immacolato! Aiutaci a vincere la minaccia del male, che così facilmente si radica nei cuori degli uomini d'oggi e che nei suoi effetti incommensurabili già grava sulla vita presente e sembra chiudere le vie verso il futuro!
> Dalla fame e dalla guerra, *liberaci!*

Qui scandendo forte le parole aggiunse:

> Dalla guerra nucleare, da un'autodistruzione incalcolabile, da ogni genere di guerra, *liberaci!*
> Dai peccati contro la vita dell'uomo sin dai suoi albori, *liberaci!*
> Dall'odio e dall'avvilimento della dignità dei figli di Dio, *liberaci!*

L'accorata preghiera del Santo Padre attraversò tutto il dolore e tutto il male del mondo, ripetendo «liberaci!». E infine: «Accogli, o Madre di Cristo, questo grido carico della sofferenza di tutti gli uomini!».

Suor Lucia, l'ultima veggente di Fatima, ha affermato che «la consacrazione del 1984 ha scongiurato una guerra atomica che sarebbe scoppiata nel 1985».[147] È noto che suor Lucia aveva continuato ad avere apparizioni della Vergine ed è ufficiale quella del 1984 perché rivelata dallo stesso cardinal Bertone;[148] in quella circostanza la Madonna parlò a Lucia della consacrazione ed è lì, evidentemente, che la veggente apprese che essa scongiurava una guerra nucleare.

Quella pervenutaci tramite suor Lucia dunque è in effetti una rivelazione soprannaturale. In pratica adesso sappiamo – per rivelazione della Madonna – che Giovanni Paolo II in quel frangente storico ha per davvero salvato il mondo e l'umanità da un conflitto atomico che sarebbe stato fatale.

Tali mirabili effetti, anche se possono sembrare assurdi a chi è imbevuto di mentalità positivista (una miopia che non coglie la profondità delle cose), svelano l'inusitato potere, un potere reale, sulla Terra e in Cielo, che Gesù ha consegnato a Pietro a cui – come ha mostrato la Madonna a Fatima – sono affidate anche le sorti storiche dell'umanità.

Potrà sembrare forse assurdo immaginare che un semplice essere umano inerme abbia questa influenza soprannaturale sulla storia. Ma si tratta della Chiesa e di Pietro. È Gesù stesso nel Vangelo che gli conferisce questi misteriosi poteri. Del resto, per avere una dimostrazione empirica assai eloquente del potere della Chiesa, addirittura su Satana, basta

[147] La dichiarazione testuale è nell'intervista televisiva di Carlos Evaristo, l'11 ottobre 1992 (durante un incontro con ecclesiastici non portoghesi) ed è confermata, con altre parole, in suor Lucia, *Il Messaggio di Fatima*, cit., p. 54, dove aggiunge che tale «guerra atomica avrebbe distrutto il mondo, se non totalmente, in una sua buona parte, e ciò che restava, quale possibilità di sopravvivenza avrebbe avuto?» (questa memoria è stata pubblicata dall'Edizione Carmelo di Coimbra-Segretariato dei pastorelli, con l'imprimatur del vescovo di Leiria-Fatima, monsignor Serafim de Sousa Ferreira e Silva).

[148] In una lunga intervista a «la Repubblica» (17 febbraio 2005) quando morì suor Lucia, il cardinal Bertone ha dichiarato fra l'altro: «Lucia ebbe una visione nel 1984, l'ultima "pubblica" di cui non si è mai parlato, durante la quale la Madonna la ringraziava della consacrazione nel suo nome chiesta da lei e da quella mistica».

partecipare a un esorcismo e constatare gli effetti del comando che il sacerdote impone agli spiriti diabolici, che sono angeli ribelli.

Si trova traccia di questa scongiurata guerra nucleare fra Est comunista e Ovest nello stesso Testamento di Giovanni Paolo II, laddove egli scrisse:

Dall'autunno dell'anno 1989 questa situazione è cambiata. L'ultimo decennio del secolo passato è stato libero dalle precedenti tensioni; ciò non significa che non abbia portato con sé nuovi problemi e difficoltà. In modo particolare sia lode alla Provvidenza Divina per questo, che il periodo della così detta "guerra fredda" è finito senza il violento conflitto nucleare, di cui pesava sul mondo il pericolo nel periodo precedente.

Ma è storicamente plausibile che sia stata scongiurata una guerra atomica che sarebbe scoppiata nel 1985? E perché proprio in quell'anno? Andando a scavare nelle cronache del tempo e nei documenti degli storici, si scopre che in effetti proprio nei mesi del 1983-1984 si raggiunse il massimo livello di tensione fra blocco sovietico e Nato. Inoltre, si scopre che in quel periodo l'opzione nucleare fu concretamente sul tavolo. La collocazione degli euromissili Pershing II e Cruise segna il momento più drammatico di tutta la guerra fredda insieme all'iniziativa SDI, il cosiddetto «scudo spaziale». La tensione saliva sempre più e si andava ad aggiungere, in Urss, a un'estrema confusione politica al Cremlino.

Infatti Jurij Andropov per la malattia non riusciva più a tenere in mani salde le redini del potere, mentre si scatenava la lotta per bande nel partito e Konstantin Černenko – appartenente all'ala militarista – già tentava di assicurarsi la successione. Era – voglio ripeterlo – l'Urss dell'invasione dell'Afghanistan. Una potenza nucleare tanto militarmente aggressiva, quanto paranoica e timorosa di attacchi nemici.

L'ex spia del Kgb Oleg Gordievskij, il 16 ottobre 1988,

rivelò al «Sunday Telegraph» che quando, fra il 2 e l'11 novembre 1983, la Nato realizzò un'esercitazione segreta simulando un attacco nucleare – chiamato in codice «Abile arciere» – si scatenò un fortissimo allarme: «I sovietici considerarono seriamente la possibilità di impiegare armi nucleari contro gli Usa» dice Gordievskij, «le stazioni d'ascolto occidentali rilevarono un brusco aumento di frequenza e di urgenza nelle comunicazioni fra Mosca e i suoi agenti in Europa. Sembrava che l'incredibile stesse per accadere, che i Paesi del Patto di Varsavia sospettassero davvero che un attacco nucleare dell'Ovest fosse imminente. E questo perché la Nato aveva improvvisamente cambiato i codici di comunicazione utilizzati nell'"Abile arciere". Questo bastò per mettere in allarme i sovietici, che tra l'8 e il 9 novembre, tennero il dito pericolosamente vicino al bottone che avrebbe scatenato la guerra nucleare».

«Ryan», il nome in codice dell'operazione sovietica, era l'acronimo di «Attacco con missili nucleari». In quell'occasione la tragedia fu scongiurata per un pelo grazie a informative più precise sull'esercitazione Nato, ma il pericolo non svanì, anzi da quel momento si ingigantì, perché a causa di quell'episodio i sovietici approntarono la cosiddetta «Macchina dell'apocalisse», un sistema computerizzato di risposta automatica a presunti attacchi capace di scatenare su tutto l'Occidente una pioggia di missili intercontinentali a testata atomica che avrebbero incenerito tutto.

Con il passaggio da Andropov a Černenko la leadership sovietica è sempre più convinta che alla pressione militare ed economica dell'America di Reagan e della Nato, l'Urss – che non ce la fa a tenere il passo e sta esplodendo sotto le sue contraddizioni – possa salvare il potere comunista solo con un attacco preventivo. C'erano in campo circa 70 mila armi nucleari, più che sufficienti per ridurre tutto il pianeta a un panorama di rovine.

È in questo scenario davvero apocalittico che il 25 marzo

1984, Giovanni Paolo II, in piazza San Pietro, davanti alla statua della Madonna di Fatima, in unione con i vescovi, compie in mondovisione quell'atto solenne, pronunciando quelle parole drammatiche sull'autodistruzione nucleare incombente.

Come ha risposto la Madonna di Fatima a quella supplica accorata? Stiamo ai fatti. Solo due mesi dopo quel misterioso rito, una sorta di grande esorcismo planetario compiuto da papa Wojtyla, accade un incidente che probabilmente è quello che spazza via la terrificante spada di Damocle. Il provvidenziale incidente si verifica alla base sovietica di Severomorsk, nel Mare del Nord, e mette fuori uso il potenziale militare sovietico sul teatro occidentale. Alberto Leoni, esperto di storia militare, ha scritto: «Senza quell'apparato missilistico che controllava l'Atlantico, l'Urss non aveva più alcuna speranza di vittoria. Per questo l'opzione militare fu cancellata».[149]

Quell'atto sacro di affidamento alla Madonna di Fatima aveva davvero scongiurato una catastrofe planetaria? Sarà casuale – per la logica umana – ma l'incidente provvidenziale di Severomorsk avvenne proprio il 13 maggio 1984, festa della Madonna di Fatima e anniversario della prima apparizione (nel 1917) e dell'attentato del 1981 al Papa (anch'egli salvato dalla Madonna di Fatima). Sembra davvero una sorprendente firma di Maria.

Quella dunque – se crediamo a suor Lucia (che certo nella sua clausura portoghese non poteva conoscere le segrete cose del Cremlino né di Severomorsk, che sono state scoperte molti anni dopo) – fu una tragedia provvidenzialmente scongiurata.

L'evento cruciale, secondo suor Lucia di Fatima, è stata la consacrazione del mondo e specialmente della Russia al Cuore Immacolato di Maria, come da lei stesso richiesto a Fatima. Consacrazione fatta solennemente da Giovanni

[149] «Il Domenicale», 7 agosto 2004.

Paolo II il 25 marzo 1984, a conclusione dell'Anno Santo della redenzione.[150]

Peraltro, dopo quell'atto di consacrazione, non si verifica solo l'incidente di Severomorsk, con gli effetti che sappiamo sull'immediato, ma di fatto si assiste a un radicale cambiamento nella strategia della sopravvivenza della leadership sovietica.

Muore infatti, agli inizi del 1985, Černenko e muore con lui l'idea di tener testa all'Occidente sul suo stesso terreno: l'Urss non ce la fa, il sistema economico e industriale è al collasso (come dimostrerà di lì a poco anche l'incidente di Černobyl). Viene eletto capo del Cremlino un uomo nuovo, Michail Gorbačëv, che tenta – in accordo con le élite più consapevoli del regime (soprattutto quelle del Kgb) – il tutto per tutto: una disperata riforma del sistema sovietico stesso. Riforma che si rivelerà presto impossibile e che porterà al progressivo sgretolamento dell'impero. Anche grazie al fatto che – volente o nolente – Gorbačëv ha annunciato un po' di libertà in più (per cercare di rivitalizzare l'economia e per accreditarsi in Occidente) e questo inevitabilmente fa esplodere tutte le contraddizioni. A partire dalla bomba di libertà, la cui miccia è accesa da anni in Polonia, cioè Solidarność, senza cui, di fatto, il regime non riesce a governare il Paese perché non ha né consenso, né credibilità.

È qui che emerge il ruolo fondamentale di Giovanni Paolo II nella transizione pacifica fuori dal comunismo, di cui il Papa conosce bene, per la sua storia personale, la vicenda, i punti deboli, i meccanismi. Il suo ruolo è quello

[150] «Secondo la datazione tradizionale, il 1983-1984, l'Anno Santo della redenzione, segna il 1950° anniversario della svolta decisiva nella storia del mondo, ossia della morte di Cristo che ha permesso la redenzione... Pio XI festeggiò l'Anno Santo nel 1933, per ricordare il 1900° anniversario della morte di Cristo, e fu questo il precedente a cui Giovanni Paolo II si ispirò nell'indire un Anno Santo, per il 1983-1984», George Weigel, *Testimone della speranza*, cit., p. 587.

che ha permesso e favorito energicamente il crollo di quei regimi, ma in maniera non violenta, pacifica. Un evento storico doppiamente inspiegabile e letteralmente miracoloso.

Gorbačëv chiede perdono

«Giovanni Paolo II» osserva Cardia «non va all'assalto del comunismo con imprudenza e senza badare a nulla. Al contrario lascia che maturino le condizioni che fanno fallire l'impero sovietico: la crisi economica endemica nei Paesi dell'Est, l'insopportabilità delle spese militari, la pressione esercitata da Ronald Reagan e da Margaret Thatcher a livello internazionale. Il Papa contribuisce ad accelerare questo processo storico-politico mettendo in crisi il comunismo polacco come soltanto lui sa e può fare.»[151]

E in effetti è dalla Polonia che arriva il vento della libertà. Dopo il golpe del 1981 che soppresse Solidarność, per tutti gli anni Ottanta, dice Cardia, «Giovanni Paolo II insiste nel considerarsi come il sovrano spirituale della sua Polonia». Soprattutto con Gorbačëv e col regime polacco, il quale, sempre più estraneo alla nazione e impotente, nel corso dei nuovi viaggi papali del 1983 e del 1987, mendica dal pontefice una qualche legittimazione, che però il Papa non gli darà esigendo prima il riconoscimento dei diritti di libertà e di dignità personale e sociale della sua gente.

Finché il regime si arrende e nel 1989 – ormai stremato come gli altri sistemi comunisti – negozia con Solidarność. «Spetta alla Polonia aprire nel 1989 la fase rivoluzionaria che in pochi mesi travolge tutti i regimi dell'Europa orientale» ammette Cardia.

Il 4 giugno Solidarność stravince le elezioni, il 24 agosto

[151] Carlo Cardia, *Karol Wojtyla. Vittoria e tramonto*, cit., p. 26.

l'esponente cattolico Tadeusz Mazowiecki diventa capo del governo e in ottobre si ristabiliscono le relazioni diplomatiche Polonia-Santa Sede.

Nei Paesi dell'Est «tutti prendono coscienza che quanto avvenuto a Varsavia deve poter avvenire anche in casa propria».[152] Prendono coscienza che l'impossibile è diventato possibile e che si può conquistare la democrazia e la libertà senza alcuno spargimento di sangue e senza vendette e nuovi orrori. Le stesse caste comuniste finiscono per vedere in questo l'unica loro via di uscita.

Così si verifica il più incredibile degli eventi: il crollo in pochi giorni del più vasto e feroce impero mai visto sulla Terra, dopo decenni di stermini e oppressione, senza neanche un vetro rotto (unica eccezione la Romania, dove si scatena una faida interna al mondo comunista). Ed è stata l'unica rivoluzione politica dei tempi moderni (ma anche – si può dire – della storia) dove non è stata versata una goccia di sangue. L'unica nella quale un potere mostruoso sia stato vinto da uomini inermi e non violenti.

Il giornalista inglese Timothy Garton Ash ha scritto: «La crisi economica fu... una causa determinante, ma non esclusiva, della rivoluzione. Le cause decisive vanno cercate nel regno dello spirito piuttosto che in quello della materia».[153]

Del resto mi è già capitato di far notare certe coincidenze che fanno percepire dietro gli eventi una «mano» potente: infatti la decisione dello smantellamento dell'Unione Sovietica viene presa nel 1991 il giorno 8 dicembre.[154] Non dirà niente agli osservatori laici, ma per i cristiani è il giorno dell'Immacolata Concezione e si ricorderà che a Fati-

[152] Ivi, p. 29.

[153] In George Weigel, *L'ultima rivoluzione*, cit., p. 174.

[154] L'8 dicembre 1991 a Belovezhkaia Pusha, in Bielorussia, fu sancita la fine dell'Urss da Eltsin per la Russia, Shuskevic per la Bielorussia e Kravciuk per l'Ucraina (vedi in proposito l'intervista a Michail Gorbačëv «Corriere della Sera» 30 dicembre 2001).

ma, dopo la tragica profezia sul dilagare del comunismo, la Madonna concluse annunciando: «Il mio Cuore Immacolato trionferà».

Non solo. La bandiera rossa con falce e martello viene ammainata dal Cremlino il 25 dicembre 1991, ovvero il giorno di Natale del Signore, che è davvero significativo per un colossale esperimento sociale di eliminazione totale del cristianesimo dalla storia.[155] Sarà pure tutto casuale, ma fa riflettere.

Perché – in ogni caso – che il comunismo sia cominciato a crollare con l'elezione del Papa polacco è un dato di fatto incontestabile e lo ha sottolineato lo stesso Gorbačëv: «Oggi possiamo dire che tutto ciò che è successo in Europa orientale in questi ultimi anni non sarebbe stato possibile senza la presenza di questo Papa, senza il grande ruolo –

[155] Un ulteriore dettaglio fa pensare al crollo del comunismo come parte di quel trionfo del Cuore Immacolato di Maria predetto a Fatima. E fa anche comprendere il legame fra Fatima e Medjugorje che Giovanni Paolo II ha sempre sottolineato perché stabilito dalla Madonna stessa. Dunque siamo nell'estate 1991. Il Muro di Berlino è già caduto, siamo quattro mesi prima della definitiva dissoluzione dell'Urss: il 19 agosto 1991 si verifica una sorta di golpe dell'Armata Rossa per fermare il tempo e cercare di restaurare il vecchio regime. La stessa situazione politica mondiale si fa tesa ed esplosiva. Quattro giorni dopo, il 25 agosto, a Medjugorje, la Madonna pronuncia queste parole: «Cari figli, anche oggi vi invito alla preghiera, ora come non mai, da quando il mio piano ha incominciato a realizzarsi. Satana è forte e vuol disturbare i miei progetti di pace e di gioia e farvi pensare che mio Figlio non sia forte nelle sue decisioni. Perciò vi invito, cari figli, a pregare e a digiunare ancor più intensamente. Vi invito a qualche rinuncia per la durata di nove giorni, perché con il vostro aiuto si realizzi tutto ciò che voglio realizzare secondo i segreti iniziati a Fatima. Vi invito, cari figli, a comprendere l'importanza della mia venuta e la serietà della situazione. Voglio salvare tutte le anime e offrirle a Dio. Perciò preghiamo perché tutto quello che ho cominciato si realizzi completamente. Grazie per aver risposto alla mia chiamata». I tentativi di restaurazione comunista fallirono; poi il giorno dell'Immacolata (8 dicembre 1991) viene deciso lo scioglimento ufficiale dell'Urss e il giorno di Natale (25 dicembre 1991) la bandiera rossa viene ammainata dal Cremlino.

anche politico – che lui ha saputo giocare sulla scena mondiale».[156]

Eppure Giovanni Paolo II rispose a monsignor Angelo Kim Nam-su, il vescovo coreano che gli attribuiva il merito della liberazione della Polonia: «No, non grazie a me; è stata opera della Vergine, come ha detto a Fatima e a Medjugorje».[157] Nel suo Testamento infatti il Papa ricorda il motto che fu del suo predecessore a Cracovia, il cardinale August Hlond (ripreso anche da Wyszyński): «La vittoria, quando avverrà, sarà una vittoria mediante Maria».

Pure suor Lucia, alla rivista «30 Giorni», dichiarò: «Sono completamente d'accordo con quanto ha detto il Santo Padre. Credo si tratti di un'azione di Dio nel mondo, per liberarlo dal pericolo di una guerra atomica che potrebbe distruggerlo. E di un appello insistente all'umanità per una fede più viva».

L'epilogo della tragedia iniziata nel 1917, che ha rappresentato il più crudele e apocalittico sterminio dei cristiani, si verifica il giorno della visita a Giovanni Paolo II di Michail Gorbačëv, ultimo leader comunista dell'Urss: egli, nello studio privato di Giovanni Paolo II, chiese perdono per i crimini del comunismo (il Papa lo abbracciò). La clamorosa notizia fu rivelata la prima volta da suor Lucia,[158] la veggente di Fatima, e confermata da lei anche do-

[156] Scrive Michael Burleigh: «Ad alcuni piacerebbe molto minimizzare il suo contributo (di Giovanni Paolo II, *nda*) al collasso del comunismo, ma a quanto pare il KBG e i servizi segreti bulgari non sarebbero d'accordo con costoro, visto che nel 1981 giunsero a reclutare un fanatico turco perché lo eliminasse», Michael Burleigh, *In nome di Dio,* Rizzoli 2007, p. 479.

[157] In «Notizie cattoliche», 11 novembre 1990 (in Riccardo Caniato-Vincenzo Sansonetti, *Maria, alba del terzo millennio*, Ares 2001, p. 391). In *Memoria e identità* (Rizzoli 2005, p. 196) il Papa dice anche che il comunismo è crollato per le sue contraddizioni interne, ma le due cose non sono in antitesi, come abbiamo visto in queste pagine.

[158] Nell'intervista con Carlos Evaristo (cit.), suor Lucia parlò addirittura di «Gorbačëv inginocchiato».

po la smentita dalla sala stampa vaticana, il 2 marzo 1998. Pochi mesi fa ha confermato la notizia addirittura il segretario di Stato vaticano, cardinal Bertone, in un suo libro.[159]

Quella minaccia che resta

Dunque – se crediamo a suor Lucia e al Papa stesso (ma anche agli storici) – attorno al 1985 fu provvidenzialmente scongiurata un'ecatombe nucleare. Ma non per sempre. Giovanni Paolo II continuò ad avvertire sempre più drammaticamente la possibilità di una «autodistruzione incalcolabile». Per una realistica considerazione della situazione o perché «sapeva» qualcosa che gli era stato rivelato? Anche certi avve-

[159] Suor Lucia di Fatima nel libretto *Il messaggio di Fatima*, uscito con l'imprimatur dell'arcivescovo di Leiria-Fatima, osserva: «Chi se non Dio poteva essere capace di agire in queste intelligenze, in queste volontà, in queste coscienze, in modo da portarle a un tale cambiamento, senza paura, senza timore di rivolte da parte dei loro e degli stranieri? Solo la forza di Dio, che ha agito, portando tutti ad accettare tale cambiamento, nella pace, senza rivolte, senza opposizioni e senza condizioni. "Chi è come Dio?" E per di più a spingere uno dei principali capi del comunismo ateo a mettersi in viaggio per Roma per incontrarsi con il Santo Padre – il quale, forse senza che lui se ne rendesse conto, aveva da poco compiuto la consacrazione della Russia al Cuore Immacolato di Maria, richiesta dalla Madonna a Fatima – e riconoscerlo come supremo rappresentante di Dio, Gesù Cristo in Terra, capo dell'unica vera Chiesa fondata da Gesù Cristo per darsi un abbraccio di pace e chiedere perdono per gli errori del suo partito». Nel libretto di suor Lucia in nota si legge: «La notizia del gesto del presidente Michail Gorbačëv è stata smentita dalla sala stampa della Santa Sede in data 02/03/1998, tuttavia suor Lucia la scrisse per averla certamente ricevuta da una fonte che riteneva degna di fede». In effetti il cardinal Bertone, segretario di Stato vaticano, nel libro *L'ultima veggente di Fatima* (cit.), commenta quelle parole di suor Lucia con la comprensibile prudenza del capo della diplomazia vaticana, ma da cui traspare una sostanziale e chiara conferma: «Sulla visita di Gorbačëv in Vaticano è assai probabile che Lucia sia stata informata. Ed è possibile che il presidente dell'ex impero sovietico abbia fatto quel *mea culpa* (...). Un uomo avveduto come Gorbačëv non poteva che sfociare in questa assunzione di responsabilità» (p. 99).

nimenti soprannaturali avvenuti durante il suo pontificato, come le apparizioni di Kibeho, in Ruanda, hanno messo in guardia da una incombente catastrofe bellica planetaria.[160]

Dopo la consacrazione fatta da Giovanni Paolo II nel 1984 e l'arrivo al potere, a Mosca, di Gorbačëv, la strategia del Cremlino, come abbiamo visto, non potendo più competere con gli Usa sul riarmo, ed essendo l'Urss attanagliata da una gravissima crisi economica, fu quella di concordare con Reagan un progressivo disarmo bilaterale. Infatti si pervenne al primo importantissimo trattato per la riduzione degli armamenti che pose fine alla drammatica controversia sugli euromissili. Finalmente le due grandi potenze tentavano di invertire la tendenza all'aumento degli ordigni nucleari piazzati sul pianeta.[161]

Alla vigilia della firma, Gorbačëv fece questa sorprendente dichiarazione al «Time»: «Sono sicuro che Dio, lassù nell'alto dei Cieli, non ci rifiuterà la necessaria saggezza per trovare le

[160] Le apparizioni della Madonna, in località Kibeho, a tre ragazze di un collegio, Alphonsine Mumureke, Nathalie Mukamazimpaka e Marie-Claire Mukangango, dal 28 novembre 1981 al 28 novembre 1989, dopo una lunga e accurata inchiesta canonica, sono state riconosciute autentiche dalla Chiesa con un decreto del vescovo datato 29 giugno 2001 in accordo con la Congregazione per la dottrina della fede. Nell'apparizione del 19 agosto 1982, davanti a 20 mila persone, le tre veggenti poterono vedere le orrende immagini del genocidio che effettivamente si sarebbe verificato in Ruanda (e anche a Kibeho) nel 1994, un genocidio immane e feroce. Il carattere profetico di quella visione dettagliata fu evidente. Va però sottolineato che la Madonna ha dato alle tre ragazze un simile allarme anche per il mondo intero. Nathalie, per esempio, ricorda queste sue severe e terribili parole pronunciate nell'apparizione del 15 agosto 1982: «Il mondo va male... Il mondo corre verso la sua rovina, sta per cadere in un baratro... Il mondo è in ribellione contro Dio, vi si commettono troppi peccati, non c'è più né amore né pace... Se voi non vi pentite e non convertite i vostri cuori, voi cadrete tutti in un baratro» (Vedi padre Gianni Sgreva, *Le apparizioni della Madonna in Africa: Kibeho*, Shalom 2002, p. 17).

[161] Secondo il «Bulletin of Atomic Scientists», si era raggiunta la somma di circa 70mila testate nucleari, il livello massimo toccato fra le due superpotenze.

vie dell'intesa». In effetti, alla vigilia di quell'accordo, si verificò un curioso e apparentemente casuale contatto da parte di Reagan con Marija Pavlović, una dei sei veggenti di Medjugorje, contatto che poi coinvolse pure Gorbačëv. Reagan aveva portato con sé, fra i documenti che servivano alla firma del Trattato, la lettera di Marija (con la quale aveva parlato telefonicamente) e aveva riferito tutto al leader russo.[162]

Naturalmente nessuno storico farebbe mai menzione di questa «interferenza» sul Trattato firmato a Washington nel 1987. Ma il solito «caso» ha voluto che, ancora una volta, restasse agli atti una piccola traccia che fa pensare. Infatti, il giorno della firma, era l'8 dicembre, festa dell'Immacolata Concezione, come a ricordare ancora la promessa della Madonna di Fatima all'alba del XX secolo: «Alla fine il mio Cuore Immacolato trionferà». Era infatti a lei che Giovanni Paolo II, nella solenne cerimonia del 25 marzo 1984, aveva affidato le sorti dell'umanità e la protezione del mondo dall'apocalisse nucleare. Del resto, a Medjugorje, fin dalle prime apparizioni, la Madonna aveva espressamente ripetuto (come già aveva fatto capire a Fatima): «Con la preghiera e il digiuno potete fermare le guerre e sovvertire le leggi naturali».

E Giovanni Paolo II non smise mai di mendicare protezione per l'umanità da parte della divina misericordia, mentre alzava forte il suo grido per spegnere ogni focolaio di guerra. Così si spiega anche l'accorata opposizione di papa Wojtyla alla prima e alla seconda guerra in Iraq.[163]

A chiusura del grande Giubileo del 2000, Giovanni Paolo II, consacrando il terzo millennio alla Santa Vergine, pronunciò delle parole solenni e drammatiche, che potevano sembrare inattuali al momento, ma che risultarono profeti-

[162] I dettagli di questa vicenda in Antonio Socci, *Mistero Medjugorje*, Piemme 2005, pp. 143-144.

[163] Il 16 gennaio 1991, alla vigilia della scoppio della guerra con l'Iraq, all'udienza generale, il Papa, insieme ai fedeli, aveva implorato: «Mai più la guerra, avventura senza ritorno...».

che considerato che pochi mesi dopo sarebbe accaduta la tragedia dell'11 settembre e l'umanità si sarebbe trovata di colpo sull'orlo del baratro.

Dunque il Papa, alla fine dell'Anno Santo del 2000, inginocchiato in piazza San Pietro, davanti alla statua della Madonna di Fatima e alla presenza di 1500 vescovi venuti da ogni parte per il Giubileo solennemente disse: «Siamo uomini e donne di un'epoca tanto esaltante quanto ricca di contraddizioni. L'umanità possiede oggi strumenti d'inaudita potenza: può fare di questo mondo un giardino o ridurlo a un ammasso di macerie». Poi aggiunse: «L'uomo ha acquistato straordinarie capacità di intervento sulle sorgenti stesse della vita: può usarle per il bene, dentro l'alveo della legge morale, o può cedere all'orgoglio miope di una scienza che non accetta confini, fino a calpestare il rispetto dovuto a ogni essere umano. Oggi, come mai nel passato, l'umanità è a un bivio».

Da molte parti Giovanni Paolo II si aspettava l'irrompere dell'odio e della distruzione. Anche dallo scontro di civiltà e di religioni. Da qui forse potrebbe venire anche l'iniziativa della preghiera di Assisi, dove il Papa invitò (la prima volta il 27 ottobre 1986) tutti i rappresentanti delle grandi religioni.[164]

In effetti, l'11 settembre 2001 inaugurò il nuovo millennio al suono cupo della distruzione. Il Papa per l'Immacolata di quell'anno parlò dolorosamente di «fiumi di odio» che si riversano sul globo e «nubi oscure che si addensano all'orizzonte del mondo. L'umanità che ha salutato con speranza

[164] Giovanni Paolo II disse: «Ciò che abbiamo fatto oggi ad Assisi, pregando e testimoniando a favore del nostro impegno per la pace, dobbiamo continuare a farlo ogni giorno della nostra vita. Ciò che infatti abbiamo fatto oggi è di vitale importanza per il mondo. Se il mondo deve continuare e gli uomini e le donne devono sopravvivere su di esso, il mondo non può fare a meno della preghiera». Quell'evento va interpretato insieme al discorso di Benedetto XVI a Ratisbona: due facce della stessa medaglia.

l'aurora del terzo millennio, sente ora incombere su di sé la minaccia di nuovi, sconvolgenti conflitti. È ora a rischio la pace nel mondo».

Un allarme all'unisono con quanto si legge negli stessi messaggi della Madonna a Medjugorje: «Satana è forte e desidera distruggere non soltanto la vostra vita umana, ma anche la natura e il pianeta sul quale vivete» (25 gennaio 1991), «come mi sarebbe facile fermare la guerra se trovassi tante persone disposte a pregare e a digiunare» (2 dicembre 1991), «adesso Satana è libero dalle catene» (1° gennaio 2001),[165] «l'odio regna nel mondo» (25 novembre 2001).

Del resto Benedetto XVI procede in totale consonanza con la preoccupazione del suo predecessore. Per la Giornata della pace del 2007 denunciò la nuova corsa al riarmo atomico che ha ingigantito le spese militari denunciando che ne risulta «ulteriormente accentuato il diffuso clima di incertezza e di paura per una possibile catastrofe atomica».[166]

Ma davvero potrebbe esserci un conflitto nucleare nel nostro futuro prossimo, nei prossimi anni? Cosa «sapeva» Giovanni Paolo II? Torneremo a scoprirlo più avanti.

L'enigmatica profezia di Helena-Faustina

Helena Kowalska è stata una creatura straordinaria. Ma dalla vita così ordinaria che nessuno si accorse di lei finché fu su questa terra. Giovane figlia di famiglia contadina, morì in convento a Cracovia a soli 33 anni, nel 1938 – col nome di

[165] Le parole complete del messaggio della Madonna, nel primo giorno del nuovo secolo e del nuovo millennio, sono le seguenti: «Questa sera in modo speciale vi ho voluto qua. Adesso che Satana è libero dalle catene. Io vi invito a consacrarvi al mio Cuore e al Cuore di mio Figlio. In modo speciale adesso, cari figli miei, vi invito ad essermi vicini. Io vi benedico tutti con la mia benedizione materna».

[166] Si veda anche l'Angelus del 22 luglio 2007.

suor Faustina – proprio nelle settimane in cui stava arrivando in questa città, proveniente da Wadowice, il diciottenne Karol Wojtyla, con il padre.

Lei è una grande santa, una grande mistica il cui destino è misteriosamente legato a doppio filo a quello di Wojtyla. Resterà infatti ignota a tutti (eccetto ai suoi confessori e direttori spirituali) fino alla morte, dicevamo, e dopo la morte sarà Wojtyla a farne conoscere alla Chiesa e al mondo la figura e le straordinarie rivelazioni ricevute da Gesù per l'umanità del nostro tempo.[167]

È lui, il giovane studente-operaio (seminarista clandestino) che negli anni della guerra, andando al lavoro alla Solvay, si fermava a pregare nella chiesa del convento di Łagiewniki (il convento di Faustina). È lui che, da vescovo ausiliare di Cracovia, rassicura il Sant'Uffizio, sottraendo gli scritti della suora all'«indice». Sarà ancora lui a far conoscere la mistica e lo sconosciuto suo diario con le rivelazioni sulla divina misericordia. E sarà di nuovo lui, vescovo di Cracovia, ad avviare fra '63 e '68 la causa di beatificazione e come Papa, a portarla a compimento nel 1993, canonizzandola infine nel 2000, nel grande evento del Giubileo, davanti a 200 mila persone.

Sarà ancora Giovanni Paolo II a scrivere la sua seconda enciclica, chiaramente ispirata all'insegnamento della suora polacca, la *Dives in misericordia*, nel novembre 1980, dove mostra che la Misericordia divina non è il tema di una particolare devozione, ma è il cuore stesso del cristianesimo. E sarà ancora Giovanni Paolo II a istituire, per la Chiesa universale, quella festa della Divina misericordia, la domenica dopo Pasqua, che era una delle missioni affidate da Gesù alla giovane suora.[168]

[167] Vedi Giovanni Paolo II, *Memoria e identità*, cit., pp. 15-18.

[168] Per questa festa il Santo Padre dal 2003 ha accordato l'indulgenza plenaria tipica di ogni Anno Santo, obbedendo alle parole di Gesù stesso alla mistica: «Le anime periscono, nonostante la mia dolorosa passione. Concedo loro l'ultima tavola di salvezza, cioè la festa della mia misericor-

Infine, il sigillo di questa missione è stato posto direttamente dal Cielo: la sua stessa morte, infatti, è avvenuta la sera del 2 aprile 2005, cioè all'inizio liturgico della festa della divina misericordia che cadeva il 3 aprile.

È stato lui a far conoscere e amare in tutto il mondo il messaggio della divina misericordia. Che è la chiave di lettura della storia nel suo ultimo libro-riflessione sul Novecento, *Memoria e identità*, dove papa Wojtyla spiega che, nonostante il dilagare del Male più atroce, «tutto il XX secolo è stato segnato da un particolare intervento di Dio, che è Padre "ricco di misericordia – dives in misericordia"» (Ef 2,4).[169]

Gesù raccomanda a suor Faustina: «Parla al mondo della mia misericordia, di' che io sono l'amore e la misericordia in persona». Faustina resterà tutta la vita nascosta in un convento e sarà il Papa polacco a scrivere letteralmente nella sua enciclica che Gesù Cristo «stesso la incarna e la personifica. Egli stesso è, in un certo senso, la misericordia» (n. 2). Espressione pressoché dettata da Gesù stesso tramite suor Faustina. Anzi, il Papa polacco ritiene, fin dalla sua elezione, che la diffusione di questo messaggio a tutti sia «un mio particolare compito» affidatogli dalla Provvidenza per la Chiesa e il mondo, uno dei motivi fondamentali della sua elezione, come dirà a Collevalenza.

Un personaggio di un suo dramma teatrale giovanile, davanti all'Ecce homo, esclama:

> Ti sei stancato mortalmente
> Ti hanno distrutto totalmente
> Ciò si chiama Misericordia
> (...)

dia. (...) In quel giorno, chi si accosterà alla sorgente della vita conseguirà la remissione totale delle colpe e delle pene. (...) In quel giorno sono aperte le viscere della mia misericordia, riverserò tutto un mare di grazie sulle anime che si avvicinano alla sorgente della mia misericordia».

[169] Giovanni Paolo II, *Memoria e identità*, cit., p. 65.

Eppure sei rimasto bello
Il più bello dei figli dell'uomo.
Una bellezza simile non si è mai più ripetuta.
Tale bellezza si chiama Misericordia.[170]

La misericordia è il cuore stesso della rivelazione: l'incarnazione e la passione di Gesù. Ma il Cielo – attraverso suor Faustina (e, come vedremo, anche Madre Speranza) – ha voluto manifestare, specialmente davanti agli occhi di questo tempo e di questa generazione smarrita, che non conosce l'amore vero e tanto meno la misura smisurata dell'amore di Dio, tutta l'infinita «follia» della misericordia divina.[171] Ha voluto mostrare che proprio la misericordia è la natura più profonda e intima di Dio. E l'ha fatto conoscere al mondo intero specialmente tramite Giovanni Paolo II.

Sorge però, a questo punto, un interrogativo che riguarda la misteriosa profezia di Gesù, fedelmente riportata da suor Faustina nel suo diario: «Una volta che pregavo per la Polonia udii queste parole: "Amo la Polonia in modo particolare e se ubbidirà al mio volere l'innalzerò in potenza e santità. Da essa uscirà la scintilla che preparerà il mondo alla mia ultima venuta"» (VI, 93).

Di chi parla? Sembra una profezia che allude proprio al Papa polacco. È dunque lui la «scintilla»? E, soprattutto, è il suo grandioso pontificato che nei piani di Dio ha preparato il mondo al ritorno di Gesù? È ovviamente questo sconvolgente «dettaglio» che lascia interdetti. Come si scioglie l'enigma? Ludmila Grygiel, studiosa di suor Faustina e intellettuale cattolica di Cracovia molto vicina a

[170] Karol Wojtyla, *Fratello del nostro Dio.*
[171] Padre Livio Fanzaga-Saverio Gaeta, *La Divina misericordia,* Sugar-Co. 2009, spiega efficacemente alcune ragioni per cui il nostro tempo ha uno speciale bisogno di conoscere la Misericordia che è l'essenza di Dio (pp. 11-12).

papa Wojtyla, in un suo libro sulla mistica, arrivata a questa profezia, scrive: «Lasciamo questa frase senza commento, seguendo il comportamento della mistica polacca, che in tali occasioni diceva: "In questo momento non capisco". Questo non significa che bisogna dimenticare la suddetta frase, anzi, bisogna sempre ricordarla e meditarla, chiedendo la luce a Colui che l'ha pronunciata. Possiamo utilizzare il commento a questa frase fatto da Giovanni Paolo II nel santuario della Divina Misericordia nell'agosto 2002».[172]

Cosa disse Giovanni Paolo II quel 17 agosto 2002 al santuario costruito sulla pietra angolare prelevata dal monte Calvario, «in un certo modo dal di sotto della Croce sulla quale Gesù Cristo ha vinto il peccato e la morte»? Il suo discorso, quel giorno, fu davvero toccante. Lui stesso si commosse ripensandosi giovane operaio che, ignaro come tutti di colei che aveva vissuto fra quelle mura fino a poco prima e di Colui che l'aveva visitata e le si era rivelato misericordia infinita per il mondo, si fermava a pregare in quella chiesa: «Venivo qui soprattutto durante l'occupazione nazista, quando lavoravo nel vicino stabilimento Solvay. Ancora oggi ricordo la via che porta da Borek Fałęcki a Dębniki. La percorrevo tutti i giorni andando a lavorare in diversi turni, con le scarpe di legno ai piedi. Allora si portavano quelle. Come era possibile immaginare che quell'uomo con gli zoccoli un giorno avrebbe consacrato la basilica della Divina Misericordia a Łagiewniki di Cracovia?».

Qualche immagine di quel memorabile discorso: «Non esiste per l'uomo altra fonte di speranza, al di fuori della misericordia di Dio... una fonte infallibile di speranza... Con gli occhi dell'anima desideriamo fissare gli occhi di Gesù misericordioso per trovare nella profondità di questo

[172] Ludmila Grygiel, *Misericordia Divina per il mondo intero*, Cantagalli 2003, p. 121.

sguardo il riflesso della sua vita, nonché la luce della grazia che già tante volte abbiamo ricevuto, e che Dio ci riserva per tutti i giorni e per l'ultimo giorno... Quanto bisogno della misericordia di Dio ha il mondo di oggi! In tutti i continenti, dal profondo della sofferenza umana, sembra alzarsi l'invocazione della misericordia... Perciò oggi, in questo santuario, voglio *solennemente affidare il mondo alla Divina Misericordia...* Si compia la salda promessa del Signore Gesù: da qui deve uscire "la scintilla che preparerà il mondo alla sua ultima venuta"».

Dopo aver evocato la «profezia della scintilla» aggiunge: «Bisogna accendere questa scintilla della grazia di Dio. Bisogna trasmettere al mondo questo fuoco della misericordia. *Nella misericordia di Dio il mondo troverà la pace, e l'uomo la felicità!*».

È evidente la volontà del Papa di evitare ogni interpretazione personalizzata, focalizzata su di lui, di quella profezia e la volontà di indicare quel santuario come il luogo da cui deve propagarsi l'incendio. Quella scintilla – ci spiega – è il messaggio stesso della divina misericordia che è l'unico fuoco capace di dare agli uomini la pace e la felicità.

L'interpretazione di Karol Wojtyla è senz'altro la più esatta. Dopodiché è inevitabile constatare il ruolo unico che proprio lui, da vescovo di Cracovia e da Papa, ha avuto nel far conoscere al mondo e nel diffondere il culto della divina misericordia in tutta la Chiesa. Cosicché la metafora della «scintilla» obiettivamente sembra racchiudere in sé anche il primo Papa polacco della storia.

Del resto nel linguaggio biblico e mistico l'espressione usata da Gesù («preparerà il mondo alla mia ultima venuta») non implica affatto, automaticamente, un'imminenza temporale della fine del mondo e della Parusia. O meglio: è l'imminenza del tempo di Dio, per il quale «mille anni sono come un soffio», è l'imminenza per la vita di ogni uomo, per il quale ogni istante può essere la porta dell'eternità. È una «preparazione» al ritorno definitivo di Gesù che descrive tutto il tempo della Chiesa, fra la prima e la seconda venuta del Salvatore, quindi può significare millenni, non la nostra imminenza.

Tuttavia è anche vero che Gesù ha parlato a santa Faustina degli ultimi tempi anche in un'altra occasione[173] e lo stesso Karol Wojtyla riteneva in qualche modo «apocalittici» i tempi che stiamo vivendo. C'è una sua frase rivelatrice, pronunciata il 9 novembre 1976, alla vigilia della sua elezione, che non lascia dubbi in proposito. Il cardinale Wojtyla affermò: «Ci troviamo oggi di fronte al più grande combattimento che l'umanità abbia mai visto. Non penso che la comunità cristiana l'abbia compreso totalmente. Siamo oggi davanti alla lotta finale tra la Chiesa e le anti-Chiesa, tra il Vangelo e gli anti-Vangelo».

Ed è inevitabile allora pensare che questo straordinario pontefice possa essere stata la «scintilla» che doveva preparare la nostra generazione a vivere tempi e prove inimmaginabili e mai viste. Tempi e prove cruciali nella storia dell'umanità e nella storia della salvezza.

La grande prova

È sorprendente scoprire che proprio questa frase (sconosciuta) di Wojtyla sia stata citata e riproposta alla meditazione dal cardinale Ivan Dias, inviato da papa Benedetto XVI a Lourdes, l'8 dicembre 2007, a celebrare l'inizio del Giubileo per il 150° anniversario delle apparizioni.

[173] È il celebre passo del diario di santa Faustina Kowalska in cui Gesù pronuncia queste parole impressionanti: «Prima che giunga il giorno della giustizia sarà dato agli uomini questo segno in Cielo. Si spegnerà ogni luce in Cielo e vi sarà una grande oscurità su tutta la Terra. Allora apparirà in Cielo il segno della croce e dai fori dove furono inchiodati i piedi e le mani del Salvatore usciranno grandi luci che per qualche tempo illumineranno la Terra. Ciò avverrà poco tempo prima dell'ultimo giorno».

In quella solenne omelia, il cardinale ha collocato la citazione di Wojtyla al centro di un affresco di moderna teologia della storia. Per capire il momento che stiamo vivendo il prelato, inviato dal Papa, si è infatti interrogato sul motivo e sul significato complessivo delle tantissime apparizioni della Madonna susseguitesi nei tempi moderni che, evidentemente, segnalano la speciale drammaticità e grandezza dell'epoca che viviamo. E implicano uno specialissimo soccorso divino tramite la Madre di Cristo, la Vergine Maria, che a Medjugorje, il 14 febbraio 1982, disse: «Questo secolo è sotto il potere di Satana».

In questa straordinaria omelia il cardinale Dias parla della Madonna come di «una madre molto preoccupata per i suoi figli». Dunque «nel più largo contesto della lotta permanente e feroce esistente tra le forze del bene e quelle del male fin dal principio della storia dell'umanità» si colloca la serie delle sue apparizioni moderne «che hanno avuto inizio nel 1830, a Rue du Bac, a Parigi, annunciando l'entrata decisiva della Vergine Maria nel cuore delle ostilità tra lei ed il demonio, come è descritto nella Bibbia, nei libri della Genesi e dell'Apocalisse». Non a caso l'apparizione del 1830 è quella della cosiddetta Medaglia miracolosa voluta dalla Vergine, dove lei è raffigurata «con le braccia aperte da cui uscivano dei raggi luminosi, significando le grazie che distribuiva al mondo intero. I suoi piedi si posavano sul globo terrestre e schiacciavano la testa del serpente, il diavolo, indicando la vittoria che la Vergine portava sul Menzognero e sulle forze del male. Intorno all'immagine si leggeva l'invocazione: "Oh Maria, concepita senza peccato, prega per noi che ricorriamo a te"». Proprio quel dogma di fede che Pio IX proclamerà nel 1854 e che sarà confermato dalla stessa Madonna ha continuato a manifestare «le sue vive preoccupazioni materne per la sorte dell'umanità» in nuove apparizioni, in cui ha invitato sempre alla preghiera e alla penitenza, «perché prevedeva la rovina spirituale di certi paesi, le sofferenze che il Santo Padre avrebbe subito, l'indebolimento generale della fede cristiana, le difficoltà della Chiesa, la venuta dell'Anticristo e i suoi tentativi per sostituire Dio nella vita degli uomini: tentativi che, malgrado i loro successi splendenti, sono destinati tuttavia all'insuccesso.»

Il prelato parla dell'azione di Maria per tessere «un'immensa rete nei suoi figli e figlie spirituali» e con essa «lanciare una forte offensiva contro le forze del Maligno nel mondo intero, per bloccarle e preparare così la vittoria finale del suo divin Figlio, Gesù Cristo».

Come si combatte questa battaglia? Le cose semplici che chiede la Vergine – dal Rosario all'Eucarestia, all'accettazione delle prove «per la salvezza del mondo» – possono apparire – «delle piccole cose», in realtà «sono potenti nelle mani di Dio», come la fionda con cui il giovane Davide sconfisse il gigante Golia. Perché a Dio «niente è impossibile». Secondo il cardinale questa grande battaglia è oggi più furente che al tempo di Bernardette e «fa innumerevoli vittime nelle nostre famiglie e tra i nostri giovani». Dias ricorda qui le parole dell'allora cardinale Wojtyla. Poi conclude affermando la vittoria certa di Dio tramite Maria, «la Donna della Genesi e dell'Apocalisse che combatterà alla testa dell'esercito dei suoi figli e figlie contro le forze del nemico, di Satana, e schiaccerà la testa del Serpente».

Fra i tanti dettagli clamorosi di questa solenne omelia ne sottolineo uno: nelle apparizioni successive a Lourdes, dice il cardinale, la Madonna ha previsto «la venuta dell'Anticristo». Sembrerebbe sottinteso: nella nostra epoca (poiché i messaggi profetici della Madonna nelle apparizioni riguardano la nostra epoca). È un'affermazione clamorosa che meriterebbe di essere approfondita.

Non posso farlo qui, però bisogna segnalare che un singolare richiamo all'Anticristo è contenuto anche nell'enciclica di Benedetto XVI *Spe salvi*, dove, ai nn. 18-19, spiega la laicizzazione della speranza cristiana nella moderna «fede nel progresso».

Il Papa cita il filosofo Immanuel Kant, il quale ipotizza una possibile «fine di tutte le cose» dovuta a una deliberazione perversa e lo stesso Kant pone tale fine in relazione alla figura dell'Anticristo.[174] Mi pare significativo che (addirittura) in un'enciclica il Papa metta a tema l'Anticristo e «la fine» (una fine provocata dalla perversione: nella nostra epoca l'umanità ha gli strumenti per provocare questa fine).

Già Paolo VI, durante una drammatica conversazione privata con Jean Guitton, che poi la riferì nel libro *Paolo VI segreto*, considerando la confusione tenebrosa che dilagava nella Chiesa, soprattutto fra teologi e pastori, vi coglieva «alcuni segni» della «fine dei tempi» preannunciata nei Vangeli e si chiedeva espressamente: «Siamo prossimi alla fine?».[175]

Anche Jean Guitton, facendo un'analisi laica della situazione dell'umanità, perviene a questa conclusione: «Non possiamo, nella nostra epoca, prevedere il futuro. Ma possiamo supporre che nel prossimo secolo conosceremo eventi, cataclismi, catastrofi quali mai l'umanità ha vissuto nella sua tragica e lunghissima storia. Lo pensava Pierre Teilhard de Chardin. Era anche l'ossessione di Louis Althusser. E, in

[174] Il Papa scrive testualmente: «Nel 1794, nello scritto "*Das Ende aller Dinge*" (La fine di tutte le cose) (...) Kant prende in considerazione la possibilità che, accanto alla fine naturale di tutte le cose, se ne verifichi anche una contro natura, perversa. Scrive al riguardo: "Se il cristianesimo un giorno dovesse arrivare a non essere più degno di amore (...) allora il pensiero dominante degli uomini dovrebbe diventare quello di un rifiuto e di un'opposizione contro di esso; e l'anticristo (...) inaugurerebbe il suo, pur breve, regime (fondato presumibilmente sulla paura e sull'egoismo). In seguito, però, poiché il cristianesimo, pur essendo stato destinato ad essere la religione universale, di fatto non sarebbe stato aiutato dal destino a diventarlo, potrebbe verificarsi, sotto l'aspetto morale, la fine (perversa) di tutte le cose"».

[175] Jean Guitton, *Paolo VI segreto*, San Paolo Edizioni 2002, pp. 152-153.

effetti, l'opinione di tutti quelli che, soprattutto oggi, studiano i progressi della biologia, della genetica e aspettano quel *quid* che connoterà il XXI secolo. Lo sconforto individuale e la disperazione vanno di pari passo con la previsione di questi cataclismi prossimi venturi».[176]

Analoga l'analisi di René Girard: «L'impressione è che l'intera umanità si stia recando a una sorta di appuntamento planetario con la propria violenza».[177] Il filosofo francese vede infatti il dispiegarsi di un «vortice di violenze» che, dalle piccole «violenze che esplodono all'interno della famiglia» fino agli orrori dei tanti scenari bellici del pianeta, comprese le «guerre di sterminio contro le popolazioni civili», si congiungono come affluenti e si sommano in un'unica forza di devastazione globale che il filosofo definisce con il nome proprio di «Satana».

Anche il filosofo Nicola Abbagnano conferma: «La nuova apocalisse, che poi è la sola che oggi temono gli uomini, è un evento tutto terreno. In pratica, essa si prospetta come la distruzione dell'umanità da parte degli stessi uomini, i quali hanno strappato alla natura delle forze terribili che rischiano ormai di sfuggire al loro controllo. Sono infatti proprio queste forze che per tanto tempo hanno alimentato e

[176] Jean Guitton (con Philippe Guyard), *Ogni giorno che Dio manda in terra*, Mondadori 1997, p. 62. In un'altra opera lo stesso Guitton spiega: «L'umanità intorno al secondo millennio dopo Cristo sta per varcare una soglia. Le cose non possono più continuare nello stesso senso. Si avvicina il momento in cui l'eccesso stesso del progresso va contro l'essenza di ciò che il progresso vorrebbe raggiungere. Tutto ciò è visibile nel campo dell'energia atomica che può risolvere tutto o distruggere tutto, della concentrazione urbana e dell'inquinamento ambientale. Anche se meno visibile della minaccia sulle *esistenze*, ancora più terribile è la minaccia sulle *essenze*, ossia sulla concezione stessa dell'amore, della famiglia, della natura e della cultura. Si avvicina un limite in cui l'umanità dovrà scegliere tra la *sovversione* e la *conversione*, non potendo più mantenere l'equilibrio in cui crede di potersi sistemare» Jean Guitton, *La medaglia miracolosa*, San Paolo 1994, p. 127.

[177] René Girard, La pietra dello scandalo, Adelphi 2004, p. 20.

giustificato il mito del progresso, che minacciano di ritorcersi su chi improvvisamente le ha scatenate, illudendosi che non potessero essere apportatrici che di bene. La nuova apocalisse incombe sull'uomo con i bagliori dell'inferno della scienza assolutizzata».[178]

[178] Nicola Abbagnano-Giuseppe Grieco, L'uomo progetto 2000, Dino editori 1980, p. 104.

Da Medjugorje a Civitavecchia: qual è il messaggio?

«Non possiamo certo impedire a Dio di parlare a questo nostro tempo, anche attraverso persone semplici e segni straordinari che rivelano l'insufficienza di una cultura come la nostra, marchiata di razionalismo.»

Joseph Ratzinzger

La fine o un nuovo inizio?

Alla luce di queste analisi oggettive, anche di laici, tornando ora all'affresco tracciato dal cardinale Dias, si comprende perché, nelle moderne apparizioni della Madonna, egli veda un soccorso speciale alla Chiesa e all'umanità che si trovano in un'epoca di pericolo mortale, forse la più drammatica della storia cristiana.

Era specialmente Giovanni Paolo II a ritenere che queste apparizioni moderne facessero parte di un unico disegno, di un grande soccorso della Madre di Dio all'umanità del nostro tempo. E che la sola speranza di salvezza (anche terrena) per l'umanità passasse attraverso la Madonna:

Il modo in cui Maria partecipa alla vittoria di Cristo io l'ho conosciuto innanzitutto dall'esperienza della mia nazione. Dalla bocca del cardinale Stefan Wyszyński sapevo anche che il suo predecessore, il cardinale August Hlond, morendo, aveva pronunciato queste significative parole: "La vittoria, se verrà, verrà per mezzo di Maria". Durante il mio ministero pastorale in Polonia sono stato testimone del modo in cui quelle parole andavano realizzandosi. Mentre entravo nei problemi della Chiesa universale, con l'elezione a Papa, portavo con me una simile convinzione: che, cioè, anche in questa dimensione universale, la vittoria, se verrà, sarà riportata da Maria. Cristo vincerà per mezzo di lei, perché Egli vuole che la vittoria della Chiesa nel mondo contemporaneo e in quello futuro siano unite a lei. Avevo, dunque, tale convinzione, anche se allora sapevo ancora poco di Fatima. Presentivo, però, che c'era una certa continuità, a partire da La Salette, attraverso Lourdes, fino a Fatima.[179]

Il disegno che sta dietro tutti questi eventi soprannaturali è racchiuso nell'immagine dell'Apocalisse: la grande battaglia fra la donna e il drago. Nell'esortazione «Ecclesia in Europa» papa Wojtyla, prima di rinnovare il solenne affidamento dei nostri popoli alla Madonna, osserva: «La vicenda storica della Chiesa è accompagnata da "segni" che sono sotto gli occhi di tutti, ma che chiedono di essere interpretati. Tra questi l'Apocalisse pone il "segno grandioso" apparso nel cielo che parla di lotta tra la donna e il drago».[180]

Fra coloro che hanno tentato di «interpretare» il perché di tutte queste apparizioni, di questa speciale e continua presenza di Maria nel nostro tempo e sulla nostra Terra, c'è Jean Guitton che fa un'osservazione molto bella. Egli fa ricorso al Vangelo di Giovanni, dove si mostra «la realtà della madre di Gesù: la quale tutto abbraccia, essendo presente in quei due momenti plenari dell'*inizio* e della *fine*: Cana e il Calvario. A Cana la madre di Gesù interviene con potenza e ancor più con la certezza della sua potenza malgrado le pur forti apparenze contrarie (il rifiuto

[179] Giovanni Paolo II-Vittorio Messori, *Varcare la soglia della speranza*, cit., pp. 242-243.

[180] È il capitolo 12 dell'Apocalisse, quello della «Donna vestita di sole» che la Chiesa legge in chiave mariana e che è stato accostato in modo speciale, sia da Paolo VI che da Giovanni Paolo II, alle apparizioni di Fatima per il clamoroso segno, visibile a tutti, dato dalla Vergine il 13 ottobre 1917: il sole roteante nel cielo.

di Gesù). Maria è colei che affretta l'ora fissata ("non è ancora giunta la mia ora"); colei che si preoccupa delle necessità e perfino delle superficialità umane (il vino delle nozze); colei che è la causa provocatrice della prima manifestazione del messia, all'origine della fede di Giovanni e degli apostoli».[181]

E alla fine? «Similmente al crepuscolo» riprende Guitton «quando si fa tardi, la Vergine riceve da Gesù un nuovo figlio da amare, il discepolo, figura della Chiesa, di cui è costituita "madre".»[182]

È per questa sua presenza all'inizio e alla fine che la Madonna, che ha fatto nascere Gesù nel mondo, sarà anche colei che spalanca l'umanità al suo ritorno.

Abbiamo visto che lo stesso Giovanni Paolo II nella *Redemptoris Mater* (n. 41) dice che Maria, «come è singolarmente unita a Gesù nella sua prima venuta, per la sua continua cooperazione con lui lo sarà anche in attesa della seconda».

Identica cosa scriveva già nel XVII secolo san Luigi M. Grignion de Montfort: «Per mezzo di Maria ebbe inizio la salvezza del mondo; ancora per mezzo di Maria deve avere il suo compimento». Quindi il Montfort annuncia che la devozione alla Vergine crescerà avvicinandosi alla fine dei tempi (il tempo della fine è il tempo di Maria: «Ella compirà le più grandi cose che avverranno negli ultimi tempi»). Il Montfort profetizza che i santi degli ultimi tempi saranno «formati» da Maria stessa e avranno un preciso connotato: saranno totalmente di Maria per appartenere totalmente al Figlio. Totus tuus.

Ora è inevitabile ricordare il ruolo fondamentale che l'opera del Montfort, il *Trattato della vera devozione a Maria* ha avuto nella formazione del giovane Wojtyla (lo ha riferi-

[181] Jean Guitton, *La medaglia miracolosa*, cit., pp. 128-129.
[182] Ivi, p. 129.

to lui stesso: «La lettura di quel libro ha segnato nella mia vita una svolta decisiva»).[183] È inevitabile ricordare che il suo stesso motto episcopale e pontificio sarà proprio «Totus tuus», che oltretutto è ripreso proprio da quel libro del Montfort, il quale è l'unico autore moderno citato da Giovanni Paolo II nell'enciclica *Redemptoris Mater* (1987).

È anche sorprendente scoprire la somiglianza di quei futuri cavalieri di Maria del Montfort con i connotati peculiari di Karol Wojtyla. I cavalieri e figli di «questa bella stella del mare», preannuncia il Montfort, «si consacreranno interamente al suo servizio», «sperimenteranno le sue dolcezze e bontà materne», «si offriranno a lei anima e corpo, senza nessuna riserva, per appartenere nello stesso modo a Gesù Cristo» (n. 55).

Appunto «Totus tuus».

Costoro «saranno fuoco ardente, ministri del Signore che metteranno dappertutto il fuoco del divino amore. Saranno frecce acute nella mano potente di Maria per trafiggere i suoi nemici, come frecce in mano a un eroe.

«Saranno molto purificati dal fuoco di grandi tribolazioni e molto uniti a Dio. Porteranno nel cuore l'oro dell'amore, l'incenso della preghiera nello spirito e la mirra della mortificazione nel corpo. In ogni luogo saranno il buon profumo di Gesù Cristo per i poveri e i piccoli, mentre saranno odore di morte per i grandi, i ricchi e i superbi mondani» (n. 56).

Infine «insegneranno la via stretta di Dio nella pura verità, secondo il santo Vangelo, e non secondo i canoni del mondo; senza preoccupazioni e senza guardare in faccia a nessuno; senza risparmiare, seguire o temere alcun mortale, per potente che sia. Avranno in bocca la spada a due tagli della Parola di Dio e porteranno sulle spalle lo stendardo insanguinato della Croce, il crocifisso nella mano destra e la corona nella sinistra, i sacri nomi di Gesù e di Maria sul cuore... Ecco i grandi uomini che verranno e che Maria for-

[183] In André Frossard-Karol Wojtyla, *Non abbiate paura*, cit., p. 20.

merà su ordine dell'Altissimo per estendere il suo dominio sopra quello degli empi» (n. 59).

Il ritratto profetico di questi santi degli ultimi tempi sembra davvero l'identikit di papa Wojtyla. A questo si aggiunga il fatto che la Vergine a Medjugorje ha affermato di avere lei stessa «scelto per questi tempi» Giovanni Paolo II, «il mio figlio più caro» e di averlo anche protetto in modo speciale: «I suoi nemici hanno cercato di ucciderlo, ma io l'ho difeso».

Lui è certamente il Papa del tempo di Maria. Da questo si deve evincere, ancora una volta, che è stato pure il Papa che ha preparato l'umanità alla fine? Dobbiamo di nuovo considerarlo la «scintilla» che ha preparato il ritorno di Gesù?

Maria – ci ha spiegato Guitton – ha il potere di affrettare il manifestarsi di Gesù, ma tale manifestazione significa la fine e il suo secondo ritorno, o significa il suo manifestarsi nella storia? Il tempo di Maria annuncia la fine dei tempi o piuttosto annuncia l'unica speranza di salvezza da una fine perversa e violenta, essendo lei la Madre della misericordia?

«Non disprezzate le profezie» (1 Tess. 5:19-21)

Una cosa è certa: «La nostra epoca si caratterizza come il tempo delle apparizioni mariane» ha scritto il mariologo Stefano De Fiores. E con Giovanni Paolo II queste straordinarie e frequentissime apparizioni della Madonna, con i loro accorati messaggi profetici sul nostro tempo, rivolti alla Chiesa e al mondo intero, sono stati sottratti alla vaga e ambigua categoria delle «rivelazioni private», ovvero quel tipo di comunicazioni mistiche lasciate nel mondo dell'opinabile «fede umana» individuale e circondate di diffidenza.

È con Giovanni Paolo II – ha spiegato il cardinale Ratzinger – che la presenza viva di Maria viene finalmente ben compresa nella «dinamica storica della salvezza, che ci coinvolge e ci addita il nostro posto nella storia, elargendoci doni e ponendoci esigenze».[184] E certo l'esperienza mistica dello stesso Wojtyla deve aver avuto un peso decisivo in questo nuovo sguardo.[185]

Giovanni Paolo II, ha spiegato ancora Ratzinger, ci ha mostrato che «Maria non risiede solo nel passato né solo nell'alto dei Cieli, nell'intimità di Dio; ella è e rimane presente e attiva nell'attuale momento storico; ella è qui e oggi, persona agente. La sua vita non sta solo alle nostre spalle, non sta semplicemente sopra di noi; ella ci precede, come il Papa sottolinea continuamente. Ella ci spiega la nostra ora storica non mediante teorie, bensì agendo e indicandoci il cammino che ci sta davanti».[186]

In pratica Giovanni Paolo II ricava dalla mariologia una «teologia della storia» e un «imperativo ad agire»,[187] egli indica «Maria come guida della storia, come segno dei tempi».[188] In questo senso l'anno mariano che papa Wojtyla volle proclamare nel 1987 (decisione che aveva a che fare con Medjugorje)[189] significò per il Papa «inalberare nella nostra ora storica il "segno della donna" come il "segno" essenziale "dei tempi"».[190]

[184] Joseph Ratzinger, *Maria. Chiesa nascente*, San Paolo Edizioni 2005, p. 37.

[185] Va detto che questa apertura ai doni dello Spirito, ai carismi, si è manifestata, nel pontificato di Giovanni Paolo II, anche con la piena accoglienza dei nuovi movimenti ecclesiali, fino ad allora guardati con sospetto e ostilità dal mondo clericale.

[186] Joseph Ratzinger, *Maria. Chiesa nascente*, cit., p. 37.

[187] *Ibidem*.

[188] Ivi, p. 42.

[189] Riccardo Caniato-Vincenzo Sansonetti, *Maria, alba del terzo millennio*, cit., p. 386.

[190] Joseph Ratzinger, *Maria. Chiesa nascente*, cit., pp. 43-44. Nel libro che finora abbiamo citato, Joseph Ratzinger ha tracciato in modo meraviglioso la storia, anche drammatica, di due movimenti: da una parte il mo-

Perciò Giovanni Paolo II, in pellegrinaggio a Fatima dopo l'attentato affermò solennemente: «Sto andando anch'io verso questo posto benedetto per ascoltare una volta ancora in nome dell'intera Chiesa *il comando che fu dato da Nostra Madre*, preoccupata per i suoi figli. Ora questi comandi sono più importanti e vitali che mai».

Il Papa disse che il messaggio della Madonna consegnato nel 1917 «è più attuale di allora e persino più urgente». Poi aggiunse: «L'appello fatto da Maria, nostra Madre, a Fatima fa sì che tutta la Chiesa si senta *obbligata* a rispondere alle richieste di Nostra Signora. Il messaggio *impone un impegno* su di essa».[191]

Espressioni davvero pesanti, che delineano una terza categoria di fatti soprannaturali fra la rivelazione biblica, definitivamente conclusa con la morte dell'ultimo apostolo, e le cosiddette «rivelazioni private» finora ridotte a messaggi individuali non-vincolanti per nessuno.

Un messaggio che «obbliga» la Chiesa, con dei precisi «comandi», ha ben poco di «privato» e di facoltativo. Non a caso il cardinale Sodano, segretario di Stato vaticano, annunciando solennemente a Fatima, davanti al Papa e al po-

vimento liturgico (i cui inizi stanno nel monachesimo benedettino di Solesmes), dall'altro il movimento mariano che «a partire dalle apparizioni mariane del diciannovesimo secolo si era andato sempre più consolidando... e toccò l'apice quando, sotto il pontificato di Pio XII, interessò tutta la Chiesa». La difficile armonizzazione di queste due sensibilità, secondo Ratzinger, fu provvisoria al Concilio Vaticano II e vide «una vera e propria lotta», con la momentanea «sconfitta» del movimento mariano. Tuttavia poi si recuperò un equilibrio con Paolo VI, con l'introduzione del titolo di «Maria, Madre della Chiesa», a fine Concilio, e soprattutto con l'esortazione apostolica del 2 febbraio 1974, «Marialis cultus». Ma, spiega Ratzinger, sarà poi con Giovanni Paolo II – non solo per l'enciclica *Redemptoris Mater*, ma per tutto il suo magistero – che il movimento mariano vigorosamente porterà a tutta la Chiesa, alquanto confusa, del postconcilio, la freschezza del rinnovamento e l'apertura alla presenza viva di Maria nella nostra storia come stella polare di tutta la Chiesa.

[191] Sottolinea questo aspetto Solideo Paolini, *Fatima. Non disprezzate le profezie*, Segno 2005, p. 94.

polo cristiano, la pubblicazione del Terzo segreto, lo ha paragonato alle profezie bibliche e l'ha definito come la più grande profezia dei tempi moderni.[192]

Questo nuovo approccio di Giovanni Paolo II impone alla teologia di prendere atto della novità rappresentata dall'intensa presenza profetica di Maria nel nostro tempo e nel dramma che l'umanità sta vivendo. Già Hans Urs von Balthasar sosteneva che «l'espressione "rivelazione privata" non è molto felice»[193] e che occorreva ripensare tutto.

Nel 1993 il cardinale Ratzinger, nella fondamentale intervista teologica a Niels Christian Hvidt,[194] sosteneva che l'idea che, con la morte dell'ultimo apostolo, «viene posto un limite definitivo a ogni ulteriore profezia», escludendone «ogni possibilità», non è condivisibile. Essa mostra, a suo parere, «una comprensione intellettualistica e riduttiva della rivelazione che viene considerata come un tesoro di verità rivelate assolutamente complete a cui non si può più aggiungere nulla.»[195]

Ratzinger ricorda, come san Paolo scrive agli Efesini, che «la Chiesa è fondata "sugli apostoli e sui profeti"» e con ciò intende apostoli «nel modo più ampio e il concetto di "profeta" va riferito ai profeti della Chiesa». Che poi sono i grandi santi sempre presenti nei diversi secoli della cristianità. Ma è soprattutto la figura di Maria che emerge: «C'è

[192] La stessa solennità e ufficialità con cui nel 2000 fu resa pubblica la visione contenuta nel Terzo segreto di Fatima – in un modo mai avvenuto – documenta questo diverso statuto che tali apparizioni hanno ricevuto dalla Chiesa del nostro tempo, specialmente da Giovanni Paolo II.

[193] Hans Urs von Balthasar, *Aprite i cuori all'Immacolata, ecco appare la Madre di Dio*, in «Il Sabato», 3-9 dicembre 1983.

[194] *Il problema della profezia cristiana*, testo pubblicato nel sito della Congregazione per il clero, oggi reperibile in www.ratzinger.it.

[195] Il cardinale spiegava: «La venuta di Cristo è l'inizio di una conoscenza sempre più profonda e di una graduale scoperta di ciò che il Verbo ci ha donato» e nel «tempo della Chiesa, cioè il tempo in cui il Cristo viene a noi in Spirito, l'elemento profetico, come elemento di speranza e di attualizzazione del dono di Dio, non possa mancare né venire meno».

un'antica tradizione patristica» dice Ratzinger «che chiama Maria non sacerdotessa, ma profetessa. Il titolo di profetessa nella tradizione patristica è, per eccellenza, il titolo di Maria».

In questa riflessione, che prende le mosse dalla grande novità che è il pontificato di Giovanni Paolo II, Ratzinger si rende conto che sempre «i Padri della Chiesa hanno sottolineato il carattere di incompletezza del Nuovo Testamento, in cui non tutte le promesse si sono ancora avverate. Cristo è sì venuto nella carne, ma la Chiesa attende ancora la sua rivelazione nella pienezza della sua gloria».

Il tempo della Chiesa è già il tempo della sua manifestazione nella storia che diventerà piena con il ritorno di Cristo. E i santi, insieme con la Regina dei santi e dei profeti, affrettano la sua manifestazione, illuminando anche la riflessione teologica: «Mi pare che Hans Urs von Balthasar» aggiunge Ratzinger «abbia trovato, nelle sue ricerche, che dietro ad ogni grande teologo vi sia sempre prima un profeta.[196] Credo che si possa dimostrare come in tutte le figure dei grandi teologi sia possibile una nuova evoluzione teologica solo nel rapporto tra teologia e profezia. Finché si procede solo in modo razionale, non accadrà mai nulla di nuovo. Si riuscirà forse a sistemare meglio le verità conosciute, a rilevare aspetti più sottili, ma i nuovi veri progressi che portano a nuove grandi teologie non provengono dal lavoro razionale della teologia, bensì da una spinta carismatica e profetica».

Così, concludeva Ratzinger, «le rivelazioni dei mistici cristiani o dei profeti», che non si possono assimilare alla rivelazione biblica, tuttavia «conducono a quella» e sono

[196] Ratzinger cita san Domenico per Tommaso d'Aquino, san Francesco per san Bonaventura e, per venire ai giorni nostri, Adrienne von Speyr per lo stesso von Balthasar. Forse si potrebbero aggiungere le stesse figure di Karol Wojtyla e anche di don Luigi Giussani in relazione all'elaborazione teologica di Joseph Ratzinger.

«importanti per la Chiesa» come mostrano Lourdes o Fatima: «Esse in definitiva ci riportano alla rivelazione biblica e appunto per questo rivestono una sicura importanza».

Già in uno splendido (e dimenticato) libro del 1943, il cardinale Giuseppe Siri aveva mostrato «il ritorno della madre di Dio» fra noi: «La Vergine è tornata sempre nei periodi più travagliati in una grande funzione di conforto; nei momenti di assalto sferrato contro la Chiesa e la stessa fede, tra i pericoli più gravi ed incombenti (...). Alcuni di questi ritorni hanno avuto un'influenza su tutta la Chiesa e, in certo modo, su tutta la storia religiosa contemporanea: basta pronunciare i nomi di Lourdes e Fatima. Essi costituiscono una poderosa quanto sensibile interferenza dell'ordine divino nel piano umano (...). I ritorni della Vergine, vera storia postuma della madre del Signore, concretano in forma commovente la sua maternità sul Corpo mistico di Cristo. Essi rappresentano un impensato mezzo di risoluzione delle crisi anche più gravi».[197]

Già prima del Concilio e prima di Giovanni Paolo II, dunque, si avvertiva l'insufficienza della definizione di «rivelazione privata» a cui prestare solo una «fede umana» (cioè non vincolante e non certa), secondo la tradizione scolastica fatta propria da papa Lambertini, Benedetto XIV (1740-1758).

È addirittura Karl Rahner a spiegare, già nel 1952,[198] che «questa "teologia" delle rivelazioni private è *troppo negativa*: assumendo soltanto il punto di vista della compiutezza della "rivelazione pubblica", le rivelazioni posteriori vengono solo negativamente connotate come "private", precludendo così la possibilità di sviluppare una teoria stretta-

[197] Giuseppe Siri, *La Chiesa*, Studium 1943, pp. 372-373.

[198] In questo anno Karl Rahner pubblica *Visionen und Prophezeiungen*, raccogliendo due scritti precedenti (tr. it. *Visioni e profezie*, Vita e pensiero).

mente teologica del loro significato e della loro necessità per la *Chiesa* come tale, un significato che esse certamente hanno avuto».[199]

Ancora Siri c'informa: «Le rivelazioni private hanno avuto la loro parte grande nella storia della Chiesa. Non hanno aggiunto nulla di sostanziale al patrimonio rivelato, ma hanno aiutato a svolgerne il contenuto. Soprattutto hanno avuto il loro "momento" perfettamente opportuno. Le rivelazioni della beata Giuliana di Liegi (sec. XIII) portarono alla istituzione della festa del Corpus Domini al rifiorire della pietà eucaristica. A distanza di secoli siamo in grado di comprendere il perché (...). Le rivelazioni di Margherita Maria Alacoque portarono in realtà un grave colpo al protestantesimo. Questo aveva volatilizzato il dogma della comunione dei santi, il senso della famiglia di Dio, della intimità con Lui (...). Il vigore novello conferito alla devozione per il Sacro Cuore, dopo il protestantesimo e il giansenismo, salvò la pietà cristiana».[200]

Si potrebbe aggiungere l'importanza delle rivelazioni di santa Caterina Labouré (Rue du Bac, 1830) per la definizione del dogma dell'Immacolata Concezione (confermato dalle apparizioni di Lourdes) e in futuro si scoprirà che si è verificata una cosa analoga anche per altre definizioni dogmatiche.

Tutto questo mostra, scrive Siri, che «ogni passo della storia della Chiesa è divinamente pensato, oltre le strutture de-

[199] Ivi, pp. 44-45. Rahner sostiene che «non si capisce perché» una rivelazione privata «non possa essere riconosciuta di fatto, non solo dal destinatario diretto della rivelazione, ma anche da altri, come causata da Dio e quindi esibire un diritto e un dovere di fede (*fides divina*) anche per gli altri. Il dovere di credere infatti sgorga connaturale al fatto stesso che Dio parla. (...) Se Dio ha parlato e la cosa è certa, mi è cioè dimostrata con sufficiente chiarezza, allora sorge senz'altro per me il dovere di ascoltare, di obbedire e di credere, per quel tanto che in qualche modo il contenuto di ciò che è stato udito riguarda anche me» (p. 47).

[200] Giuseppe Siri, *La Chiesa*, cit., p. 385.

gli uomini».[201] E mostra pure l'immensità delle «risorse sotterranee della Chiesa» (Siri), che sfuggono all'analisi dei media i quali di solito non le considerano e valutano tutto con la banale piattezza dell'analisi politica, della valutazione delle forze in campo. Condannandosi dunque a non capire niente della Chiesa. Come faceva Stalin chiedendo sarcasticamente «quante divisioni ha il Papa?». Ma come fanno anche molti ecclesiastici i quali (al contrario di Rahner)[202] credono che le apparizioni della Madonna non contengano per la Chiesa un «obbligo» e credono che siano i loro progetti e le loro idee a poter «riformare la Chiesa» e a rinnovarla. Quando – come ebbe a dire Ratzinger – la storia mostra che non sono i riformatori a rinnovare la Chiesa, ma i santi. E la mano della misericordia divina, invisibile in sé, ma visibilissima nei suoi effetti storici concreti.

Il giovane vescovo polacco Karol Wojtyla, partecipando alle prime fasi del Concilio vaticano II, esprimeva proprio questa consapevolezza:

> Nostro sostegno le parole pronunciate in tempi antichi
> e pronunciate anche oggi con tremore, per non travisarle (...)
> È tutto?

[201] Ivi, p. 386.

[202] «Le rivelazioni private sono nella loro essenza un *imperativo* circa il modo in cui la cristianità debba comportarsi in una determinata situazione storica. Esse non rappresentano, nella loro essenza, una nuova asserzione ma un nuovo comando. Al livello delle *asserzioni* esse dicono, in fondo, solo quanto già saputo dalla fede e dalla teologia. E tuttavia esse non sono superflue... Poiché ciò che è volontà di Dio in una determinata situazione, non può essere determinato logicamente in maniera univoca soltanto dai principi generali del dogma e della morale» (Karl Rahner, *Visioni e profezie*, cit., p. 50). In sostanza esse hanno «un significato insostituibile nella Chiesa» (p. 54). Anche per quanto riguarda le profezie. «Il senso vero delle profezie è quello di essere un imperativo che ci prescrive l'atteggiamento giusto nei confronti di quel futuro che rimane oscuro, minaccioso e in generale – almeno dal punto di vista mondano – destinato alla morte, un futuro tuttavia salvifico, per colui che crede e che ama» (p. 130).

Vi sono, certo, anche mani invisibili ed esse ci reggono
mentre con sforzo portiamo la barca, sulla rotta tracciata dagli eventi,
malgrado tanti banchi di sabbia.
Basterà approfondire le fonti,
se non cerchiamo le mani invisibili?[203]

Una notizia dalla Jugoslavia

È il 24 giugno 1981. È passato solo un mese dall'attentato di Ali Ağca a piazza San Pietro, papa Wojtyla è ancora sofferente in ospedale e, verso le 18 del pomeriggio, ad alcuni adolescenti di un villaggio jugoslavo della Bosnia-Erzegovina (quindi nel blocco dei Paesi socialisti), chiamato Medjugorje, su una isolata collinetta sassosa, il Podbrdo, appare una giovane ragazza, bellissima, sorridente, con occhi di un azzurro vivissimo, vestita con gli abiti di tempi antichi e con un bambino in braccio.

È l'inizio di una delle più straordinarie fra le apparizioni della Madonna. Verso quel paesino jugoslavo, come ha constatato Vittorio Messori, si verifica «il maggior movimento di masse cattoliche del postconcilio»[204] (anche se, in realtà, Medjugorje sarà soprattutto un grande luogo di conversione, quindi una sorgente di «masse cattoliche»).

Non a caso Giovanni Paolo II dirà a un vescovo: «Medjugorje è il centro spirituale del mondo».[205] La sua certezza sull'autenticità di queste apparizioni è testimoniata da una grande quantità di persone la cui autorevolezza e la cui fe-

[203] Karol Wojtyla, *Le fonti e le mani*, in *Pietra di luce*, cit., p. 64.

[204] Vittorio Messori-Rino Cammilleri, *Gli occhi di Maria*, Rizzoli 2001, p. 243.

[205] Lo ha riferito monsignor Sebastião Murilo Krieger, ex vescovo di Florianopolis, in Brasile, che incontrò il Pontefice il 24 febbraio 1990, prima di andare per la quarta volta in pellegrinaggio nel paese dell'Erzegovina.

deltà al Papa sono fuori discussione. A cominciare dall'amico del pontefice, quel cardinale Deskur che abbiamo ascoltato all'inizio di questa indagine e che mi ha riferito con dovizia di particolari la convinzione di papa Wojtyla.[206]

Oggi possiamo ritenere che una certezza tanto granitica derivasse al Papa, oltreché dall'attento discernimento, anche dalle sue stesse esperienze mistiche. Del resto a Giovanni Paolo II non poteva sfuggire il legame profondissimo che le apparizioni di Medjugorje avevano e hanno col suo stesso pontificato.

Nel 1981 i vertici dell'impero comunista, certi ormai degli effetti dirompenti del Papa polacco all'Est, si stanno preparando a schiacciare Solidarność e, prima di assestare il colpo, organizzano il piano per eliminare quella presenza sovversiva che è papa Wojtyla.

Sennonché il 13 maggio una «mano» misteriosa impedisce miracolosamente che i proiettili uccidano il pontefice e

[206] Molte altre testimonianze, perlopiù di vescovi, sono riferite in Riccardo Caniato-Vincenzo Sansonetti, *Maria, alba del terzo millennio*, cit., pp. 382-395. C'è ancora un'altra fonte. Il famoso poeta e giornalista polacco Marek Skwarnicki, che collaborò con il cardinale Wojtyla a Cracovia, ha pubblicato in Germania il suo epistolario con Karol Wojtyla. Sono state anticipate quattro lettere del Santo Padre indirizzate al poeta e alla moglie Sofia, nelle quali risulta chiaramente che il grande pontefice era convinto delle apparizioni di Medjugorje e ne sottolineava il significato decisivo e «drammatico» per l'umanità. Per esempio, l'8 dicembre 1992 il pontefice traccia di suo pugno, dietro un'immagine di auguri natalizi, questa riflessione: «Ringrazio la Signora Sofia per tutto ciò che riguarda Medjugorje. Anche io con la preghiera vado là ogni giorno come pellegrino: mi unisco nell'orazione con tutti coloro che pregano là o che ricevono da là una chiamata alla preghiera. Oggi abbiamo compreso meglio questa chiamata. Gioisco perché il nostro tempo non è privo di persone di preghiera e di apostoli». Ma più significativa di tutte è la quarta missiva pontificia, scritta il 25 febbraio 1994: «La Signora Sofia mi scrive a proposito dei Balcani. Io penso che Medjugorje sia meglio compresa adesso. Questa "urgenza" della Madre è meglio compresa oggi che vediamo con i nostri occhi l'enormità del pericolo. Allo stesso tempo la risposta su questa via di una preghiera speciale, proveniente da persone di tutto il mondo, ci riempie di speranza che anche là il bene prevarrà. La pace è possibile, questo è stato il motto della giornata di preghiera preparata da una speciale sessione in Vaticano».

pochi giorni dopo, proprio oltrecortina, mentre il Papa è in ospedale, iniziano le apparizioni della Madonna che il regime jugoslavo non riesce in nessun modo a impedire e reprimere. È alla Madonna di Fatima che il Santo Padre attribuisce il miracolo della sua salvezza (essendosi verificata il 13 maggio, festa della Madonna di Fatima). Ed è proprio a Fatima che fa riferimento la splendida ragazza che appare a Medjugorje. Anzi, Giovanni Paolo II, ancora prima che lei lo dichiari esplicitamente, «sa» che la sua venuta a Medjugorje serve a portare a compimento quanto ha preannunciato a Fatima: il trionfo del suo Cuore Immacolato sui totalitarismi anticristiani e sull'incubo dell'autodistruzione atomica del pianeta. Cioè quel «piano di salvataggio» di Maria di cui il pontificato di Wojtyla era il caposaldo.

Si può dimostrare che papa Wojtyla sapeva in anticipo ciò che la Madonna avrebbe dichiarato. Infatti subito dopo l'attentato e l'inizio delle apparizioni, egli si convince che deve compiere prima possibile ciò che la Madonna a Fatima ha chiesto al Papa: la «consacrazione» della Russia e del mondo al suo Cuore Immacolato. L'8 dicembre 1981, nella celebrazione a Santa Maria Maggiore, papa Wojtyla afferma solennemente: «Maria, a te affidiamo le sorti dell'umanità».

Infine il 25 marzo 1984 – nonostante mille opposizioni anche interne al mondo ecclesiastico – riesce a realizzare quella consacrazione solenne in piazza San Pietro di cui abbiamo parlato. In quell'occasione accade che il suo amico monsignor Pavel Hnilica, il vescovo cecoslovacco, riesce a fare di nascosto la stessa consacrazione, nello stesso momento del Papa, in comunione con lui, all'interno delle mura del Cremlino, a Mosca.

Al suo ritorno è subito invitato dal Papa a colazione. Gli riferisce, nei dettagli, la sua straordinaria impresa e il pontefice, che ha ascoltato commosso, gli dice: «La Madonna ti ha condotto per mano!».

Monsignor Hnilica: «No, Santità, mi ha portato in braccio». È in questo momento che il Papa chiede all'amico: «Pavel, sei passato da Medjugorje?». Il monsignore cecoslovacco risponde di no. «Com'è che non ci sei stato?» insiste il Pontefice. E Hnilica, con un sorriso emblematico: «Il Vaticano me lo ha sconsigliato».[207] Il Papa tace qualche istante e poi fa un gesto della mano che significa «non preoccuparti, ti mando io!». Quindi gli dice: «Vai in incognito e poi mi riferirai ciò che hai visto».

Dopo la colazione il Santo Padre prende sotto braccio l'amico vescovo e lo conduce nella biblioteca. Gli mostra il volume, appena uscito, di padre Laurentin su Medjugorje, legge alcuni messaggi della Madonna e poi commenta: «Vedi Pavel, Medjugorje è la continuazione di Fatima, è la realizzazione di Fatima».[208]

In effetti – come abbiamo visto – proprio nei giorni in cui l'impero comunista sta sorprendentemente crollando, il 25 agosto 1991, la Madonna stessa rivela il legame fra le profezie di Fatima e la sua venuta a Medjugorje: «Cari figli, anche oggi vi invito alla preghiera, ora come non mai, da quando il mio piano ha incominciato a realizzarsi. Satana è forte e vuole disturbare i miei progetti di pace e di gioia e farvi pensare che mio Figlio non sia forte nelle sue decisioni. Perciò vi invito, cari figli, a pregare e a digiunare ancor

[207] La consueta e comprensibile prudenza ecclesiastica, in certi casi particolari è diventata vera e propria ostilità a Medjugorje. In genere gli oppositori si riparano dietro argomenti di apparente buon senso. Uno dei quali riguarda la lunghezza delle apparizioni di Medjugorje (ormai 28 anni): si tratta certamente di un lasso di tempo lungo, ma che dovrebbe essere letto in relazione alla drammaticità dei tempi e comunque non è affatto un caso unico nella storia della Chiesa: sono state approvate di recente dalla Chiesa le apparizioni di Laus, in Francia, dove la Madonna, a partire dal 1647, si manifestò per ben 54 anni e a lungo quotidianamente.

[208] A raccontare questo episodio è lo stesso monsignor Hnilica, il 24 marzo 1994, a Medjugorje, dove è andato in pellegrinaggio per celebrare il decimo anniversario della consacrazione del mondo al Cuore Immacolato di Maria.

più intensamente. Vi invito a qualche rinuncia per la durata di nove giorni, perché con il vostro aiuto si realizzi tutto ciò che voglio realizzare secondo i segreti iniziati a Fatima. Vi invito, cari Figli, a comprendere l'importanza della mia venuta e la serietà della situazione. Voglio salvare tutte le anime e offrirle a Dio. Perciò preghiamo perché tutto quello che ho cominciato si realizzi completamente. Grazie per aver risposto alla mia chiamata».

Come già abbiamo visto a Medjugorje la Madonna svela pure che lo stesso pontificato di Giovanni Paolo II è una grazia che lei stessa ha ottenuto da Dio. E ha parole e gesti di grande tenerezza verso Giovanni Paolo II.

Il Papa sa bene inoltre che l'abbattimento del comunismo è solo l'inizio della realizzazione del piano di Maria. È per la stessa sorte terrena ed eterna dell'umanità che la Madonna è venuta a Medjugorje. Il Papa lo spiega, il 24 novembre 1993, alla fine di una cena con i vescovi dell'Oceano Indiano – secondo quanto da loro riferito – con queste precise parole: «Come disse Hans Urs von Balthasar, Maria è la Madre che avverte i propri figli. Molti sono titubanti riguardo Medjugorje e le apparizioni che avvengono da molti anni. Ma il messaggio è rilasciato in un contesto particolare, esso corrisponde alla situazione del Paese. Il messaggio insiste sulla pace, sulle relazioni tra cattolici, ortodossi e musulmani. Questi messaggi sono la chiave per comprendere ciò che avviene[209] e ciò che avverrà nel mondo».[210]

[209] In effetti proprio in quei mesi stava divampando quella guerra in Jugoslavia (1991-1995) che la Madonna aveva predetto già al secondo giorno delle apparizioni, il 26 giugno 1981 (la guerra scoppierà esattamente dieci anni dopo, il 26 giugno 1991). Il Papa fa capire che come per la profezia sulla Jugoslavia, così deve essere preso sul serio il ripetuto ammonimento della Vergine sulla Pace nel mondo e il rischio di autodistruzione totale.

[210] Riportato in Emmanuel Maillard, *Medjugorje. Cosa dice la Chiesa*, Shalom 1999, p. 39.

Padre Slavko Barbaric, che era parroco di Medjugorje ed è stato un punto di riferimento fino alla sua morte per i tanti pellegrini, spiegava così, nel 1998, il riferimento fatto dalla Vergine a Fatima: «A Medjugorje siamo chiamati a pregare perché possa realizzarsi la promessa fatta a Fatima. È abbastanza naturale che il nostro primo pensiero sia: "Se a Fatima sono stati annunciati i tempi terribili che l'Europa ha vissuto a partire dalla Prima guerra mondiale, inclusa l'èra del comunismo, la Seconda guerra e gli anni del dopoguerra, allora Medjugorje annuncerà la fine di quei tempi". Il mondo sta attraversando terribili momenti di crisi che hanno condotto anche a un'orribile guerra nei Paesi in cui Lei appare. Dopo verrà il trionfo del suo Cuore Immacolato. Eppure non sappiamo ancora quanto e come queste crisi origineranno dolore. Come non conosciamo il contenuto del Terzo segreto di Fatima (padre Slavko sta parlando nel 1998, *nda*) non conosciamo nemmeno il contenuto dei segreti rivelati qui. Ma non è questa la cosa più importante. La cosa importante è che con le preghiere e il digiuno possiamo contribuire alla realizzazione del trionfo. Questa è la ragione per cui oggi Nostra Signora ci chiede una novena di preghiera e di rinuncia, una condizione affinché quello che ha già cominciato possa infine attuarsi».[211]

In effetti, fin dall'inizio, la Madonna a Medjugorje ha ripetuto: «Voi avete dimenticato che la preghiera e il digiuno possono fermare la guerra e sospendere le leggi naturali». Sembra incredibile che la preghiera e il digiuno possano scongiurare o allontanare le guerre se non si conosce il potere enorme delle forze soprannaturali nella nostra storia. Anche a Fatima la Regina del Cielo e della Terra nel 1917 si presentò, mentre divampava la Prima orrenda ecatombe mondiale, e anziché scegliere generali o governanti, chiamò tre semplici bambini,

[211] Slavko Barbaric, *Madre, guida i nostri cuori alla pace*, Edizioni Segno 1998, p. 104.

confidando loro che con le preghiere e la loro offerta avevano il potere di far terminare il conflitto mondiale.

Oggi lo ripete a Medjugorje. A Mirjana Dragićević, la depositaria dei «dieci segreti», ha spiegato, senza giri di parole, la gravità della situazione: «Senza Cristo non avete futuro».

Wojtyla: «Medjugorje, speranza del mondo»[212]

Ritrovo Mirjana sempre sorridente e disponibile. Voglio chiederle anzitutto di raccontarmi il suo incontro con Giovanni Paolo II.

«Era il luglio 1987. Partecipai al pellegrinaggio dei croati a Roma per l'Anno santo mariano e durante l'udienza il Santo Padre, passando, ci benedì, proprio mentre si trovava davanti a me. Quando alcuni cominciarono a gridare chi fossi, il Papa tornò indietro e mi benedisse di nuovo. Poi dopo vennero a dirci che il Santo Padre voleva incontrarmi a Castelgandolfo.»

Un imprevisto molto bello.

«Ricordo ancora, di quelle ore memorabili, la scena buffissima con le guardie svizzere che non avevano capito che dovevano farci passare e io che gesticolavo per farglielo comprendere.»

Infine cosa vi siete detti?

«L'incontro con il Papa durò una decina di minuti. Lui parlò inizialmente in polacco pensando che lo capissi. Poi si accorse che avevo più pratica con l'italiano. Mi disse parole che sono rimaste scolpite nel mio cuore: "Se non fossi stato Papa sarei già venuto a Medjugorje. Ma anche se non sono potuto venire, so tutto e seguo tutto: proteggete Medjugorje. È la speranza del mondo". Io piangevo e non riuscivo

[212] Questa intervista è stata realizzata il 5 marzo 2009.

a dire niente per il nodo alla gola che avevo. Dal suo sguardo si vedeva che era un santo. Gli brillavano gli occhi quando parlava della Madonna, era innamorato della Vergine.»

Dunque ha detto anche a te quello che ha ripetuto a tanti: se non fosse stato Papa sarebbe già venuto a Medjugorje. Era il suo profondo desiderio.

«Sì. E recentemente mi è accaduto un piccolo episodio che mi ha commosso. Alla fine dell'apparizione che ho avuto al cenacolo, si è avvicinato un signore italiano che teneva in mano due scarpe. Mi ha detto che era un amico del papa Giovanni Paolo II, non so il suo nome. Mi ha detto anche lui che il Papa gli ripeteva quanto era grande il suo desiderio di venire a Medjugorje. "Lui non c'è riuscito" ha concluso questo signore "così io ho portato le sue scarpe, in modo che, in un certo senso, è come se anche lui avesse potuto compiere il sogno di venire qua." Infine mi ha detto che quando Giovanni Paolo II sarà beatificato lui tornerà e mi lascerà in regalo una delle sue scarpe.»

Così anche se lui non è potuto venire, le sue scarpe sono giunte a destinazione. È noto che uno dei principali motivi per cui il Papa non è venuto è l'atteggiamento pregiudizialmente ostile del vescovo di Mostar contro le apparizioni. Papa Wojtyla, che non comprendeva il perché di questa chiusura, tuttavia ha sentito di non poter fare un pellegrinaggio che sarebbe sembrato una clamorosa sua delegittimazione. Tu hai riferito al vescovo di Mostar il tuo incontro col Papa[213] *e quello che lui ti disse e il suo desiderio di venire?*

[213] Com'è noto, a fronte della ferma convinzione di Giovanni Paolo II sull'autenticità di Medjugorje, il vescovo di Mostar è sempre stato decisamente contrario e ha duramente combattuto le apparizioni. Oggi la giurisdizione su di esse è del Vaticano e i pareri del vescovo locale in proposito, come ha scritto il cardinal Bertone, segretario di Stato, sono da ritenersi «un suo parere personale» (Tarcisio Bertone-Giuseppe De Carli, *L'ultima veggente di Fatima*, cit., p. 105). La Chiesa ha fatto propria la dichiarazione di Zara del 1991 dei vescovi jugoslavi, che è una sospensione del giudizio, una posizione di attesa (quindi a Medjugorje non vi sono pericoli per la fe-

«Non ho mai potuto, perché non ha mai voluto ascoltare nessuno di noi. In così tanti anni mai ci è stata data la possibilità di spiegargli le cose che sono accadute. Io penso che prima bisognerebbe conoscere i fatti. Non si può giudicare da lontano, per sentito dire.[214] Per esempio, mi dispiace che si sia sovrapposta una questione antica, come la diatriba fra clero diocesano e frati francescani,[215] alle apparizioni di Medjugorje che non c'entrano assolutamente niente con quella vecchia faccenda. Io sono cresciuta a Sarajevo, con il clero diocesano che mi è sempre andato benissimo, non ho mai trovato alcuna

de e i cristiani possono andarvi in pellegrinaggio). Tuttavia il caso di Medjugorje ripropone il problema dell'opposizione ecclesiastica che spesso ha fatto danni drammatici, anche nella vita di molti mistici (compresi padre Pio e santa Faustina Kowalska). Niels Christian Hvidt, nella citata intervista, propone il problema al cardinal Ratzinger così: «È veramente frustrante constatare che la maggior parte delle figure profetiche della Chiesa sono state respinte durante la loro vita». Il cardinale dette questa significativa risposta: «Sì, è vero. Sant'Ignazio di Loyola è stato in prigione, la stessa cosa è accaduta a san Giovanni della Croce. Santa Brigida di Svezia è stata sul punto di essere condannata dal Concilio di Basilea; del resto è tradizione della Congregazione per la dottrina della fede di essere in un primo momento molto cauti là dove si hanno affermazioni di mistici. Questo atteggiamento è del resto più che giustificato poiché esistono molti falsi mistici, molti casi patologici. Pertanto è necessario un atteggiamento molto critico per non rischiare di cadere nel sensazionale, nel fantasioso e nella superstizione. Il mistico si manifesta nella sofferenza, nell'obbedienza e nella sopportazione e così la sua voce dura nel tempo. Quanto alla Chiesa, essa deve guardarsi dall'emettere un giudizio prematuro per evitare di meritare il rimprovero di "avere ucciso i profeti"». Infine, considerando la sofferenza che spesso si è inflitta, aggiunge: «È sempre stato così: l'impatto profetico non può avvenire senza la reciproca sofferenza».

[214] Questa risposta di Mirjana coincide con la risposta del cardinale Ratzinger, nell'intervista a Hvidt, a proposito dell'esame dei mistici da parte della Chiesa: «Da un punto di vista procedurale, nessuna persona potrebbe essere condannata senza processo e senza essere stata prima sentita».

[215] Per 400 anni, sotto la dominazione turca, solo i frati francescani, sotto incognito, sono rimasti fra la gente cristiana in Bosnia. Cosicché quando, a fine Ottocento, sono state ricostruite diocesi e parrocchie e il clero diocesano ha cominciato a riprendere tali parrocchie si sono verificate delle incomprensioni con i vescovi perché, in certi Paesi, la gente voleva che restassero ancora i frati. Tutto questo però non si è mai verificato a Medjugorje.

differenza fra un parroco che porta il saio e un sacerdote diocesano.»

Torniamo all'incontro con il Papa. Avete mai incontrato a Medjugorje qualcuno dei sacerdoti o prelati che il Papa aveva inviato riservatamente a Medjugorje per farsi riferire cosa vedevano?

«A Medjugorje sono venute milioni di persone, compresi migliaia di sacerdoti e vescovi. Ricordo di aver incontrato tanti sacerdoti che riferivano di aver partecipato a incontri con il Papa o pranzi durante i quali il Santo Padre aveva parlato con grande intensità e affetto di Medjugorje. E per questo avevano deciso di venire a vedere. E magari erano tornati in Vaticano a raccontare.»

Con la stessa semplicità avete incontrato milioni di persone comuni e uomini potenti, governanti, addirittura sovrani.

«Sì, ma noi eravamo dei bambini nei primi anni e ascoltavamo tutti riferendo, senza tanti fronzoli, i fatti. Oggi siamo adulti, ma – sai – quando vedi la Madre di Dio non ti impressionano più le cose a cui il mondo dà importanza, ti viene da guardare qualsiasi essere umano non per i titoli che ha, ma come lei lo guarda, con quel suo struggente amore e con la sua misericordia.»

Ma come fate a sottoporvi da 28 anni a questo assalto quotidiano della gente?

«Abbiamo dovuto imparare alcune lingue per i pellegrini di nazioni diverse che venivano a bussare a tutte le ore alla porta di casa esigendo (sorride, *nda*) di sapere dalla nostra viva voce, direttamente, cosa ci era accaduto.»

Papa Wojtyla, desideroso di conoscere le storie di grazia che accadevano (e accadono) a migliaia in quel borgo dell'Erzegovina, che definiva appunto «la speranza del mondo», mandava amici suoi a vedere, come monsignor Pavel Hnilica... Che tornavano entusiasti in Vaticano.

«Ah sì, monsignor Hnilica! Fu proprio lui che propiziò l'incontro col Papa di quell'estate 1987 a Castelgandolfo.

Infatti poi, dopo il colloquio, andammo a pranzo proprio con lui.»

Papa Wojtyla vi ha sempre sostenuto e difeso, fin dall'inizio. Forse, tra le tante ragioni che aveva per credere con tale sicurezza alla presenza della Madonna a Medjugorje, c'era anche la sua conoscenza diretta dei regimi comunisti. Sapeva bene che sei bambini sottoposti alla repressione del regime, con le loro famiglie terrorizzate e minacciate, non avrebbero mai potuto continuare a tenere in piedi una balla per mesi e per anni, pagando prezzi durissimi e capovolgendo la propria vita di giovani spensierati in un cammino cristiano fatto di preghiere e digiuni...

«Vedi Antonio, io non ho voluto quello che è accaduto. Avevo quindici anni e pensavo a tutt'altro. Neanche lontanamente immaginavo che potesse accadere perché ero cresciuta nella Jugoslavia comunista, a Sarajevo e – seppure educata alla fede cattolica dai miei – non avevo mai sentito parlare di Lourdes, Fatima o – che so – di padre Pio. I miei sapevano che potevano anche perdere la casa se mi avessero parlato di tutte queste cose e io fossi andata in giro a ripeterle. Loro avevano già sofferto la fine che aveva fatto mio nonno, negli anni Cinquanta (mio nonno era un convinto cattolico, aiutava tutti: un giorno fu prelevato dalla polizia e non se ne seppe più nulla). Insomma, io neanche sapevo che era possibile che la Madonna apparisse. E di certo quello che ha iniziato ad accadere il 24 giugno 1981 non è stata una mia scelta. Poi, certo, quando vedi la Madonna, quando vedi il suo volto, la sua bellezza e ti accorgi del suo amore per noi, vorresti fare qualsiasi cosa per lei, sei pronto a tutto! Ma per anni, quando mi sono sentita piovere addosso ogni accusa e mi rendevo conto delle enormi prove che i miei dovevano sopportare a causa mia, restavo addolorata e mi dicevo: "Ma cosa potevo fare io? Non l'ho deciso io!".»

Curiosamente in quei primi mesi a difendervi a spada tratta fu proprio il vescovo di Mostar di allora.

«Sì, quando venne a Medjugorje per le cresime, nell'estate del 1981, nella sua omelia (che si può sentire ancora, è registrata!) proclamò che qui c'è la verità, che il Cielo è sceso sulla Terra.»

Poi di colpo, dal gennaio 1982, diventò un acerrimo nemico delle apparizioni, ostilità ereditata dal successore che si scelse.

«Non ho mai capito il motivo di questo capovolgimento...»

Sai, qualche buontempone sostiene che l'opposizione del vescovo sorse perché le apparizioni sarebbero state ben viste dal regime comunista che vi intravide una possibilità per il turismo. È incredibile che si possa ribaltare la frittata con simili assurdità. Infatti quando il vescovo capovolse la sua posizione si erano già verificate le pesanti repressioni poliziesche, gli arresti e le condanne dei frati, come padre Jozo, le violenze e le minacce. Altro che turismo! Tu come hai vissuto quegli anni?

«Immagina una normale quindicenne, una ragazzina, fino ad allora bravissima a scuola – tanto che il mese prima che iniziasse tutto, a Sarajevo, ero stata scelta per andare in tv a recitare l'inno a Tito – che di punto in bianco diventa una specie di criminale, additata sui media come un pericolo pubblico per lo Stato socialista Jugoslavo: la polizia e i servizi segreti venivano continuamente a prelevarmi a scuola, con un'umiliazione immensa per me. E che angoscia. Ogni giorno irrompevano in casa e mettevano tutto sottosopra, poi mi portavano via e i miei genitori dovevano restarsene rinchiusi a piangere. Io ero sola, Antonio, e avevo solo 15 anni. Anche mio padre e mia madre si sono dovuti allontanare perché era veramente pericoloso stare con noi. Mia madre è stata minacciata di licenziamento. Mio padre ha potuto conservare il lavoro solo per la stima di un suo superiore che lo ha protetto. Hanno addirittura dovuto fingere di separarsi per evitare guai peggiori. Mio fratello tredicenne non riusciva più a dormire da solo. Non potevo neanche avere amici, per non metterli in pericolo.»

Cioè?

«Ti faccio un solo esempio. Un giorno un mio compagno di scuola, un serbo, non credente, esce con me e ci mettiamo a un tavolino a parlare. Il giorno dopo mi fa: "Mirjana dimmi, per favore, chi sei tu?". L'ho guardato senza capire e lui mi ha spiegato che, una volta tornato a casa, dopo il nostro incontro, è stato circondato dalla polizia che voleva sapere tutto di quello che io avevo detto.»

Immaginavano chissà cosa...

«Lui, stupito, ha spiegato ai poliziotti che mi aveva semplicemente chiesto se volevo essere la sua ragazza e che io gli avevo risposto di no. Ma non capiva cosa mai avessi fatto per avere tutta la polizia alle calcagna.»

E da te cosa volevano?

«Mi tenevano tutto il giorno sotto interrogatorio, pretendevano che io dichiarassi che era stato padre Jozo[216] a inventare tutto. Ma, figurati, io padre Jozo neanche lo conoscevo perché ero arrivata a Medjugorje nel giugno (come ogni estate andavo da mia zia), mentre lui, che era parroco lì solo da dicembre, in quei giorni attorno al 24-25 giugno era a Zagabria per degli esercizi spirituali.»

È vero, infatti quando tornò e si trovò nella tempesta, lui all'inizio pensò che le presunte apparizioni fossero una provocazione inventata dalla polizia per colpire la Chiesa, e sospettò proprio di te, la ragazza di Sarajevo che non conosceva, come la possibile infiltrata che aveva traviato gli altri ragazzi...

«Invece la polizia sospettava di lui. In pratica né la polizia,

[216] Padre Jozo Zovko era appena arrivato a Medjugorje come parroco, il 24 giugno 1981, quando sono cominciate le apparizioni. Inizialmente diffidente, perché temeva fossero una macchinazione del regime, padre Jozo fu poi convinto dell'autenticità delle apparizioni da una serie di fatti clamorosi dopo i quali diventò il più fervoroso difensore dei bambini e della Madonna. Per tutto questo in agosto fu arrestato, processato e condannato al carcere duro, dove restò più di un anno.

né i frati (all'inizio) credevano che davvero stesse apparendo la Madonna a Medjugorje e si sospettavano a vicenda.»

Intanto voi venivate tartassati e, nonostante foste poco più che ragazzi, avete sempre tenuto ferma la vostra testimonianza dei fatti. Mi chiedo come abbiate fatto. Non pensavate al vostro futuro? Voi non sapevate certo che il comunismo sarebbe caduto dopo dieci anni. Era ovvio pensare di avere davanti a voi un'intera vita così, fatta di persecuzioni e soprusi, di enormi difficoltà ad andare avanti.

«I poliziotti ci hanno trascinati perfino davanti a psichiatri del regime.»

Che però hanno dovuto riconoscere che eravate ragazzi perfettamente normali e sani di mente.

«Ma non si sono fermati. Sui giornali facevano scrivere che eravamo dei poveri scemi e noi dovevamo subire tutto. Tanto che mio padre, per questo, mi incitava a studiare per dimostrare che non eravamo degli stupidi. Ho frequentato il liceo e l'università sempre col massimo dei voti.»

Hai avuto difficoltà, per quello che ti era accaduto, nel frequentare le scuole?

«Io frequentavo il liceo migliore di Sarajevo e, dopo quello che è accaduto nell'estate del 1981 a Medjugorje, al ritorno a scuola sono stata esclusa, costretta a lasciare gli amici e a iscrivermi al liceo peggiore, il liceo dove stavano tutti quelli che le autorità chiamavano "gli scarti" delle diverse scuole della città. Erano perlopiù ragazzi sbandati e drogati. Ma – devo dire – alla fine ragazzi simpatici che si sono affezionati e mi hanno anche protetto. Io ero sempre allegra e li ricambiavo con la cordialità e l'amicizia. Ricordo ancora quanto ho riso il giorno in cui uno di loro mi chiede: "Mirjana, ma tu che prendi?". Io non capivo, solo dopo un po' ho realizzato che intendeva sapere che sostanza assumevo, visto che tutti si drogavano. Così gli ho risposto: "Gesù!". E lui mi fa: "Be', dev'essere molto meglio della mia roba". E io: "Puoi esserne certissimo!". Si era reso conto che io ero sempre contenta e stavo bene.»

Nonostante tutto quello che dovevi sopportare... Torniamo a quello che accade oggi: una quantità di guarigioni dell'anima e del corpo che avvenivano e avvengono a Medjugorje...

«Francamente io non guardo mai ai miracoli che vengono a riferirmi.»

Eppure sono fatti. E sono numerosi. In parrocchia viene conservata tutta la documentazione medica e le testimonianze...

«Sì, sono cose di cui ringraziare il Signore, grazie immense, ma io penso che l'avvenimento più grande che accade è la conoscenza dell'amore di Dio, perché quando uno conosce e accoglie l'amore di Dio per lui, guarisce la sua anima, il suo cuore e cambia la sua vita. Ed è questa la guarigione più grande, è questo il bene più grande. E avviene per tantissimi, perché ognuno che apra il cuore può ricevere la carezza della Madonna e da lei ricevere in dono suo Figlio e così trovare la pace e la gioia.»

Anche Giovanni Paolo II (come Ratzinger) era molto colpito dalle tante conversioni di Medjugorje. A proposito di Giovanni Paolo II, ho scoperto un lato nascosto, misterioso della sua vita che spiega tante cose. Karol Wojtyla, fin dall'età di 26 anni, aveva esperienze mistiche. Evidentemente il fatto che lui stesso avesse avuto quell'immenso dono gli ha permesso di riconoscere subito l'autenticità delle apparizioni a Medjugorje e di capire (entusiasmandosi) il grande piano di Maria che chiamava a sé l'umanità da questo paesino all'interno dell'impero comunista. Se giudicava Medjugorje «la speranza del mondo» significa che fin dall'inizio lui sapeva. Non è così? Che ne pensi?

«Io posso dirti solo che durante l'incontro a Castelgandolfo guardavo i suoi occhi e per me era come se stessi vedendo gli occhi di Lei. Nei suoi occhi vedevo proprio gli stessi occhi di Lei, pieni di amore. Gli stessi occhi. Lo stesso amore, la stessa sconfinata misericordia.»

Dopo «il segreto di Wojtyla» veniamo ai «segreti di Medju-

gorje», visto che tu hai questa terribile responsabilità di custodirli e – tramite padre Petar – annunciarli al mondo tre giorni prima del loro verificarsi. Sappiamo che perlopiù prefigurano prove tremende. D'altra parte c'è una concentrazione inedita di messaggi di mistici, negli ultimi due secoli, che, insieme alle altre apparizioni mariane, annunciano tutti una svolta apocalittica nella storia dell'umanità. Sembra chiaro che dobbiamo prepararci a una sorta di nuovo diluvio (sia pure non di acqua). Del resto, Giovanni Paolo II per tutto il suo pontificato ci ha messo in guardia in mille modi dal rischio incombente dell'autodistruzione atomica che, per la prima volta nella storia umana, è alla nostra portata. Che ne dici?

«Senti, chi può dire che domani ci sarà ancora su questa Terra? Perfino fra un'ora: chi può essere davvero sicuro di esserci fra un'ora? Nessuno. Ecco, il tuo segreto potrebbe verificarsi fra un'ora o fra un giorno o fra cinquant'anni. Perciò, in fin dei conti, solo questo conta: avere Dio e poter andare, quando compariamo davanti a Lui, nella sua casa per sempre. Per questo la Madonna è venuta: lei vuole salvare ognuno di noi, vuole salvare tutti.»

Certo, però le sorti del mondo, dell'umanità, dei nostri stessi figli...

«Anche io sono una mamma, ho dei figli, ma guardami: ti sembro angosciata, cupa, impaurita?»

No, mi sembri la persona più sorridente e serena di questo mondo. Se non sei terrorizzata tu che sai quello che ci aspetta...

«Appunto. La cosa che conta è lasciarsi amare. Chi sente Lei come Madre non ha paura. Del resto Lei non vuole una fede che nasce dalla paura. Dice sempre così: "Voi datemi il vostro cuore e non preoccupatevi". E se ci sembra di vedere un immenso marasma non dobbiamo restarne turbati. Noi donne, quando facciamo le pulizie di casa, facciamo un gran disordine, mettiamo tutto sottosopra, e chi dovesse vedere il lavoro a metà si spaventerebbe. Eppure poi si può vedere e gustare un ordine più grande e più bello. Ora si è appena cominciato a pulire e sembra che regni un grande disordine. Ma non bisogna avere paura.[217] Come ci raccomandò il Papa fin dall'inizio: "Non abbiate paura, aprite le porte a Cristo". Non c'è da essere cupi o ansiosi. Tu vedi quanto a me piace ridere e scherzare...»

Sì, sembri davvero una «persona normale»...

«Be' (sorridendo, *nda*) tu mi prendi in giro, ma sai che me lo sono sentito dire davvero? Un giorno ero con dei pellegrini francesi e dopo che ebbi spiegato un po' di cose, una signora se ne uscì con un'esclamazione che lì per lì non capii, ma che poi mi fece tanto ridere: "Ma è normale!", ripeteva stupita. A volte la cosa che più sorprende è proprio il fatto che siamo persone normali. Io sono una donna di casa, una che ogni giorno deve sbrigare le faccende e far da mangiare, che deve occuparsi dei figli, che deve aver pazienza col marito perché con voi uomini non è possibile andar sempre d'accordo...»

La Madonna non ci chiede di fare cose strane...

«Ma nient'affatto. Chi affligge il prossimo con atteggiamenti da matto e lo sommerge di discorsi è ben lontano da quello che ci insegna la Madonna. Lei è una madre. Bisogna imparare a essere semplici e buoni come lei. Bisogna imparare a non giudicare nessuno e a dare amore, solo amore, come fa Lei. La Madonna dice che dobbiamo essere riconosciuti dall'amore. Non è necessario fare chissà cosa. Si può portare gioia, speranza, anche con un normale "buongiorno". Un semplice sorriso donato con affetto a volte colpisce più di mille discorsi, cosicché la gente – senza che tu

[217] Anche nell'intervista del cardinale Ratzinger a Hvidt sulla «profezia», si sottolinea come «l'aspetto escatologico appartenga essenzialmente alla natura profetica. I profeti sono coloro che esaltano la dimensione della speranza racchiusa nel cristianesimo. Essi sono gli strumenti che rendono sopportabile il presente invitando ad uscire dal tempo per quanto concerne l'essenziale e il definitivo... Che la fede cristiana non ispiri paura, ma la superi è un fatto fondamentale».

la inondi di prediche – viene a chiederti: ma perché tu sei così? E il loro cuore si apre a Dio.»

Tuttavia potrebbe sembrare un modo per eludere l'enormità dei problemi e per non guardare le nubi nere che si addensano all'orizzonte dell'umanità.

«Ma perché bisogna vedere le cose in questo modo? La vera disgrazia è non avere Dio. La più grande sciagura è perdere la propria anima. La Madonna è qui tra noi "da tanti anni", come ripete lei, per farci conoscere quanto è grande l'amore di Dio per te, per me, per ognuno. Se solo lo immaginassimo non so cosa faremmo. Diverse volte ci ha detto: "Se sapeste quanto vi amo, piangereste di gioia".»

Eppure nei suoi messaggi, anche recenti, lei stessa parla di Satana e mette in guardia dal suo piano tremendo per dominare il mondo.

«Satana c'è, questo è certo. Soprattutto per me che purtroppo l'ho visto con i miei occhi. Ma, detto questo, non dobbiamo dargli tutta questa importanza. È sempre sotto i piedi della Santa Vergine e deve restare lì. Ridotto all'impotenza. Non può farci nulla, assolutamente nulla se noi non lo vogliamo e se noi stessi non gli apriamo la porta. Perciò direi di smettere di parlare di lui. Piuttosto parliamo di Lei, della Madonna che è così bella e dolce e che lo ha vinto con suo Figlio. E che è tra noi, con noi!»

È vero. Però fa impressione vedere con quanto rancore e odio la Chiesa è assediata e attaccata da ogni parte...

«Ma la Chiesa è sempre stata attaccata. Sempre! Però c'è Gesù. Se lui è qui, insieme a noi, chi mai può prevalere su di lui? Nessuno. Anche su di noi nessuno può prevalere se siamo pronti a testimoniarlo e anche a morire per Dio.»

Tuttavia c'è un ulteriore pericolo che mina la Chiesa dall'interno.

«La Chiesa è fatta di uomini. Spesso vengono da me pellegrini che mi investono di invettive contro i loro preti. Io ascolto questi loro discorsi, poi, appena mi danno la possibilità di dire qualcosa, chiedo: "Dunque tu preghi e digiuni tanto per il tuo parroco, vero?". Tutti mi guardano straniti, rispondendo di no. E io allora faccio notare che i nostri sacerdoti non hanno bisogno di avere dei giudici, ma hanno bisogno del nostro amore. Che diritto abbiamo noi di giudicare i preti? La Madonna non lo fa: ci fa pregare per loro. Ci invita a farci dare da loro la benedizione che è più importante, afferma, della sua benedizione materna che pure dona con gioia. Lei non giudica mai nessuno.»

Anche perché ovviamente immagino che i sacerdoti siano essenziali per realizzare il suo piano di salvezza...

«Io ho riflettuto a lungo su questi messaggi della Madonna relativi ai sacerdoti. Ho ripensato a quello che ci ha detto: "Quello che ho cominciato a Fatima lo compirò a Medjugorje". Ecco, io penso che il tempo che noi viviamo oggi sia quello di cui ha parlato la Madonna. C'è un ponte fra i due tempi e quel ponte sono i sacerdoti, perché è tramite la messa e i sacramenti che avviene la nostra santificazione e proprio la nostra santificazione è il trionfo del Cuore Immacolato di Maria.»

Il suo trionfo dovrebbe essere una cosa molto visibile, anche socialmente, nella vita dell'umanità. In effetti però lei parla sempre della nostra personale conversione. Pensa che il mondo cominci a cambiare solo a partire dal nostro cuore?

«È così. Io ricordo quando è divampata la guerra nel nostro Paese. Ricordo che stavo in ginocchio in camera mia e, pensando a Milošević e a quello che stava facendo, ricordavo che dovevo amare anche lui e provavo ad amarlo e non ci riuscivo e dicevo a Gesù di farlo lui per me... (ride, *nda*). Insomma pian piano ho capito quello che la Madonna fin dall'inizio ha cercato di insegnarci: se io amo, ho pace e diffondo la pace. E ci ha insegnato che la preghiera e il digiuno sono le armi per far trionfare l'amore nei nostri cuori e quindi nel mondo.»

Milioni di persone ora vengono a Medjugorje ad ascoltarla...

«Da Medjugorje la Vergine ha costruito una catena di preghiera che ora abbraccia tutto il mondo. Quando dai la mano a lei e la tieni stretta non puoi perderti. E non hai nulla da temere. Neanche le prove più dure della vita.»

Tuttavia è del tutto legittimo chiederle di essere aiutati nelle prove o anche chiederle di esserne risparmiati. O guariti, nel caso di malattie.

«Certo. Ma noi possiamo vivere vittoriosamente tutto avendo lei vicino, perché Suo Figlio ha vinto. Devi solo pregare che non ti lasci solo, perché da soli siamo subito sopraffatti.»

Il problema è che spesso non crediamo veramente alla forza della preghiera. La consideriamo quasi come l'ultima spiaggia dei disperati, come buttare in mare una bottiglia con un messaggio e figurati se arriverà mai al destinatario...

«E invece sì! Sì, Antonio! Dillo a ogni persona che incontri: invoca il Signore, perché Dio sta ascoltando proprio te! E ti ascolta sempre, specialmente tramite la sua (e nostra) dolce Madre! In qualunque condizione, luogo o situazione tu sia, basta implorare: "Vieni Madre, io ho bisogno di te", perché lei accorra amorosamente. Subito. Perché ognuno per lei è un figlio. E forse che noi mamme non corriamo subito appena il nostro bimbo, piangendo, ci chiama in aiuto? Ebbene, lei è una Madre immensamente più accorata, pietosa e attenta di noi.»

Be', tu però sei privilegiata, potendone sperimentare in modo speciale la vicinanza...

«No, non è così, per Maria non ci sono privilegiati, ma tutti siamo in egual modo figli. Il dono delle apparizioni che fa ad alcuni è un dono per il mondo. Ma noi personalmente dobbiamo fare lo stesso cammino di tutti gli altri. L'ho dovuto capire subito, fin dai primi giorni, quando mi è piombata addosso la polizia.»

Cos'hai capito di preciso?

«Quando, finita l'estate del 1981, sono dovuta tornare a

Sarajevo, ogni giorno i poliziotti venivano a prelevarmi e passavo giornate terribili, poi tornavo a casa e avevo l'apparizione. Ma la Madonna non mi diceva mai una parola su di me, su quello che stavo passando, sulla mia vita. Ho pianto per un mese, perché avevo 15 anni e non capivo. Poi ho compreso ciò che lei voleva farmi capire: che io sono come tutti gli altri, che Lei dice a me ciò che dice a tutti, per aiutarli ad aprire il cuore a Dio. Pensa che questa cosa mi ha colpito così tanto che io non sono mai riuscita a chiedere a lei qualcosa che riguardasse me, i problemi miei. Nei mesi tremendi in cui mio padre e mio fratello erano rimasti "incastrati" dentro Sarajevo, sotto assedio, e temevo che non li avrei più visti, io continuavo a raccomandarmi a sant'Antonio, che è il mio santo prediletto (e lo ringrazio sempre che me li ha protetti). So che questa cosa fa ridere, ma è così.»

Eppure almeno la parrocchia di Medjugorje sembra privilegiata. Addirittura la Madonna le indirizza ogni mese un messaggio e così la guida.

«A Marija ha chiesto di dare, il 25 di ogni mese, il suo messaggio perché desidera che i tanti pellegrini che arrivano qui da tutto il mondo trovino una parrocchia che li accolga, una comunità dove ci siano l'amore e la pace. Dunque chiede agli abitanti del paese di dare questa testimonianza. Ma lei idealmente parla a tutte le parrocchie del mondo, anzi per lei tutto il mondo è una sola parrocchia. Del resto a volte nella nostra chiesa di Medjugorje siamo centinaia, dei Paesi più diversi, e diciamo il *Padre Nostro* ognuno nella propria lingua, eppure ci capiamo tutti benissimo.»

È la prova delle parole del Papa: Medjugorje è una speranza per tutto il mondo...

«L'importante è che si venga col cuore aperto. Del resto io penso che al mondo siano molto rari dei veri non credenti. A Medjugorje sono tanti quelli che, arrivando, dicono di non essere credenti e che poi decidono di seguire il Signore.

Spero che quanti ne hanno l'autorità nella Chiesa vogliano sempre permettere che la gente venga a convertirsi, così come con affetto e paternità fece Giovanni Paolo II.»

Hai toccato con mano che la Madonna ha veramente presente ognuno di noi, uno per uno?

«Un giorno, dopo un'apparizione, sapevo che dovevo dire qualcosa a una ragazza che era stata presente, lì in sala, ma non sapevo cosa. Così andai da lei e le dissi: "Tu sai che devo dirti qualcosa". Lei mi rispose: "Sì, lo so". Vidi che le era bastato questo segno, che ora aveva tutto chiaro. "Bene" ripresi "allora ci siamo capite." In un'altra occasione, qualche ora dopo che era venuta fra noi la Madonna, fui fermata da un giovane sacerdote che mi chiese perché dopo l'apparizione gli avevo parlato in croato, lingua che lui non conosceva. Io gli risposi che non sapevo chi fosse e non gli avevo mai parlato perché, finita l'apparizione, ero stata riportata subito a casa per pregare. Lui a questo punto comprese: "Aveva il tuo aspetto esteriore, ma era la Madonna e mi ha detto: convertiti, figlio mio".»

Saluto Mirjana e ripenso a quello che più mi ha impressionato: la sua commozione ogni volta che parlava degli occhi della Madonna, del suo sguardo pieno di misericordia. «Quando si sono visti quegli occhi...» mi ha ripetuto diverse volte, come se non ci fosse niente al mondo che sia anche solo lontanamente paragonabile. E poi ha colto una così grande somiglianza con gli occhi di Giovanni Paolo II. Occhi che avevano visto quello sguardo, che stava nel cuore.

La notizia decisiva

È una mattina di febbraio del 1995. In via Solferino, alla sede del «Corriere della Sera», è in corso la solita riunione di redazione. Stavolta però sarà una riunione diversa. Tanto che Michele Brambilla, in seguito, l'ha ricostruita e l'ha raccontata nel libro *Gente che cerca.*[218]

Quali sono le notizie vagliate quella mattina in redazione? Da qualche giorno è scoppiato il caso della statuetta della Madonna, proveniente da Medjugorje (particolare di grande importanza), che a Civitavecchia, in località Pantano, ha cominciato a piangere inspiegabilmente lacrime di sangue. Quando viene proposta questa notizia un caporedattore interviene spazientito: «Ma basta con questa storia, a chi volete che interessi?».

«Il direttore, che era Paolo Mieli» racconta Brambilla «lo fulminò con un breve discorso che cito a memoria, e che era più o meno così: "Non hai capito niente. Questa storia di Civitavecchia è la notizia più importante di tutte. Io sono ateo, vengo da una famiglia ebrea, e quindi non me ne dovrebbe importare nulla di una statuetta della Madonna. Ma se questa notizia è vera, se davvero quella statuetta ha lacrimato, vuol dire che è accaduto un miracolo. Vuol dire che Dio esiste. E la notizia più importante che ogni uomo vorrebbe sapere, anche quelli che fanno finta di non interessarsi alla religione, è proprio questa: che Dio esiste. Perché se Dio esiste, per noi cambia tutto, cambia tutto il nostro destino".»

In effetti quella notizia proveniente da Civitavecchia fece il giro del mondo e fu per settimane all'attenzione dei media. Ovviamente in quel momento, a ridosso di fatti così clamorosi, nelle redazioni non si avevano risposte sicure e definitive, occorrevano analisi e studi approfonditi per accertare la soprannaturalità del fenomeno. Non si poteva subito giurare sul miracolo. Ma oggi, a distanza di anni, dopo che tutte le analisi e le indagini sono state espletate (comprese quelle della magistratura) è ormai evidente, è stato ac-

[218] Da questo libro, uscito dalle edizioni Ancora nel 2002, riprendiamo il racconto di quella riunione.

certato che, in effetti, quelle 14 lacrimazioni di sangue della statuetta non avevano nessuna spiegazione naturale, terrena o comunque scientificamente reperibile, né alcuna ragione preternaturale: cioè furono miracolose.

Purtroppo il sistema dei media è un'arma di «distrazione» di massa e i primi distratti sono proprio i giornalisti che – seppure sempre pronti a informare sul fatto – macinano ogni giorno migliaia di notizie lasciandosi alle spalle, come un rullo compressore, quelle di ieri. Così non hanno mai tratto, dalle conclusioni delle indagini su Civitavecchia, le giuste conseguenze che vennero prospettate da Paolo Mieli in quella riunione di redazione del «Corriere». Alla fine ci sarebbe da chiedersi, con Thomas S. Eliot, «dov'è la sapienza che abbiamo perduto nella conoscenza? Dov'è la conoscenza che abbiamo perduto nell'informazione?».

Proviamo a ritrovare la verità ripercorrendo lo svolgimento dei fatti così come poi è stato ricostruito dettagliatamente nei libri pubblicati da monsignor Girolamo Grillo, *Rapporto su Civitavecchia* (Progetto editoriale mariano 1997), dalla diocesi, *Non dimenticare i gemiti di tua madre* (gennaio 2005), nel volume collettivo *Lacrime di sangue*, con la prefazione di Vittorio Messori (Sei 2005) e nel volume di Riccardo Caniato, *La Madonna si fa la strada* (Ares 2005).

Tutto comincia il 2 febbraio 1995, nel giardino di casa Gregori, a Pantano, verso le 16.30. La statuetta della Madonna, regalata a questa famiglia dal parroco don Pablo Martin, di ritorno da un pellegrinaggio a Medjugorje dove l'aveva acquistata, è collocata in una nicchia: la primogenita dei Gregori, Jessica, di 5 anni, passandovi davanti si accorge che la Madonnina ha una piccola goccia rossa all'occhio. Dopo pochi secondi si forma una lacrima. La bimba chiama il padre che insieme a lei assiste all'incredibile fenomeno anche all'altro occhio.

Ovviamente lo shock è grande e presto accorrono in tanti. Le lacrimazioni si ripetono, nei giorni successivi, per altre 12 volte, davanti a più di 40 persone, diverse in ogni episodio, che «hanno visto le lacrime formarsi e scendere». Le analisi hanno verificato che si tratta di sangue appartenente a un unico individuo (maschio) e che la statuetta di gesso pieno non ha cavità al suo interno, né marchingegni o trucchi.

Il vescovo di Civitavecchia, monsignor Grillo, all'inizio si mostra ostile a questo tipo di fenomeni e rilascia dichiarazioni negative. Dispone addirittura la distruzione della statuetta e proibisce ai sacerdoti di recarsi sul luogo. Nelle pagine del diario che ha pubblicato si legge poi che il giorno 13 marzo ricevette una telefonata dall'esorcista della diocesi di Roma, padre Gabriele Amorth il quale esortò il vescovo ad aver fede, «perché egli era venuto a conoscenza fin dalla scorsa estate, da un'anima da lui diretta spiritualmente (una carismatica con molti doni mistici), che una Madonnina avrebbe pianto a Civitavecchia e che questo segno sarebbe stato di non buon auspicio per l'Italia, ragion per cui sarebbe stato opportuno far penitenza e pregare molto».[219]

Il vescovo ascolta, ma rimane scettico, ironizzando poi su questa telefonata con la sorella, Grazia. La quale tuttavia resta turbata. Tanto che la mattina dopo, il 15 marzo 1995, alle 8.15 del mattino, chiede al fratello vescovo di pregare davanti alla statuetta. Monsignor Grillo va allora a prenderla (era custodita nell'armadio della curia da una delle suore sue collaboratrici). Il vescovo, la sorella e il marito di lei, con la suora, iniziano a recitare il *Salve Regina*, ma quando arrivano a pronunciare le parole «rivolgi a noi gli occhi tuoi misericordiosi» la statuetta inizia di nuovo a piangere sangue. Era la quattordicesima volta, ma ora il fenomeno si verificava fra le mani del vescovo scettico. Che ne fu traumatizzato e dovette far chiamare urgentemente il cardiologo,

[219] Vedi Antonio Socci, *Il segreto di padre Pio*, cit., pp. 231-241.

che fu un altro testimone di quella lacrimazione. L'evidenza dei fatti fu tale, ovviamente, che il prelato si convinse totalmente. Il suo radicale ribaltamento di posizioni è stato particolarmente significativo perché le dichiarazioni rilasciate nei primi giorni erano perentoriamente negative e manifestavano non solo la consueta prudenza dell'autorità ecclesiastica, ma anche una personale diffidenza verso questo tipo di fenomeni, dovuta alla formazione intellettuale e al curriculum professionale del vescovo.[220] La sua testimonianza dunque assume, proprio per questo, un valore doppio implicando una radicale autocritica dei giudizi espressi inizialmente e una dolorosa autosmentita. È facile arguire che il fatto accaduto davanti ai suoi occhi (che ha un precedente celebre, 400 anni prima, nel caso del vescovo che vide davanti a sé l'immagine della Madonna di Guadalupe) dev'essere stato assolutamente clamoroso e indiscutibile.

Le analisi che sono state fatte anche in seguito infatti hanno confermato il prodigio. Dalle radiografie si è constatato che la statuetta è di gesso pieno: «Non sono risultate al suo interno strutture o apparecchiature o cavità, pertanto viene escluso ogni trucco interno». È stato accertato pure che quel sangue «non poteva essere prodotto dal materiale della statua» e che nessuno può aver iniettato il liquido perché l'inizio delle diverse lacrimazioni è sempre stato spontaneo ed è stato visto da persone del tutto diverse in luoghi diversi.

Inoltre non c'è nessuno che ha presenziato a tutte le lacrimazioni e quindi nessuno è per questo sospettabile. Per

[220] Monsignor Grillo ha una formazione sociologica. È stato in contatto con Luigi Sturzo, ha conseguito titoli alla Gregoriana e a Lovanio, è stato docente di Sociologia all'Angelicom e alla LUMSA, ed è autore di un manuale di sociologia in due volumi. In seguito è stato chiamato alla segreteria di Stato vaticana, dove ha lavorato per anni al fianco di Giovanni Benelli sulle questioni di politica nazionale e internazionale. È stato ordinato vescovo da Giovanni Paolo II.

esempio all'ultima, quella avvenuta nella casa del vescovo, non c'era neanche uno di coloro che erano stati presenti alle precedenti tredici lacrimazioni. Nonostante tale diversità di testimoni il sangue delle 14 lacrimazioni, avvenute in luoghi diversi davanti a persone diverse, appartiene tutto a uno stesso, unico individuo. Bisogna dunque chiedersi chi possa essere quest'uomo misterioso, stranamente presente a tutte le lacrimazioni sebbene nessuno dei testimoni visibili fosse presente a tutte le lacrimazioni. Evidentemente doveva essere lì in una forma non visibile all'occhio umano. E infine bisogna chiedersi come e perché una statua raffigurante la Madonna piange il sangue di quest'uomo.

Interessante è anche il risultato delle indagini della magistratura che erano partite per denunce e accuse molto pesanti. Gli inquirenti hanno svolto gli accertamenti del caso sulla statuetta, sul sangue e sui testimoni tra cui «il comandante della polizia municipale, agenti della polizia penitenziaria e della polizia di Stato», perché ben sei pubblici ufficiali – che si trovavano sul posto per servizio – sono stati testimoni oculari delle diverse lacrimazioni. Le loro deposizioni non lasciano dubbi.

Prendiamo il caso di Giancarlo Mori, comandante dei vigili urbani di Civitavecchia, che «assiste alla lacrimazione avvenuta intorno alle 19.30 del giorno 4 febbraio insieme a un collega e a due poliziotti». Ecco come riferisce gli eventi il 23 febbraio a Enzo Biagi, nella trasmissione televisiva *Il Fatto*: «Stavo conversando con un collaboratore, quando un agente della Questura ha richiamato la mia attenzione: "Il fenomeno" ci disse "si sta ripetendo"». Subito il comandante dei vigili si avvicina. «Proprio in quel momento» racconta «il viso della Madonna incominciava ad arrossarsi. Nello spazio sotto gli occhi, per una superficie che sarà stata di uno, due millimetri quadrati, si andava manifestando una coloritura rosso vivo. C'era del liquido che, nel giro di quindici minuti, tempo in cui aveva preso consistenza, incominciò a colare».[221]

Va detto che questo pubblico ufficiale non fa mistero di essere «un laico convinto». Dunque non si aspettava certo quello che ha visto. Massimiliano Marasco, giornalista del «Messaggero» che era presente alla stessa lacrimazione, in un'intervista, a chi prospetta l'ipotesi di una «manomissione» risponde: «La escludo categoricamente. Chi era lì ha capito subito che quel fatto si stava verificando in modo del tutto naturale».[222]

Cioè spontaneo, senza alcun intervento umano. Alla fine, davanti a testimonianze così, tante e concordi, dopo anni, la magistratura ha dichiarato chiusa l'inchiesta, spazzando via tutti i sospetti di imbroglio e le accuse.[223]

In sostanza – dopo accurate indagini e dopo aver sentito i testimoni – nella sentenza di archiviazione si legge che le lacrimazioni «debbono ricondursi o a un fatto di suggestione collettiva o a un fatto soprannaturale». Sennonché quelle lacrime di sangue non sono una visione, ma un fatto. Essendo state addirittura fotografate e filmate, non possono essere una «suggestione»: sono state perfino analizzate in laboratorio, al microscopio e definite «sangue umano». Dunque, per esclusione, è la magistratura stessa – caso straordinario – che apre qui all'evento soprannaturale.

L'evidente inspiegabilità pratica e scientifica di quelle lacrime, piante da una statuetta di gesso pieno, ha lasciato aperta una sola possibilità: il miracolo. Ma a questo punto – di fronte cioè ai risultati raggiunti dalla scienza e dalla magistratura – tutti sembrano essersi eclissati: giornalisti, commentatori, accusatori, satirici, intellettuali, chierici semplici e altolocati o lobby laiciste.

[221] Riccardo Caniato, *La Madonna si fa la strada*, cit., pp. 42-43.
[222] *Ibidem.*
[223] Il 16 ottobre 2000 la magistratura ha archiviato il procedimento relativo al presunto abuso.

Si sono sbrigati a voltare la testa altrove e a occuparsi d'altro per evitare di dover fare i conti con i dati di fatto e le conclusioni scientifiche. Per evitare di doversi magari rimangiare ciò che avevano incautamente dichiarato prima e soprattutto per evitare di riconoscere l'evidenza del miracolo. Quell'evidenza del miracolo – come argomentava Mieli – «vuol dire che Dio esiste. E la notizia più importante che ogni uomo vorrebbe sapere, anche quelli che fanno finta di non interessarsi alla religione, è proprio questa: che Dio esiste. Perché se Dio esiste, per noi cambia tutto, cambia tutto il nostro destino».

In effetti è proprio così. Dev'essere per questo che media e intellettuali hanno poi evitato di fare i conti con questo caso (come con tanti altri miracoli analoghi). Invece la Chiesa, com'è ovvio, non può eludere il problema.

La commissione insediata dalla diocesi da parte sua ha escluso l'allucinazione e il fenomeno parapsicologico o diabolico. Quindi ha cercato cause naturali o umane interrogando i 40 testimoni, «che variano per anni, sesso, condizione sociale, fede religiosa». Tutti «si sono presentati liberamente e senza alcun interesse personale hanno giurato di dire la verità, hanno dichiarato di aver visto le lacrime formarsi e scendere, quindi in movimento, e che al momento nessuno stava manomettendo la statuina». Inoltre, «i professori Angelo Fiori e Giancarlo Umani Ronchi[224] sono stati anche ascoltati dalla Commissione teologica, davanti alla quale hanno ribadito i risultati delle indagini da loro effettuate e consegnate al Vescovo affermando anche la non spiegabilità scientifica del fenomeno».

Una mente veramente laica si atterrebbe qui al motto socratico, «segui la verità ovunque essa ti conduca», e ricono-

[224] A quel momento erano rispettivamente direttore dell'Istituto di medicina legale del Policlinico Gemelli e direttore dell'Istituto di medicina legale dell'Università La Sapienza di Roma.

scerebbe il miracolo. La ragione umana infatti a Civitavecchia «vede» con gli occhi e tocca «con mano» una scintilla di soprannaturale che ha fatto irruzione nella storia (così come nei clamorosi miracoli che avvengono a Lourdes e in tanti altri luoghi). Per non riconoscere l'evidenza del miracolo in questo caso occorrerebbe rinnegare la ragione e rifugiarsi nel pregiudizio. Come diceva un grande giornalista e scrittore inglese, Gilbert K. Chesterton: «Chi crede ai miracoli lo fa perché ha *delle prove* a loro favore. Chi li nega lo fa perché ha *una teoria* contraria ad essi».

Del resto da quelle misteriose lacrime sono scaturiti altri miracoli. Colpiscono le tante conversioni e le guarigioni inspiegabili che si sono verificate in questi anni e continuano a verificarsi (le testimonianze sono documentate) alla chiesina dov'è conservata la statuetta che è meta di molti pellegrinaggi e luogo di preghiera. Ma qual è il significato del segno delle lacrime?

È la stessa Madonna di Medjugorje che ne parlò in un messaggio del 24 maggio 1984, quindi 11 anni prima: «Cari figli, in ogni istante, quando avete delle difficoltà, non abbiate paura, perché io vi amo anche quando siete lontani da me e da mio Figlio. Vi prego, non permettete che il mio cuore pianga lacrime di sangue per le anime che si perdono nel peccato».

Ci fu chi obiettò e anche chi ironizzò sul fatto che le lacrime della Madonnina erano di sangue maschile. Ma i teologi invece hanno trovato questo del tutto ragionevole, dal punto di vista cristiano, perché il sangue redentore è quello versato da Gesù non da Maria. Quel segno sulla Madonnina dunque mostrava il legame intimo e indissolubile fra la Madre e il Figlio Salvatore, mostrava che Maria porta a Gesù redentore e non a se stessa. Tutto questo ha un senso profondamente cristiano.

Confermato dal giorno, non casuale, in cui avvenne la prima lacrimazione: il 2 febbraio, che è la festa liturgica della presentazione di Gesù al Tempio e della *Purificatio Sanctae Mariae*. Festa che celebra la Vergine che «fu intimamente unita» alla salvezza «quale Madre del Servo sofferente di Jahvè e quale modello del nuovo popolo di Dio, costantemente provato nella fede e nella speranza dalla sofferenza e dalla persecuzione» (Paolo VI).

Ma si può arditamente dire che quelle lacrime mostrano anche un dolore divino? Lascio la parola a un grande filosofo, e grande convertito, come Jacques Maritain: «Se gli uomini sapessero che Dio soffre con noi e molto più di noi per tutto il male che devasta la Terra, molte cose cambierebbero senza dubbio e molte anime sarebbero liberate... Le lacrime della Regina del Cielo (significano) il sovrano orrore che Dio e sua Madre provano per il peccato e la sovrana loro misericordia per la miseria dei peccatori».

Papa Wojtyla, per l'anniversario della Salette, dove la Vergine nel 1846 apparve a due bambini piangendo, ha detto: «Maria, madre piena d'amore, con le sue lacrime ha mostrato la tristezza per il male morale dell'umanità. Con le sue lacrime ci aiuta meglio a comprendere la dolorosa gravità del peccato, del rifiuto di Dio, ma anche la fedeltà appassionata che suo Figlio nutre verso i fratelli: Lui, il Redentore, il cui amore è ferito dalla dimenticanza e dal rifiuto... Ella ha compassione delle difficoltà dei suoi figli e soffre nel vederli allontanarsi dalla Chiesa di Cristo».

Quindi quelle lacrime sono anzitutto un accorato messaggio materno, un messaggio di amore ardente, a ciascuno di noi. Una santa del XIX secolo legata a Civitavecchia, Maria de Mattias, amava ripetere a tutti: «Tu vali il sangue di Cristo!». Parole che hanno avuto una straordinaria «dimostrazione» soprannaturale proprio nella sua città, un secolo dopo.

Ma certo fra i significati misteriosi del miracolo di Civitavecchia c'è anche il fatto che la Madonnina abbia pianto lacrime di sangue alle porte di Roma. Cosa che – come hanno osservato in tanti – sembra legare questi eventi al cuore della cristianità, alla sede di Pietro (e a Medjugorje). Peraltro proprio Giovanni Paolo II, in un viaggio del 1987, aveva consacrato Civitavecchia alla *Madonna delle Grazie*. Marija Pavlović, una delle veggenti di Medjugorje, riflettendo sulle lacrime della Madonnina alle porte di Roma, ebbe a dire: «La Madonna ci ha detto: "Pregate per il Santo Padre, perché questo Papa l'ho scelto io per questi tempi"».

In effetti c'è una storia ancora da scrivere, nella sua completezza, ed è il rapporto fra la Madonnina di Civitavecchia e Giovanni Paolo II che, a uno sguardo attento, appare essere sempre più il vero protagonista di tutta la vicenda.

Giovanni Paolo II «sapeva»

Per trovare le tracce dell'intervento, discreto, ma deciso, di papa Wojtyla, bisogna rileggersi il diario del vescovo Grillo (in parte già pubblicato), consegnato in Vaticano. Il suo parere negativo e anche il suo fastidio sono chiari da quanto scrive il 5 febbraio: «Che brutta storia quella delle Madonne che piangono! C'è sempre qualche burlone che si prende lo sfizio di imbrattare gli oggetti sacri. Poveri noi, dove siamo capitati. Con il parroco che va dietro anche a queste stupidaggini. *Mater Boni Consilii, ora pro me!*».

Una prima svolta si verifica l'11 febbraio quando monsignor Grillo, riceve «verso mezzanotte una telefonata del cardinale Angelo Sodano. Mi invita» racconta il vescovo «a non essere troppo sospettoso, ad aprirmi anche ad altre ipotesi interpretative».

È ovvio che il segretario di Stato vaticano, telefonando a quell'ora, con quel messaggio, parlava a nome del Papa che, evidentemente, aveva i suoi motivi per chiedere al vescovo di non negare pregiudizialmente la possibilità del soprannaturale.

Giorni dopo, il 23 febbraio, Grillo riceve una nuova telefonata del cardinale Sodano che «mi ringrazia a nome del Papa per essere stato più possibilista in un'intervista commentata da Enzo Biagi». Appare evidente non solo che il giudizio sicuro del pontefice ritiene autentiche quelle lacrime, ma pure che egli segue con molta attenzione tutto lo svolgersi della vicenda, come un evento di grande importanza (tanto che è il segretario di Stato in persona a telefonare al vescovo).

Grillo se ne rende conto e si pone le domande conseguenti: «Perché mai un Papa come Giovanni Paolo II si è introdotto in questa questione? Sarà a conoscenza di qualche segreto, penso. Oppure anche il Papa è impazzito?».

Il 1° marzo il vescovo viene ricevuto dal cardinale Ratzinger che su mandato del pontefice segue il caso e costituisce un sicuro conforto, anche teologico, per Grillo. Intanto il programma televisivo *Chi l'ha visto?* cerca di sollevare dubbi sulla vicenda della Madonnina. Mentre le analisi propendono tutte per il miracolo, il vescovo si tiene in stretto contatto, passo per passo, anche col cardinal Sodano.

Il 15 marzo si verifica la clamorosa lacrimazione nelle mani dello stesso vescovo. Seguono giorni concitati, l'intervento della magistratura, le polemiche, il sequestro della statuetta e il suo affidamento al vescovo. Il 10 aprile un altro segnale dietro il quale chiaramente s'intravede il Papa: il cardinale Andrej Deskur – la cui vicinanza al Papa abbiamo già visto – in una cattedrale gremita di fedeli, a Civitavecchia, presiede una veglia di preghiera ricordando situazioni altrettanto dolorose verificatesi a Cracovia, nella Polonia comunista, quando era vescovo Karol Wojtyla. Il cardinale Deskur parla con franchezza: «Mi trovo qui perché il Papa mi ha detto di venire per favorire il culto alla Madonna».[225]

[225] Riccardo Caniato, *La Madonna si fa la strada*, cit., p. 220.

Paradossalmente però monsignor Grillo è circondato di scetticismo da parte dei suoi stessi confratelli vescovi; in certi casi perfino un'ostilità, di cui il Santo Padre deve essere venuto a conoscenza. Cosicché, il 25 maggio 1995, facendo visita ai vescovi italiani nella sede della Cei, dopo aver chiesto a Grillo se la Madonnina piangeva ancora, Giovanni Paolo II pronunciò queste significative e amare parole: «Ah, voi vescovi italiani, avete la testa dura e siete sempre dubbiosi!».[226]

Forse anche per queste considerazioni il Papa decide di fare un gesto eccezionale: il 9 giugno fa venire in Vaticano monsignor Grillo con la statuetta che vuole venerare a lungo. Un gesto di cui poi lascerà un documento firmato al vescovo a futura memoria. Il giorno dopo Sodano fa sapere a Grillo: «Per la Madonnina si può procedere senza tentennamenti. Pietro è con lei!».

È un'iniziativa che anzitutto manifesta la certezza del pontefice sull'autenticità delle lacrime, che evidenzia il suo misterioso legame con quel segno mandatogli dalla Madonna e che in qualche modo metterà al sicuro la Madonnina di Civitavecchia anche dopo la sua morte. Tuttavia l'aver fatto portare la statuetta in Vaticano resta al momento una cosa riservatissima. Ignota anche agli ecclesiastici italiani.

Infatti, un giorno del 2000, monsignor Grillo apprende dal cardinal Ruini che una non meglio identificata commissione sulla lacrimazione della statuetta aveva concluso: «Non constat de supernaturalitate».

Formula interlocutoria, ma di fatto non era il riconoscimento atteso. Conclusione peraltro raggiunta senza mai convocare e ascoltare i tanti testimoni e nemmeno lui, vescovo ordinario del luogo e testimone diretto (invece la regola, enunciata dal cardinale Ratzinger, è che «da un punto di vista procedurale, nessuna persona potrebbe essere condannata senza processo e senza essere stata prima sentita»).

[226] Ivi, p. 232.

Grillo fa presente a questo punto il fatto del 9 giugno 1995, la venerazione della statuetta da parte del Papa in Vaticano, che naturalmente cambia tutto. Il cardinale lo ignorava e decide di invalidare di fatto la conclusione di quella commissione segretandola, come prospetta anche la telefonata[227] arrivata dall'appartamento pontificio – è ancora vivo Giovanni Paolo II – nella quale si manifesta un certo disappunto per quella strana commissione.

Salvo qualche incidente mediatico – che fa trapelare l'esistenza di quella sentenza annullata – dalla Santa Sede arrivano molti segnali sulla convinzione del Papa relativa al fatto soprannaturale. L'11 maggio 2004 Giovanni Paolo II invia un messaggio autografo a monsignor Grillo per i suoi 25 anni di episcopato, in cui il pontefice gli rivolge parole affettuose: «Grandemente stimiamo la tua pietà mariana». Era l'ennesimo suo incitamento alla difesa della Madonnina.

L'8 febbraio 2005 l'«Avvenire», giornale della Conferenza episcopale italiana, celebra con un'intera pagina il decennale delle lacrimazioni riferendo le tante grazie che sono state segnalate al santuario. Ma soprattutto, il 25 gennaio 2005, dai sacri palazzi era trapelata la notizia relativa al 9 giugno 2005. Il titolo dell'articolo di Andrea Tornielli sul «Giornale» era il seguente: *Il Papa venerò in Vaticano la Madonna del miracolo*. L'occhiello recitava: «Il pontefice si è inginocchiato e ha pregato davanti alla statuina in una sera di giugno del 1995, subito dopo il dissequestro da parte della magistratura».

A futura memoria monsignor Grillo ricostruì i dettagli di quell'incontro in un documento di due pagine, sottoscritto da lui e da Giovanni Paolo II. Del testo, datato 8 ottobre 2000, si conoscono i passi fondamentali. La sera del 9 giugno 1995, «come Ella ricorderà» scrive il vescovo «prima di sederci a cena, durante la quale abbiamo parlato della lacri-

[227] Ne scrive Orazio Petrosillo il 19 febbraio 2005 sul «Messaggero». Vedi Riccardo Caniato, *La Madonna si fa la strada*, cit., p. 212.

mazione di sangue della "Madonnina di Civitavecchia" avvenuta anche fra le mie mani, abbiamo pregato assieme dinanzi alla stessa effige della Madonna, che Ella ha benedetto, mettendole, sul capo, dopo averla baciata, una piccola corona d'oro e nelle mani la coroncina d'oro del rosario che la statuina tuttora porta con sé. Mi disse quindi che, per ora, sarebbe stato meglio non parlare di questo mio incontro con Vostra Santità e che un giorno sarei stato libero di dirlo al mondo».

Il vescovo prosegue così la lettera al pontefice: «Desidero esprimere viva gratitudine a Vostra Santità per l'"Atto di affidamento" di tutta la Chiesa fatto alla Madonna dopo la solenne concelebrazione eucaristica di domenica 8 ottobre corrente in piazza San Pietro, accogliendo così anche una mia proposta in tal senso, presentata a Vostra Santità in seguito alla lacrimazione di sangue della Vergine».

A questo punto il prelato sottopone la sua personale testimonianza al pontefice: «In pieno possesso delle mie facoltà d'intendere e volere, in tutta franchezza e verità, dinanzi a Dio, dichiaro di aver visto il 15 maggio 1995 alle ore 8.15 lacrimare nelle mie mani la statuina della Madonna proveniente dalla parrocchia di S. Agostino a Civitavecchia. Di questo fatto sono stato testimone oculare e pertanto non posso minimamente dubitare della sua realtà. Tuttora non riesco a spiegarmi» aggiunge il vescovo «come ciò sia avvenuto, mancando ogni trucco o inganno sia all'interno della statuina già accuratamente passata ai raggi X, sia in me e nei miei familiari che eravamo in stato di piena coscienza né propensi ad assistere ad una nuova lacrimazione».

Questo documento non è firmato solo dal vescovo di Civitavecchia: porta la conferma autografa del Sommo pontefice che personalmente vi ha sottoposto la sigla: «G P II 20.X.2000».

Nella conversazione di quella sera di giugno, ricorda Grillo, «il Papa ha citato più volte – a proposito del pianto – il grande teologo Hans Urs von Balthasar: il pianto della Vergine è un invito alla conversione».[228]

Oltre al clamoroso evento del 9 giugno 1995, risulta che in incognito il Santo Padre si sia fatto portare addirittura due volte fino alla chiesetta di Sant'Agostino, a Pantano, per onorare la statuina. Una di queste due volte potrebbe risalire all'ottobre 1995.[229] È certo inoltre che Giovanni Paolo II voleva che in località Pantano, luogo delle lacrimazioni, fosse eretto un santuario in onore della Vergine effigiata dalla statuetta.[230]

C'è infine l'ultimo incontro che monsignor Grillo ebbe con papa Wojtyla, poco tempo prima della sua morte (nel periodo della guerra in Iraq). Quando il Santo Padre vide il vescovo stavolta non gli chiese della statuina disse solo, faticosamente: «Civitavecchia... Civitavecchia... Civitavecchia». Poi si sciolse in pianto. Il mistero di quel pianto va a unirsi al mistero del pianto della Madonna. Lui sapeva il significato di quel «segno» destinato al successore di Pietro, ma destinato anche alla Chiesa e all'umanità.[231] Segno che,

[228] «Il Tempo», 6 febbraio 2008.

[229] Vedi Riccardo Caniato, *La Madonna si fa la strada*, cit., pp. 226-227.

[230] Il suo successore, Benedetto XVI, ha manifestato a monsignor Grillo i suoi sentimenti alla riunione della Cei di fine maggio del 2005. In quella circostanza papa Ratzinger all'inizio ha chiesto al vescovo notizie su Civitavecchia, hanno parlato affabilmente e alla fine il pontefice gli ha detto queste testuali parole: «A Civitavecchia la Madonna farà cose grandi». Parole che certo non sono ancora un ufficiale riconoscimento del miracolo, ma che – considerato chi le ha pronunciate – rappresentano un autorevolissimo segno di apertura del Pontefice, tanto che il vescovo Grillo le fece stampare sulla copertina del giornale del santuario con la foto di lui che conversa col Pontefice (vedi «La Madonnina di Civitavecchia», Anno IX, n. 4, luglio/agosto 2005).

[231] È noto che Jessica Gregori, la bambina che per prima si accorse della lacrimazione, afferma di aver avuto apparizioni e messaggi della Vergine che le si sarebbe rivelata come una giovane ragazza bellissima e dolcissima (vedi Riccardo Caniato, *La Madonna si fa la strada*, cit., pp. 148-153). Monsignor Grillo, nel volume pubblicato dalla diocesi *Non dimen-*

secondo testimonianze concordi, egli si aspettava e che quindi subito riconobbe come autentico.

Pare che il Papa volesse che la statuetta fosse di nuovo portata in Vaticano per la Pasqua del 2005. Purtroppo per l'aggravarsi delle sue condizioni di salute non si poté fare. In seguito, sei giorni dopo la Pasqua, il Papa morì perciò fu impossibile esaudire questo suo desiderio. Quasi che il sangue della Madonnina di Civitavecchia avesse misteriosamente a che fare con la sua malattia e la sua morte.

Martirio?

La sera del 2 aprile 2005, alle ore 21.37, morì Karol Wojtyla. Ma quello stesso giorno, nelle ore dell'agonia del grande Giovanni Paolo, accadde qualcosa di strano e misterioso nella casa del signor Fabio Gregori a Pantano, vicino a Civitavecchia: la statuetta della Madonna lacrimò dalla mattina di quel sabato fino quasi all'ora della morte del pontefice (lacrime normali, non di sangue). Anzi, per la precisione il pianto iniziò dal giorno 28 marzo e si concluse solo alla sera del 2 aprile, quando il Papa morì. Accompagnò in pratica tutta la sua agonia.[232]

ticare i gemiti di tua Madre (cit., p. 19), ha scritto: «In quello stesso anno 1995, la piccola Jessica Gregori mi ha confidato alcuni messaggi, cui allora io non ho creduto, ma che successivamente si sono verificati puntualmente. La piccola di allora, oggi più che quindicenne, ricorda benissimo quei segreti, anche se lei non tutto ha compreso. Tali segreti devono rimanere tali per lei e per me. Per ora non resta altro che pregare e fare penitenza». Secondo alcuni si tratterebbe di messaggi riguardanti anche Giovanni Paolo II, la Chiesa e il mondo.

232 Sono andato a ricostruire gli eventi di quei giorni. In effetti il 27 marzo accade – in mondovisione – un fatto drammatico e struggente: il Santo Padre, affacciato alla finestra per il consueto Angelus domenicale (è la domenica di Pasqua), non riesce a pronunciare neanche una parola e viene ripreso dalle telecamere in una lancinante smorfia di dolore. Tutto il mondo si commuove. La situazione comincia a precipitare, le condizioni sono sempre più

Di quale statuetta si tratta? Non di quella che dieci anni prima, il 2 febbraio 1995, proprio nel giardino di quella casa, aveva iniziato a piangere lacrime di sangue.

Nei giorni della polemica più forte, quando la Madonnina era stata sottratta ai Gregori per decisione della magistratura, il 10 aprile 1995, il cardinale Andrej Deskur, recatosi come si è visto a Civitavecchia, decise di portare e regalare alla famiglia Gregori una seconda statuetta, identica alla prima, proveniente anch'essa da Medjugorje.

Il cardinale «la benedisse a nome del Papa», come ha riferito il parroco padre Pablo, e poi disse: «Mi trovo qui perché il Papa mi ha detto di venire per favorire il culto della Madonna».[233]

Il cardinale Deskur, personaggio chiave della nostra inchiesta per entrare nel mistero di Karol Wojtyla, in una intervista aggiunse: «Facendo questo ho cercato di sottolineare il legame che esiste tra le lacrime della manifestazione della Madonna di Medjugorje e quelle della manifestazione della Madonna di Civitavecchia».[234]

Ora accade questa singolare coincidenza. Il 2 febbraio 1995 vi fu la prima lacrimazione di sangue (della prima statuetta). Ed esattamente dieci anni dopo, il 2 febbraio 2005, Giovanni Paolo II viene ricoverato d'urgenza al Gemelli per la prima crisi respiratoria iniziando, da quel momento, il calvario che lo porterà alla morte. La quale si verifica appunto la sera del 2 aprile, dopo che per tutta la giornata (e per la prima volta) la seconda statuetta, quella donata dal cardinale Deskur a nome del Papa, piange lacrime umane

critiche, fino al 31 marzo quando – nel pomeriggio – il Papa è colpito da un'infezione alle vie urinarie con febbre altissima. Il Santo Padre riceve l'olio degli infermi. Giovedì pomeriggio Giovanni Paolo II è colpito da uno shock settico che provoca un collasso cardio-circolatorio. Verso le 19 del 1° aprile le condizioni si aggravano ancora. Il 2 aprile alle 21.37 muore.

[233] Riccardo Caniato, *La Madonna si fa la strada*, cit., p. 220.

[234] Ivi, p. 420.

fermandosi poco prima della «nascita al Cielo» di questo grande pontefice.[235]

Cosa ci dicono questi segni? Che legame c'è fra la Madonnina di Civitavecchia e Giovanni Paolo II? Che tipo di risposta del Cielo, papa Wojtyla lesse nelle sue lacrime di sangue?

Certo, fatti soprannaturali di questo tipo non sono rarissimi nella Chiesa, in particolare di questi tempi. Specialmente la vita e il pontificato di papa Wojtyla sono stati caratterizzati, dall'inizio alla fine, dall'irrompere del soprannaturale, da segni mistici. Ma questo, a cui lui sembra tenere in modo speciale, emerge in un momento significativo della sua vicenda: abbraccia sostanzialmente la fase finale della sua vita, dall'emergere della malattia fino alla morte. Perché? Cosa vuol dire?

Facciamo un passo indietro. Abbiamo sfiorato – con la

235 Peraltro questa seconda statuetta, su cui – preciso – non sono state fatte le analisi e le indagini realizzate sulla prima statuetta, da tempo era al centro di fenomeni egualmente inspiegabili. Monsignor Grillo, nel volumetto dedicato dalla diocesi ai fatti di Pantano, ci dice che aveva sentito Fabio Gregori parlare dei fenomeni misteriosi relativi alla seconda statuetta: «Ma io, con il mio solito scetticismo, ho sempre cercato per diversi anni di snobbare la cosa. Soltanto qualche anno addietro, trovandomi davanti alla piccola grotta dove era sita la Madonnina, vidi sull'altra statua questa essudazione; stranamente tutto gocciolava di questo liquido che sembrava olio: l'intera grotta, l'albero sovrastante e le rose che circondavano la grotta. Successivamente ne feci raccogliere una fialetta, per affidarne l'esame scientifico al professor Fiori. (...) Lo stesso professor Fiori mi mandò una relazione in cui mi diceva di aver fatto gli esami, con questo risultato: non si tratta di olio, ma di un'essenza, il cui Dna non era né di natura umana, né di natura animale, probabilmente di natura vegetale, contenente moltissimi profumi. Non so francamente perché la stampa ignori questo fenomeno, anche se a Civitavecchia conoscono la cosa. Credo però che il fenomeno sia stato fatto conoscere dalla Bbc, perché questa famosa emittente televisiva internazionale (erano tutti protestanti inglesi), riprendendo il luogo dove erano accadute le lacrimazioni, si vide davanti all'improvviso questa essudazione che letteralmente traumatizzò (così mi raccontarono) gli operatori, i quali non volevano credere ai loro occhi», in *Non dimenticare i gemiti di tua Madre*, cit., pp. 27-28.

morte espiatoria di padre Pio – il mistero della «sofferenza vicaria». Cosa vertiginosa e sconcertante. È una sorta di arma segreta, sconosciuta ai più, un'arma potentissima, la più formidabile. Attraverso di essa tanti santi (anche semplici e sconosciuti a tutti), offrendo se stessi uniti al Crocifisso, che salva tutta l'umanità, propiziano grazie e protezione su altri, sull'umanità e sulla Chiesa. È infatti la crocifissione di Gesù il grande esorcismo sul mondo che ci ha liberati dal Male.

Nel volume *Immagini di speranza* (San Paolo 2005) Ratzinger ha spiegato: «Esiste davvero qualcosa come la sostituzione vicaria nel più profondo dell'esistenza. Tutto il mistero di Cristo poggia proprio su questo». Solo alla fine dei tempi conosceremo quante tragedie ci sono state risparmiate e quante grazie concesse, come singoli e come umanità intera, grazie alla preghiera e all'offerta silenziosa di tanti umili e santi. E conosceremo di quale speciale protezione abbiamo goduto.

Per intuire pallidamente il senso di questa misteriosa «arma» che cambia la storia – e che alla nostra sensibilità moderna risulta ostica, inquietante – bisogna pensare al gesto d'amore di padre Massimiliano Kolbe che, in un lager nazista, chiese di prendere il posto di un altro, un padre, che stava per essere ammazzato nelle camere a gas. Un'offerta di sé «vicaria», cioè al posto di un altro, per un altro. Questo è un fatto storico. Di carità suprema.

Tuttavia noi parliamo di quell'offerta come «vittima» fatta su un piano soprannaturale, avendo direttamente Dio come interlocutore. È l'arma più formidabile anzitutto perché commuove Dio e «saccheggia» i tesori di grazie dei Cieli (in colui che offre se stesso, Dio vede il Figlio suo). Di questo genere – secondo papa Wojtyla – era stata la sofferenza piovuta su amici come Jaworski e Deskur in coincidenza con le responsabilità e la missione a cui Dio chiamava lui (l'episcopato e il Papato). C'è anche un altro episodio simile, fino a oggi sconosciuto, nella vita di Giovanni Paolo II.

Subito dopo l'attentato del 13 maggio 1981, il Papa farà la sua prima uscita pubblica, sei mesi dopo, il 22 novembre 1981, con il pellegrinaggio a Collevalenza, al Santuario dell'Amore misericordioso fondato da Madre Speranza. In quella circostanza, parlando di Cristo Re dell'universo, il Papa sottolineò che il suo è il regno «dell'Amore misericordioso». Poi aggiunse: «Un anno fa ho pubblicato l'enciclica *Dives in Misericordia*. Questa circostanza mi ha fatto venire oggi al Santuario dell'Amore misericordioso. Con questa presenza desidero riconfermare, in qualche modo, il messaggio di quella enciclica. Desidero leggerlo di nuovo e di nuovo pronunciarlo. Fin dall'inizio del mio ministero nella sede di san Pietro a Roma, ho ritenuto questo messaggio come mio particolare compito. La Provvidenza me l'ha assegnato nella situazione contemporanea dell'uomo, della Chiesa e del mondo... E le mie esperienze personali di quest'anno, collegate con gli avvenimenti del 13 maggio, da parte loro mi ordinano di gridare: "Misericordiae Domini, quia non sumus consumpti" (Lam 3,22). Perciò oggi prego qui insieme con voi, cari fratelli e sorelle. Prego per professare che l'Amore misericordioso è più potente di ogni male, che si accavalla sull'uomo e sul mondo. Prego insieme con voi per implorare quell'Amore misericordioso per l'uomo e per il mondo della nostra difficile epoca».[236]

Il Papa usando queste espressioni lega il suo pontificato stesso – come sua carta d'identità – all'annuncio dell'«Amo-

[236] Quel giorno a Collevalenza, con il pensiero al recente attentato, disse anche: «L'Amore misericordioso entra nel mondo segnato col marchio della morte e della distruzione» e si mostra «più grande di ogni male». Certo sulla storia umana «grava il peccato. Esso sembra pesare in modo particolare sulla nostra epoca». Ma «Egli è re dei nostri cuori... Oh! Di quanta potenza di Amore hanno bisogno l'uomo odierno e il mondo! Di quanta potenza dell'Amore misericordioso! Perché quel regno, che già esiste nel mondo, possa ridurre a nulla il regno del "principato, potestà e potenza", che inducono il cuore dell'uomo al peccato, e sul mondo stendono l'orribile minaccia della distruzione».

re misericordioso», che diventa addirittura chiave di lettura della storia contemporanea, come campo di manifestazione del Male più disumano, alla fine vinto dalla Misericordia. Come ha dimostrato il suo stesso attentato nel quale si sono scontrati l'ideologia dell'odio, manifestazione moderna di Satana, e la misericordia divina.[237]

È precisamente questo il messaggio anche di Faustina Kowalska, come abbiamo visto: identico a quello di Madre Speranza.[238] La visita del Papa a Collevalenza però ci fa scoprire in Madre Speranza un'altra grande mistica dei nostri tempi, tuttora pochissimo conosciuta (sebbene stia per concludersi il processo di beatificazione), che ha avuto a che fare con Giovanni Paolo II e in circostanze misteriose.

Madre Speranza, suora di origine spagnola, ebbe i doni mistici di padre Pio e di suor Faustina e a questi unì una straordinaria attività caritativa, verso i più bisognosi e sofferenti, compiuta anche attraverso i religiosi e le religiose dell'ordine da lei fondato: il messaggio a lei affidato dal Cielo si incentra sull'Amore misericordioso.[239]

[237] Vedi Giovanni Paolo II, *Memoria e identità*, cit., pp. 189-200.

[238] Vedi padre Livio Fanzaga-Saverio Gaeta, *La divina misericordia*, cit., pp. 101-108. Del resto, come ci ha raccontato il cardinale Deskur, Madre Speranza ebbe un ruolo importantissimo proprio nello sbloccare il veto del Sant'Uffizio, sul diario di suor Faustina, nei primi anni Sessanta, permettendo al vescovo di Cracovia di iniziare la sua beatificazione.

[239] Per capire questo messaggio bastano poche righe. Scrive Madre Speranza nel suo diario: «Oggi, 5 novembre 1927, mi sono distratta, cioè ho passato parte della notte fuori di me e molto unita al buon Gesù, il quale mi diceva che io debbo far sì che tutti gli uomini lo conoscano non come un padre offeso per le ingratitudini dei suoi figli, ma come un padre pieno di bontà che cerca con tutti i mezzi di confortarli, aiutarli e renderli felici, e che li segue e li cerca con amore instancabile, come se lui non potesse essere felice senza di loro. Quanto mi ha impressionato questo!».

E poi: «Quanto più una persona è debole, povera e miserabile, tanto più Gesù prova tenerezza (e "simpatia") per lei; la sua misericordia, cioè, è più grande; la sua bontà è straordinaria; lo vedo attendere o chiamare alla porta di un'anima colpevole e tiepida».

È un Padre che ama senza limiti, «che non tiene in conto, perdona e

Appare chiaro adesso perché Giovanni Paolo II abbia scelto il santuario di Collevalenza per ringraziare Dio dopo l'attentato: egli considera l'Amore misericordioso di Dio come il programma del suo pontificato e giudica il mondo moderno sull'orlo dell'autodistruzione. Per lui questo mondo può essere sostenuto e salvato solo dalla misericordia divina.

Ma c'è qualcosa in più che oggi viene alla luce su quel viaggio. «Quel giorno, il 13 maggio 1981» mi spiega monsignor Domenico Cancian,[240] vescovo di Città di Castello e per anni superiore dell'ordine fondato da Madre Speranza, «la Madre stette molto male e continuava a chiederci di pregare ardentemente per il Papa perché ne aveva un immenso bisogno. Poi venimmo a sapere dell'attentato».

Qualche dettaglio in più (e assai significativo) lo si apprende da Franca Zaganelli, una delle prima figlie spirituali di Madre Speranza nella fondazione delle Ancelle dell'Amore misericordioso (in abito secolare) e dal fratello, don Ignazio Zaganelli, parroco a Perugia.[241] In pratica a Madre Speranza venne rivelato in anticipo che il Papa era in pericolo di vita e offrì la sua stessa vita perché fosse salvata la vita del Santo Padre. Così ebbe una bruttissima emorragia e soffrì molto.

dimentica... È un Padre, non un giudice severo. È un Padre che attende il figlio prodigo per abbracciarlo». Nella novena all'Amore misericordioso di Gesù, Madre Speranza scrive: «Gesù raddoppia il suo amore in proporzione della miseria dell'uomo. Mi sembra che tutte le qualità del nostro buon Gesù stiano al servizio dell'amore: infatti, vediamo che egli impiega la sua sapienza per riparare i nostri errori, la sua giustizia per correggere le nostre iniquità, la sua bontà e la sua misericordia per consolarci e ricolmarci di benefici, e la sua onnipotenza per sostenerci e proteggerci».

Nella preghiera che ha scritto per il Santuario si legge: «Fai, Gesù mio, che tutti gli uomini abbiano la fortuna di poterti conoscere come Tu sei e che tutti vedano in Te la vera immagine del Padre del figlio prodigo» e allontanino l'idea «di non essere degni di ricevere nessuna grazia e tanto meno il perdono di un Dio giusto e severo».

[240] Conversazione con l'autore, giovedì 23 aprile 2009.

[241] Conversazione con l'autore, mercoledì 22 aprile 2009.

Il fatto che – uscito dall'ospedale – Giovanni Paolo II abbia deciso, di sua iniziativa e con somma sorpresa da parte di tutti, di andare proprio a Collevalenza (fra tanti altri santuari) a ringraziare perché l'Amore misericordioso ha vinto sull'odio (incontrando Madre Speranza, che morirà poi nel 1983), fa pensare che egli «sapesse». E, conoscendo l'immenso potere di protezione e propiziazione che ha la sofferenza vicaria, annoverasse anche questo fatto accanto ai casi riguardanti Deskur e Jaworski. Sappiamo del resto che quel giorno, in piazza San Pietro, si erano raccolti i sicari degli imperi dell'odio, ma che attorno al Papa era raccolto anche l'esercito degli angeli e dei santi con la loro Regina.[242] Che ha scongiurato il peggio.

Ma non è tutto. È possibile che questo mistero di sofferenza offerta sia stato vissuto dallo stesso Giovanni Paolo II in un modo analogo a padre Pio e a papa Pio X, come offerta di vittima?

Abbiamo visto che Karol Wojtyla ha sempre osservato un ferreo silenzio sulle sue esperienze mistiche, ma c'è stata un'occasione, durante un Angelus molto singolare, in cui, per esortare i cristiani a comprendere l'ora che viviamo e ad aprire i cuori a Cristo, si lasciò andare a una confidenza personale che lascia tuttora senza parole.[243]

Siamo negli anni Novanta. L'11 novembre 1993 il Santo Padre cade nel suo appartamento vaticano e si frattura una spalla. Il 29 aprile successivo un'altra caduta con la rottura di un femore. Una dolorosa operazione (per una protesi al-

[242] La storia di un'altra mistica suor Rita Montella, ha incrociato il delitto che si stava perpetrando quel 13 maggio 1981 in piazza San Pietro; vedi Antonio Socci, *Il segreto di padre Pio*, cit., pp. 9-25.

[243] A cogliere la singolarità di questo episodio è stato un vaticanista attento come Domenico Del Rio, che ne parla in *Roveto ardente*, cit., pp. 60-62. Dove però, non essendo ancora stata scoperta la vita mistica di Wojtyla, egli ne dà un'interpretazione genericamente spirituale, pur avvertendo – acutamente – la stranezza di queste parole del Papa.

l'anca) e una lunga degenza lo tengono lontano dal Vaticano, finché, il 29 maggio, tornerà di nuovo ad affacciarsi per l'Angelus domenicale.

In quell'occasione esprime la sua «gratitudine» alla Madonna «per questo dono della sofferenza nuovamente collegato con il mese mariano di maggio. Voglio ringraziare per questo dono. Ho capito» disse Giovanni Paolo II «che è un dono necessario. Il Papa doveva trovarsi al Policlinico Gemelli, doveva essere assente da questa finestra per quattro settimane, quattro domeniche, doveva soffrire: come ha dovuto soffrire tredici anni fa, così anche quest'anno».

Ecco poi cosa confida: «Ho meditato, ho ripensato di nuovo a tutto questo durante la mia degenza in ospedale. E ho trovato di nuovo accanto a me la grande figura del cardinale Wyszyński, primate della Polonia (del quale ricorreva ieri il 13° anniversario della morte). Egli, all'inizio del mio pontificato, mi ha detto: "Se il Signore ti ha chiamato, tu devi introdurre la Chiesa nel terzo millennio". Lui stesso ha introdotto la Chiesa in Polonia nel secondo millennio cristiano. Così mi disse il cardinale Wyszyński. E ho capito che devo introdurre la Chiesa di Cristo in questo terzo millennio con la preghiera, con diverse iniziative, ma ho visto che non basta: bisognava introdurla con la sofferenza, con l'attentato di tredici anni fa e con questo nuovo sacrificio. Perché adesso, perché in questo anno, perché in questo anno della famiglia? Appunto perché la famiglia è minacciata, la famiglia è aggredita. Deve essere aggredito il Papa, deve soffrire il Papa, perché ogni famiglia e il mondo vedano che c'è un Vangelo, direi, superiore: il Vangelo della sofferenza, con cui si deve preparare il futuro, il terzo millennio delle famiglie, di ogni famiglia e di tutte le famiglie (...) questo dono della sofferenza lo devo, e ne rendo grazie, alla Vergine Santissima. Capisco che era importante avere questo argomento davanti ai potenti del mondo. Di nuovo devo incontrare questi potenti del mondo e devo parlare. Con quali argomenti? Mi rimane questo argomento della sofferenza. E vorrei dire a loro: capitelo, capite perché il Papa è stato di nuovo in ospedale, di nuovo nella sofferenza, capitelo, ripensatelo!».

Dunque ai potenti del mondo, che sono abituati a considerare la forza come il motore della storia – «quante divisioni ha il Papa?» – fa sapere che questa è l'«arma» formidabile di cui lui è stato dotato da Maria: la sua stessa sofferenza, che lo porta in croce con Gesù, dove quindi condivide la sua stessa regalità sul cosmo (per questo Stalin e il suo possente impero sono stati spazzati via in una notte e la Chiesa inerme e massacrata c'è ancora e resterà fino alla fine dei tempi).

La singolarità di questo discorso di Giovanni Paolo II fa trasparire qualcosa di eccezionale: il pontefice sembra essere certo – come per un patto stipulato o una notizia ricevuta – del valore propiziatorio della sua sofferenza. Sia nel caso dell'attentato del 1981, sia per queste sofferenze del 1994 che si collocano all'inizio della sua *via crucis*, dovuta al Parkinson,[244] che lo porterà, nel 2005, alla morte.

Il Papa sembra sapere tutto in anticipo e attribuisce con sicurezza agli anni di malattia che lo aspettano un valore

[244] Proprio in questo periodo, precisamente il 25 agosto 1994 (tre mesi dopo quel discorso sull'offerta della sua sofferenza), mentre era in corso il viaggio apostolico del Santo Padre in Croazia, mentre divampava la guerra in Bosnia, soprattutto a Sarajevo, la Madonna stessa chiede preghiere per il Papa che Lei ha scelto e «che sta soffrendo». Ecco le sue parole: «Cari figli, oggi sono unita con voi nella preghiera in modo speciale, pregando per il dono della presenza del mio amato figlio nella vostra Patria. Pregate, figlioli, per la salute del mio figlio più amato che soffre, che io però ho scelto per questi tempi. Io prego e intercedo presso mio figlio Gesù, che si realizzi il sogno che i vostri padri hanno avuto. Pregate figlioli in modo speciale perché Satana è forte e desidera distruggere la speranza nel vostro cuore. Io vi benedico. Grazie per aver risposto alla mia chiamata».

propiziatorio per l'ingresso della Chiesa e dell'umanità nel terzo millennio. Come se il successore di Pietro fosse stato esplicitamente chiamato all'offerta di sé come vittima a protezione della Chiesa e del mondo.[245]

> Miracolo-miracolo-miracolo!
> Quando proteggo Dio con la mia umanità,
> da Lui protetto col Suo amore,
> protetto col Suo martirio.[246]

In questa prospettiva acquista un significato speciale l'evento dell'anno dopo, il 1995, la lacrimazione di sangue della Madonnina di Civitavecchia. Il Papa, come abbiamo visto, aspettava questo segno, come risposta dal Cielo. Risposta a cosa?

È possibile ipotizzare una speciale offerta di sé fatta da Wojtyla? Lui stesso in fondo aveva spiegato bene il mistero di questa «arma segreta» nella *Salvifici doloris*, scritta dopo l'attentato, nei giorni del dolore: «Coloro che partecipano alle sofferenze di Cristo conservano nelle proprie sofferenze una specialissima particella dell'infinito tesoro della redenzione del mondo, e possono condividere questo tesoro con gli altri... La Chiesa sente il *bisogno di ricorrere* al valore delle sofferenze umane per la salvezza del mondo».

Paolo VI, forse pensando a padre Pio, un giorno disse: «La Chiesa anch'essa ha bisogno di essere salvata da qualcuno che soffre, da qualcuno che porta dentro di sé la Passio-

[245] In *Memoria e identità*, (cit.), Dziwisz, conversando col Papa sull'attentato del 1981, osserva: «Forse c'era bisogno di quel sangue in piazza San Pietro, sul luogo del martirio dei primi cristiani» (p. 195). In seguito Giovanni Paolo II aggiunge: «È la sofferenza che brucia e consuma il male con la fiamma dell'amore e trae anche dal peccato una multiforme fioritura di bene» (p. 199). E poi: «Nell'amore che ha la sua sorgente nel cuore di Cristo sta la speranza per il futuro del mondo. Cristo è il Redentore del mondo: "Per le sue piaghe noi siamo stati guariti"» (Is 53,5) (p. 200).

[246] Karol Wojtyla, *Canto del Dio nascosto*, in *Giobbe ed altri inediti*, cit., p. 107.

ne di Cristo».[247] E ancora Giovanni Paolo II, a San Giovanni Rotondo, il 23 maggio 1987, dirà esplicitamente nell'omelia: «Un aspetto essenziale del sacro ministero e ravvisabile nella vita di padre Pio, è l'offerta che il sacerdote fa di se stesso, in Cristo e con Cristo, come vittima di espiazione e di riparazione per i peccati degli uomini».

Solo alla fine dei tempi sapremo quanto la nostra generazione deve al sacrificio di Karol Wojtyla e quali e quanti mali ci sono stati risparmiati da quella sua «crocifissione» che probabilmente si ispirava a padre Pio[248] e a un'analoga offerta di sé come vittima, a beneficio della Chiesa e dell'umanità sprofondata nella guerra, fatta da un altro Papa del Novecento, san Pio X, che infatti morì poco dopo lo scoppio del primo conflitto mondiale.[249]

Sembra portare proprio in questa direzione il segno della lacrimazione di sangue. Molti anni prima dei fatti di Civitavecchia, una personalità mistica dotata di molti doni e carismi, in contatto con Karol Wojtyla, a proposito di questo tipo di segni soprannaturali legati al sangue spiegò, che «il Salvatore le aveva comunicato che, ogni volta che sanguina il Crocifisso o il Cuore Immacolato della santissima Vergine, e anche l'ostia santa, il buon Dio allontana uno spargimento di sangue nell'umanità. E ripeteva sempre di pregare e fare digiuni e penitenze per il ritorno dei peccatori, perché il mondo era molto più malvagio e peccatore di quanto lo fosse prima del diluvio, e che c'era bisogno di tante preghiere, digiuni e penitenze affinché il buon Dio avesse misericordia dei poveri peccatori».

[247] Discorso nella chiesa romana di Santa Savina, 15 febbraio 1970.

[248] Ha dichiarato padre Jarek Cielecki: «Ricordo che Giovanni Paolo II rifiutava con forza gli antidolorifici e diceva che padre Pio era piagato per amore».

[249] Ecco come il cardinale Giuseppe Siri spiega il mistero dell'espiazione vicaria: «La si sostituisce, e sostituendo si porta a pareggio la contabilità del povero genere umano: sono i pochi che quindi spesso salvano i molti peccatori, allorché il loro debito non potrebbe che invocare castigo... il mondo passa tra i meriti dei santi e i delitti dei suoi corruttori».

Questa persona aggiunse che «come nel XVIII secolo il mondo si è salvato venerando il Cuore di Gesù, con la diffusione del culto al Cuore Santissimo di Gesù, così si salverà questo secolo con la diffusione del culto e la venerazione del Cuore Immacolato della santissima Vergine Maria. E nel momento in cui sembrerà che non ci sia più scampo e che tutto sia perduto, allora il buon Dio mostrerà il Suo grande potere».

Forse la morte di Giovanni Paolo II è stata un'offerta sull'altare del mondo. Illuminata da un ultimo episodio, straordinario come tutta la sua vita. Poche ore dopo la morte del Papa si verifica un altro segno soprannaturale che di nuovo conduce il suo destino nel suo porto d'arrivo, a Medjugorje. Mentre un fiume immenso di gente, la notte del 2 aprile, quando si è sparsa la notizia della sua morte, si riversa in piazza San Pietro e poi farà ore di fila per salutare, per l'ultima volta, il Papa slavo, a Boston, dove attualmente vive, Ivan Dragicevic, uno dei «sei ragazzi» di Medjugorje, ha la sua apparizione quotidiana. Là oltreoceano sono le 18.40 che corrispondono alle 00.40 di Roma. Siamo dunque tre ore dopo che il Papa è spirato.

Ivan, come ogni giorno, durante l'apparizione, sta pregando con la Santa Vergine, quando accanto a lei appare Karol Wojtyla, con un'espressione sorridente, molto felice e i tratti giovani. E il giovane poeta che un tempo la cantava con ammirazione, un giorno la implorò così:

> O Sovrana consolatrice dei mesti
> asciuga le lacrime dei sofferenti,
> dei dimenticati, dei disperati,
> delle vittime di ogni violenza.
> Sii ovunque benedetta,
> oggi e sempre, in Terra e in Cielo,
> Madre dei redenti.[250]

[250] Karol Wojtyla, *Il sapore del pane, La madre*, cit., p. 38.

Ivan lo vede vestito di bianco con un mantello color oro. A questo punto la Madonna si volta verso Lolek ed entrambi sorridono, «un sorriso straordinario, meraviglioso».

Mentre lui, estasiato, continua a fissare il volto di Lei, bellissima, la Madonna guarda verso Ivan e dice dolcemente, col volto raggiante: «Il mio caro figlio è con me».[251]

[251] Antonio Socci, «il Giornale», 6 aprile 2005. C'è un precedente di un altro Papa, Pio XII, la cui «canonizzazione» fu rivelata a padre Pio. Lo si legge nel diario del suo direttore spirituale, padre Agostino da San Marco in Lamis, in data 18 novembre 1958.

La paura e la speranza

«Sono pieno di inquietudine per la sorte terrena ed eterna degli uomini e dei popoli.»

Giovanni Paolo II,
Fatima 13 maggio 1982

«È buono e salutare pensare ogni tanto alla fine del mondo.»

Giovanni Paolo II, 1987

Quasi mezzanotte

Ci si può incamminare spensieratamente verso l'abisso che ormai è a pochi passi da noi, tanto è vero che i direttori del «Bulletin of the Atomic Scientists», mercoledì 17 gennaio 2007, hanno spostato la lancetta dell'orologio del disastro atomico da sette minuti a mezzanotte (dove si trovava dal 2002) a cinque minuti a mezzanotte, facendo capire così che l'ecatombe è prossima. E, come cantava Franco Battiato, «nel giorno della fine non ti servirà l'inglese».

Oppure si può suonare l'allarme e sarebbe il caso di gridare non solo contro lo scandaloso costo per l'umanità dell'armamentario atomico costruito dalla Seconda guerra mondiale in poi,[252] ma anche per il conto salatissimo della corsa

[252] A consuntivo dobbiamo registrare l'assurdità del bilancio dello scontro delle ideologie: dal 1945 a oggi sono stati costruiti più di 128 mila ordigni nucleari e sono stati effettuati 2050 test nucleari. Pagati con gravi effetti sull'ambiente e, come risulta da alcune recenti inchieste sugli esperimenti cinesi, con la vita di milioni di persone. Ma anche con un immenso oceano di capitali spesi per un'arma che non potrà mai essere utilizzata perché tutti sarebbero comunque perdenti. Con quel fiume di denaro tutti i problemi sociali ed economici dell'umanità sarebbero stati ampiamente risolti e un discreto livello di benessere sarebbe oggi alla portata di tutti.

al riarmo degli ultimi 8 anni: sono state sperperate ricchezze immani in spese militari, mentre il numero di affamati sulla Terra, che i governanti si erano impegnati a portare allo sviluppo e alla sufficienza alimentare entro il 2015, è passato invece da 800 milioni di esseri umani a un miliardo.[253]

A dire il vero la possibilità di un'ecatombe nucleare è largamente sottovalutata dall'opinione pubblica e dai media. Se ne parla poco e ancora meno si conosce la situazione. Si ritiene che sia un pericolo archiviato con la fine della guerra fredda. Sembra a tutti una mitologia da anni Sessanta o caso mai si pensa (con poco interesse) alla controversia in corso sul nucleare iraniano, credendo che riguardi «solo» la sicurezza dei Paesi vicini.

Invece non è così. La minaccia riguarda tutti ed è oggi più incombente che mai. Oggi più di dieci anni fa. Isolata come una voce nel deserto si è levata la protesta di Benedetto XVI. L'ha pronunciata (ma inascoltato) all'inizio del 2007 indicando testualmente l'incombere di una «possibile catastrofe atomica».

253 Sulla «Civiltà cattolica» maggio 2009, è uscito un articolo di padre Giuseppe De Rosa S.J., intitolato *La corsa agli armamenti rovina i poveri*, nel quale si danno le cifre di questa follia planetaria. Tale corsa al riarmo, che la rivista definisce «una delle più gravi preoccupazioni della Chiesa» e che è da considerare anche in relazione al colossale dissesto finanziario degli Stati Uniti che ha trascinato tutto il mondo nella crisi economica (a un passo dal totale collasso finanziario) data naturalmente dall'11 settembre 2001. Padre De Rosa scrive: «Così la spesa mondiale per le armi – sempre difensive, si capisce! – nel 2007 è aumentata del 6% con punte del 15% negli Stati dell'Europa orientale, raggiungendo 1339 miliardi di dollari, e c'è il rischio che nel 2008 abbia raggiunto 1500 miliardi. La spesa per gli armamenti cresce dappertutto. Secondo il Sipri (Stockholm International Peace Research Institute) negli Stati Uniti è stata di 547 miliardi di dollari; nella Gran Bretagna di 59,7; in Cina di 58,3; in Francia di 53,6; in Giappone di 46,6; in Germania di 36,9; in Russia di 35,4; nell'Arabia Saudita di 33,8; in Italia di 33,1; in India di 24,2; nella Corea del Sud di 22,2; in Brasile del 15,3. È probabile che queste cifre – che provengono da fonti ufficiali – debbano essere raddoppiate, come quella russa, o triplicate come quella cinese. A ogni modo, non si deve dimenticare che le spese militari fanno parte dei segreti che tutti gli Stati custodiscono più gelosamente».

Nel suo messaggio per la Giornata mondiale della Pace, che la Chiesa celebra il 1° gennaio di ogni anno, nel 2007 (ma lo ha ripetuto nei messaggi di ogni capodanno) ha gridato la sua «grande inquietudine» per «la volontà, manifestata di recente da alcuni Stati, di dotarsi di armi nucleari». Ed ecco la «paura per una possibile catastrofe atomica. Ciò riporta gli animi indietro nel tempo» osserva il Papa «alle ansie logoranti del periodo della cosiddetta "guerra fredda". Dopo di allora si sperava che il pericolo atomico fosse definitivamente scongiurato e che l'umanità potesse finalmente tirare un durevole sospiro di sollievo. Purtroppo» prosegue il Santo Padre «ombre minacciose continuano ad addensarsi all'orizzonte dell'umanità».

Il pontefice esorta dunque a stipulare nuovi accordi internazionali per «la non proliferazione delle armi nucleari» e chiede un serio impegno per arrivare alla loro «diminuzione e al loro definitivo smantellamento». Tuttavia, mentre lancia il suo appello accorato («niente si lasci di intentato»), è ben consapevole del rischio imminente: «È in gioco il destino dell'intera famiglia umana!».

Questo grido di allarme non viene da un qualche opinionista apocalittico, da un allarmista di professione, ma da una persona pacata e razionale, l'uomo più saggio e illuminato che calca la scena mondiale: Benedetto XVI. È incredibile che un così autorevole allarme sia passato e passi pressoché inosservato.[254] A parte gli addetti ai lavori, che sanno come stanno le cose e sono estremamente preoccupati, la gente e i mass media sembrano non rendersi conto.

Dunque a quale scenario si riferisce il Papa? Di cosa parla? L'istantanea che fotografa la situazione è quella relativa al maggio 2005: il fallimento a New York della settima

[254] Mentre ha avuto un'amplificazione planetaria, in chiave scandalistica (si è stravolto il senso delle sue parole), una sua brevissima considerazione in aereo sull'espansione del virus dell'Aids in Africa in relazione all'uso del profilattico.

Conferenza di revisione del «Trattato di non proliferazione nucleare».[255]

Il motivo del fallimento è molto semplice: la situazione è fuori controllo. Gli esperti ormai rimpiangono il vecchio «equilibrio del terrore». Oggi lo scenario è peggiore. Si è scatenata negli ultimi anni una corsa al nucleare che non ha eguali nei 50 anni precedenti. Secondo documenti ufficiali dell'Onu sono circa 40 i Paesi che già dispongono di «capacità nucleare» e fra quelli che da tempo posseggono armi nucleari vi sono Stati come l'India e il Pakistan che sono da sempre a rischio di conflitto armato (sono poi dotati di armi nucleari Israele e Corea del Nord).

Gli Stati Uniti – dopo l'11 settembre 2001, con la convinzione di dover fronteggiare una minaccia inedita alla propria popolazione civile – hanno preso a investire cifre gigantesche nel riarmo. Gli altri hanno seguito. Il rappresentante Usa alla Conferenza di New York ha denunciato l'enorme pericolo rappresentato dal commercio clandestino di ordigni nucleari alimentato da Corea del Nord e Iran, che oggi cerca di dotarsi di un arsenale nucleare e forse a ruota potrebbe essere seguito da Arabia Saudita, Giappone e Corea del Sud. Infine c'è il problema delle armi nucleari dell'ex Urss che sono pericolose sia per il loro stato di manutenzione, sia per il forte rischio che finiscano nelle mani di organizzazioni terroristiche.

L'ex segretario alla Difesa William J. Perry di recente ha dichiarato: «Non ho mai avuto tanta paura come ora di un conflitto nucleare. Esiste una probabilità di un attacco rivolto contro obiettivi Usa nei prossimi dieci anni superiore al 50 per cento».

Negli ultimi anni la Russia e gli Stati Uniti hanno rimos-

[255] È l'appuntamento internazionale che ogni cinque anni, dal 1970, si tiene per vigilare sull'osservanza dell'impegno sottoscritto dai Grandi di ridurre ed eliminare le armi nucleari.

so pure il tabù dell'attacco nucleare, ragionando sull'uso «limitato» di armi atomiche. Soprattutto quelle di nuova generazione capaci di penetrare in profondità nel terreno, di distruggere bunker sotterranei e limitare i «danni collaterali». Operazioni di questo genere potrebbero scongiurare serie minacce nucleari, ma anche scatenarle. Inoltre implicano la ripresa degli esperimenti e colossali investimenti in nuove armi. Con un effetto a catena anche sugli altri Paesi. A questa corsa al riarmo nucleare la nuova presidenza americana di Barack Obama dice di voler mettere fine. Tutto però resta per ora alle parole. Lo scenario è davvero cupo.

Viviamo su una polveriera. Spiegava tutto questo un preoccupato editoriale della «Civiltà Cattolica» (16 luglio 2005), chiaramente ispirato dalla Santa Sede, che citava l'intervento firmato alla vigilia della Conferenza di New York (2-27 maggio 2005) su «Foreign Policy» da Robert McNamara, politico di grande esperienza internazionale (fu segretario alla Difesa degli Stati Uniti dal 1961 al 1968, con John F. Kennedy e con Lyndon B. Johnson).[256] McNamara, che è uno dei maggiori esperti mondiali di armi nucleari e che ha costruito la politica della deterrenza nucleare, traccia questo scenario: «Oggi gli Stati Uniti dispongono approssimativamente di 4500 testate nucleari strategiche offensive», la Russia circa 3800, mentre Gran Bretagna, Francia e Cina fra i 200 e i 400 ciascuno (anche se altri scenari più allarmistici parlano di 30 mila ordigni nucleari di cui 17.500 operativi).

In questa situazione neanche i trattati di riduzione degli armamenti sono una soluzione perché anche se arrivassimo ad avere «solo» 3200 testate nucleari come sarebbe previsto dagli accordi russo-americani per il 2012, avremmo comunque «un potere distruttivo pari a 65 mila volte quello della bomba di Hiroshima».

[256] L'intervento di McNamara è stato pubblicato in Italia dal «Corriere della Sera» (8 aprile 2005).

Dunque ogni riduzione, per quanto sostanziosa, dell'arsenale atomico, è in pratica insignificante perché «la testata statunitense media» spiega McNamara «ha un potenziale distruttivo 20 volte superiore a quello della bomba di Hiroshima che, lanciata il 5 agosto 1945, uccise all'istante 80 mila persone che poi salirono a 200 mila nel periodo successivo».

Ma soprattutto McNamara ha illustrato il vero rischio, il più sottovalutato e forse il più terribile: l'errore. È noto infatti che il presidente americano e quello russo – nel caso di allarme atomico – devono decidere nell'arco di circa 20 minuti. «Per dichiarare una guerra» osserva McNamara «occorre un atto del Congresso; per dare il via a un olocausto nucleare è invece sufficiente una deliberazione raggiunta in una ventina di minuti dal presidente e dai suoi consiglieri. È così che abbiamo vissuto per 40 anni.»

È vero che in mezzo secolo non si è scatenato nessun conflitto nucleare, ma è anche vero che è stato sfiorato molte volte per allarmi rivelatisi falsi. Il fatto è che tali falsi allarmi saranno ancor più numerosi con il diffondersi delle nuove tecnologie. E qui si pone il problema dell'errore di calcolo dovuto al fatto che in soli 20 minuti si deve decidere della risposta a un presunto attacco. McNamara definisce «inaccettabile» questo rischio perché «comunque sia, gli esseri umani possono sbagliare. E un errore commesso in simili circostanze avrebbe condotto alla distruzione delle nazioni. La combinazione di fallibilità umana e armi nucleari comporta un rischio elevatissimo di catastrofe nucleare».

In effetti gli esempi sono innumerevoli. Nel 1995 a Mosca scambiarono un razzo sperimentale norvegese per un attacco missilistico. Il contrattacco dalla «valigetta» di Boris Eltsin fu fermato all'ultimo minuto. Oltretutto, come ha scritto Angelo Baracca, «il sistema d'allarme russo – radar e satelliti – è decrepito: dei 43 satelliti militari alcuni non rispondono più, altri sono al termine della loro vita operativa e non sono affidabili, rendendo l'intero sistema "cieco" per una parte del giorno». Sono noti alcuni «falsi allarmi» di attacco contro gli Usa: una disfunzione di un sistema radar, in una base americana, segnalò un massiccio attacco di missili sovietici quando era solo un riflesso lunare. Il 3 e il 6 giugno 1980 analogo errore del circuito integrato di un computer. E il 10 gennaio 1984 da una base del Wyoming evitarono all'ultimo momento la partenza errata di uno dei missili balistici intercontinentali dovuto a un guasto del computer. Il 29 gennaio 1994 il Pentagono ammise che, negli ultimi vent'anni, erano scattati ben 136 allarmi «dopo l'improvvisa esplosione nell'atmosfera di una meteora della potenza di migliaia di tonnellate di tritolo, che poteva essere scambiata per uno scoppio nucleare. E tale quindi da innescare automaticamente la reazione americana contro un ipotetico attacco missilistico». Notizie di «incidenti» si ripetono ogni anno, a scadenza regolare (di recente si è sfiorato lo scontro fra due sottomarini nucleari). Insomma, il mondo danza sull'abisso. «Siamo in un momento critico per la storia dell'umanità» ha concluso McNamara. Vi sono siti internet che raccolgono una casistica fatta di centinaia di «falsi allarmi» a causa dei quali, negli ultimi decenni, si è sfiorata la catastrofe planetaria. È statisticamente incredibile che finora la totalità dei casi sia finita bene. Una fatalità quasi inconcepibile. Come viaggiare da ore contromano, ad alta velocità, in un'autostrada trafficatissima, senza aver avuto incidenti.

Di fronte a uno scenario simile è un autentico miracolo che ancora non sia avvenuto il botto e che la Terra non sia stata incenerita dalla nostra follia. È quasi statisticamente inspiegabile che all'ultimo minuto sia sempre stata scongiurata l'ecatombe. L'unica spiegazione ragionevole è che davvero l'umanità sia stata finora protetta dalla propria dissennatezza per opera di Qualcuno molto potente e molto buono e misericordioso.

Non siete soli nel vostro cammino,
mai, neppure un istante,
da voi si stacca il mio profilo, il mio volto,
bruciato dal deserto delle vostre anime.[257]

Siamo tangibilmente protetti da una mano benedetta. E viene in mente che in quella grandiosa profezia sul nostro secolo che è il Terzo segreto di Fatima, rivelato da Giovanni Paolo II nel 2000, si leggono queste testuali parole di Lucia: «Abbiamo visto al lato sinistro della Madonna un poco più in alto un angelo con una spada di fuoco nella mano sinistra; scintillando emetteva fiamme che sembrava dovessero incendiare il mondo; ma si spegnevano al contatto dello splendore che la Madonna emanava dalla sua mano destra verso di esse».[258]

Guardando al nostro tempo, si ha la sensazione che Qualcuno abbia steso la mano a protezione del genere umano. Per la verità il testo della visione di Lucia prosegue così: «L'angelo indicando la Terra con la mano destra, con voce forte disse: "Penitenza, Penitenza, Penitenza!"».

Ma sembra un invito di cui il mondo oggi si fa beffe, dileggiando anzi i soccorsi soprannaturali come quelli che il Cielo ha mandato a Fatima per tutta l'umanità. C'è tuttavia un piccolo numero di giusti che ha accolto quell'invito e forse, come nel caso di Sodoma la cui distruzione Abramo cercò di evitare, finché ci sarà anche solo un giusto, basterà a Dio per continuare a proteggere tutti. Non a caso

257 Karol Wojtyla, *Il sapore del pane*, in *Giobbe ed altri inediti*, cit., p. 16.

258 Il testo italiano in realtà recita «verso di lui» e così tutte le traduzioni del Terzo segreto, ma la dottoressa Maria Grazia Russo (vedi Antonio Socci, *Il quarto segreto di Fatima*, cit., p. 247) ha dimostrato che vi è un errore e che una più corretta comprensione e traduzione dell'aggettivo portoghese «seu» induce a tradurre «verso di esse». Oltretutto appare anche molto più sensato e congruo che la Madonna stenda la mano non contro l'angelo, quanto piuttosto contro le fiamme che escono dalla spada, per fermarle.

Benedetto XVI, nella *Spe salvi*, ha ripreso il pensiero dello Pseudo-Rufino: «Il genere umano vive grazie a pochi; se non ci fossero loro il mondo perirebbe».

Quello che è incomprensibile però, nella situazione in cui siamo, è la deliberata e sfrontata sfida a Dio, il tentativo di mettersi al suo posto, l'irridente invito ad andarsene, l'aperta persecuzione della fede cristiana. Si insulta e si irride la sua Chiesa, si deride e si «lincia» mediaticamente il suo Vicario in terra. Si grida ovunque che non si vuole Dio, il Padre misericordioso e onnipotente, fra i piedi (in nome della laicità, dell'autodeterminazione, della cosiddetta modernità). Lo si caccia dalle famiglie, dalle scuole, dalla cultura, dal lavoro, dai mass media, dalla politica, perfino dalla storia dell'Europa e soprattutto dalla vita dei popoli e dei singoli. Salvo poi, precipitati nella tragedia, chiedere rabbiosamente «dov'è Dio?» con l'aria di chi vuole metterlo sotto accusa e processarlo (già fatto duemila anni fa: processato, torturato, condannato e massacrato).

A volte si ha la sensazione che questa povera umanità – tronfia e accecata – s'illuda di poter continuare a sfidare Dio e a metterlo al bando credendo di potersi davvero mettere al suo posto in un delirio di onnipotenza che ricorda quello che fece scrivere sulla fiancata del Titanic: «Neanche Dio lo può affondare».

Ma non è Dio che vuole affondare nessun Titanic. È l'uomo che ha bisogno di Dio perché il suo traballante Titanic non vada incontro alla distruzione e all'affondamento. È l'uomo che ha sempre bisogno della misericordia del Salvatore e del suo soccorso. E non solo per la terribile trappola nucleare in cui si è cacciato o per le altre terribili armi moderne (secondo Stephen Hawking l'umanità si estinguerà per qualche incidente relativo alle armi biologiche).

È la stessa condizione umana sulla Terra che è molto vulnerabile. Non solo la sua condizione individuale fragile ed effimera come l'erba del campo. Ma proprio la condizione complessiva dell'umanità è così precaria, esposta a pericoli immani, che la continua protezione della misericordia divina ci è più necessaria di qualsiasi altra cosa. Se solo ne fossimo consapevoli e non fossimo storditi dalle armi di «distrazione» di massa che sono i media e la mentalità dominante, affolleremmo le chiese e un'implorazione incessante si leverebbe, ogni ora, da tutta la Terra.

Solo di rado ci rendiamo conto della fragilità della vita sulla Terra. Il 29 marzo 2009 «La Stampa» dette notizia di uno studio della Nasa e della National Academy of Science degli Usa, nel quale si valutavano le conseguenze di un evento catastrofico che è assolutamente plausibile: «La domanda non è sul "se", ma sul "quando"». Si tratta di un evento semplice e ricorrente, già accaduto in modo indolore per la Terra nel 1859, ma che oggi avrebbe effetti catastrofici.

È la superbolla di plasma prodotta dal sole. Di solito l'emissione, che è frequente, di queste particelle energetiche da parte del sole provoca soltanto dei disturbi alle telecomunicazioni. Secondo la simulazione degli americani però il ripetersi di una superbolla di plasma come quelle del passato, percepibile dalla terra come una sorta di magnifica aurora boreale, avrebbe oggi queste conseguenze: sarebbe sconvolta la configurazione del campo magnetico terrestre con la successiva fusione di milioni di trasformatori. Il buio avvolgerebbe in poche ore il mondo intero. «Si bloccherà tutto perché tutto va a elettricità. Il primo servizio a saltare sarà l'acqua corrente... Stop agli apparati elettrici che pescano la benzina... In pochi giorni niente più macchine... In 72 ore le apparecchiature d'emergenza degli ospedali esauriranno l'autonomia. In un mese finiranno le scorte di carbone.»[259] Niente più petrolio e gas, né sistemi di refrigerazione, quindi niente scorte di cibo. La vita planetaria al buio continuo ne sarebbe sconvolta, l'economia devastata.

[259] «La Stampa», 29 marzo 2009.

In poco tempo un'enorme numero di vittime. E la terra regredita a condizioni spaventose. Non si conosce la frequenza di queste tempeste solari. Si ipotizza che sia all'incirca secolare...

Ma tutto questo è ancora niente. Per rendersi conto veramente di quanto precaria sia la condizione umana sulla Terra basta sfogliare un libro di Bill McGuire, professore di Geofisica allo University College di Londra. Il suo *Guida alla fine del mondo (tutto quello che non avreste mai voluto sapere)*, pubblicato in Italia da Raffaello Cortina nella collana diretta da Giulio Giorello, fa una panoramica agghiacciante delle «apocalissi» che incombono letteralmente sulla nostra testa.

Prendiamo le supereruzioni vulcaniche che – quando si verificano – rendono un inferno le condizioni di vita sulla Terra per lungo tempo. Per esempio le potenti eruzioni della caldera di Yellowstone, negli Stati Uniti. Una accadde 1,2 milioni di anni fa, un'altra 650 mila anni fa: «È abbastanza preoccupante la constatazione che queste enormi eruzioni sembrano accadere ogni 650 mila anni circa. Dobbiamo, quindi, aspettarcene una a breve tempo?».[260] Secondo un recente documentario della Bbc, in effetti, a Yellowstone si sta preparando un immane botto.

Ma non è il solo. Cosa accadde 65 milioni di anni fa per spazzare via dalla Terra di colpo il 95 per cento di tutte le specie viventi? Probabilmente il pianeta fu colpito da una cometa o da un asteroide. Da alcuni anni i governi americano e inglese hanno posto sotto osservazione il problema per capire «quali sarebbero le probabilità di impatto con la Terra e quale effetto potrebbe avere tale collisione». McGuire risponde che «le probabilità sono del cento per cento» perché la Terra «è già stata bombardata da detriti spaziali in tutta la sua lunga esistenza». La domanda quindi, ancora una

[260] Bill McGuire, *Guida alla fine del mondo*, Raffaello Cortina 2003, p. 88.

volta, non è «se», ma «quando».[261] Fra i 20 milioni di pezzi di roccia che la Terra incontra nella sua orbita attorno al sole, quelli di diametro superiore al chilometro (che quindi possono avere effetti devastanti su tutta la Terra) sono «fra 500 e 1100».[262] Auguri per lo slalom. McGuire ci avverte che «le stime delle frequenze degli impatti con oggetti di dimensioni di un chilometro indicano un intervallo che va da 100.000 a 333.000 anni, ma il più recente cratere prodotto da un oggetto di queste dimensioni risale ad almeno un milione di anni fa».[263] E poi «dobbiamo preoccuparci anche delle comete».

L'ancora di salvezza

Torna in mente a questo punto la voce accorata di Giovanni Paolo II, quel 25 marzo 1984, mentre, in piazza San Pietro, implorava la «Madre degli uomini e dei popoli, Tu che conosci tutte le loro sofferenze e le loro speranze», di accogliere «il nostro grido che... rivolgiamo direttamente al Tuo Cuore: abbraccia con amore di Madre e di Serva del Signore, questo nostro mondo umano, che Ti affidiamo e consacriamo, pieni di inquietudine per la sorte terrena ed eterna degli uomini e dei popoli. (...) Oh, Cuore Immacolato! Aiutaci a vincere la minaccia del male, che così facilmente si radica nei cuori degli uomini d'oggi e che nei suoi effetti incommensurabili già grava sulla vita presente e sembra chiudere le vie verso il futuro!».

E poi il suo elenco dolente di minacce e flagelli che gravano sull'umanità, alternato dall'invocazione: «Liberaci!... liberaci!».

[261] Ivi, pp. 117-118.
[262] Ivi, p. 120.
[263] Ivi, p. 140.

Mentre il Papa invocava dalla Madre di Dio protezione su tutti gli uomini, i poteri dominanti le gridavano: «Vattene!». Salvo poi farsi prendere dalla psicosi da fine del mondo che un nuovo filone editoriale ormai annuncia per il 2012.

La realistica sensazione è che ogni giorno che Dio manda in Terra sia letteralmente un miracolo, una grazia, perché ogni giorno potrebbe essere l'ultimo, ogni notte potrebbe non rivedere il sole e invece per la sua misericordia ogni giorno, ogni ora, si rinnova il miracolo della sua immeritata protezione e il dono della vita.

> Quando dall'infinito facesti emergere il tempo
> per appoggiarlo all'altra riva,
> Tu già sentivi il mio lontano pianto,
> ne sapevi da secoli il motivo (...)
> mi abbasserò, fratello
> mi abbasserò, non lascerò mai soli i tuoi occhi,
> e mi nasconderò dapprima nella croce,
> poi, come il pane, nel grano maturo.[264]

È per questo che Giovanni Paolo II ha gridato in ogni piazza del mondo che «non è possibile separare Cristo dalla storia dell'uomo».[265] È per questo che occorre valutare seriamente gli immani rischi a cui il rifiuto di Dio da parte dell'umanità ci espone: pericoli incombenti e inimmaginabili. Come diceva san Paolino da Nola: «Non c'è niente di più pericoloso per il mondo del non aver accolto Cristo». Abbiamo anche la controprova. Nel Novecento – per il dilagare delle ideologie anticristiane – è bastato costruire interi sistemi contro Dio per trovarci nell'Inferno.

[264] Karol Wojtyla, *Il canto del sole inesauribile*, in *Giobbe ed altri inediti*, cit., pp. 105-106.
[265] Giovanni Paolo II, *Memoria e identità*, cit., p. 28.

Infine la Chiesa, che maternamente, quasi da sola, continua a mettere in guardia l'umanità dal rischio di un'ecatombe nucleare, sa bene che c'è un male ancora più grande, che li origina tutti: «Una società senza Dio è peggio dell'atomica» (cardinal Ottaviani).

In sostanza, bisogna temere l'Inferno più ancora dell'ecatombe nucleare. Pure Benedetto XVI ci ha messo in guardia: «Anche se all'orizzonte vanno disegnandosi non poche ombre sul nostro futuro, non dobbiamo avere paura» perché «la nostra grande speranza di credenti è la vita eterna nella comunione di Cristo e di tutta la famiglia di Dio». Questa speranza ci dà la forza di «affrontare tutte le difficoltà del mondo».

Dio è immensamente più grande di quel granello di sabbia che è l'universo. Quello che c'è in gioco è molto più dell'esistenza dell'intero universo: «La salvezza eterna (il bene di grazia) di un solo uomo» ci dice san Tommaso d'Aquino «è un bene più grande del bene naturale rappresentato da tutto l'universo».[266] Perché tutta la storia è comunque un soffio e la scena di questo mondo è passeggera, destinata a sparire per sempre. L'uomo invece no. Cos'è dunque l'attimo fuggitivo del mondo a confronto dell'eternità? Cos'è questa Terra a confronto del suo Creatore? E «che giova all'uomo conquistare il mondo intero, se poi perde se stesso?».

Così Bruce Marshall, in un suo romanzo, può scrivere: «La Chiesa è molto antica e saggia e ha predicato il Vangelo nel ghiaccio e nel fuoco, alla calura e nella neve. Non si sorprende di vedere nel mondo il peccato e il disordine: si sorprende di vederci l'ordine e la virtù. E sa, poiché guarda la realtà nello specchio di Dio, che esiste una cosa peggiore della morte di un milione di giovani sul campo di battaglia ed è la morte di un solo vecchio nel suo letto in stato di impenitenza finale».[267]

266 *Summa Theol.* I-II, q. 113, a. 9, ad 2.
267 Bruce Marshall, *Tutta la gloria nel profondo*, Jaca Book 2002, p. 186.

André Frossard, parlando di papa Wojtyla, scriveva: «L'unico male che esiste per lui è quello di perdere la vita eterna. Ha scritto in una delle sue lettere apostoliche: "Il Figlio ci è stato donato per salvarci da questo male definitivo. In lui la sofferenza umana ha toccato il suo vertice. Nello stesso tempo, essa ha acquisito una dimensione totalmente nuova ed è entrata in un ordine nuovo: essa è stata legata all'amore"».[268] E poi Frossard aggiunge: «Quando gli domandai quale fosse oggi il pericolo più grave che ci sovrasta, rispose: "Il peccato"».[269]

L'Inferno è la vera, grande minaccia che grava su di noi: il luogo di orrori dove non si può né vivere né morire, per sempre, il regno della disperazione e della più atroce sofferenza che non avrà mai fine. Mai. Da quest'orrenda spada di Damocle è possibile salvarsi?

Le ultime parole scritte da Karol Wojtyla per la festa del 3 aprile 2005, che non poté pronunciare, sono queste: «All'umanità, che talora sembra smarrita e dominata dal potere del male, il Signore risorto offre in dono il suo amore che perdona, riconcilia e riapre l'animo alla speranza. È amore che converte i cuori e dona la pace. Quanto bisogno ha il mondo di comprendere e di accogliere la Divina Misericordia».

Giovanni Paolo II che quella misericordia ha conosciuto direttamente negli occhi di Gesù e di Maria, per tutto il suo pontificato ha cercato di mostrarcene la bellezza e farci capire che è ciò che veramente vale e che rimane:

> Davanti a quello sguardo,
> dov'era il mondo intero. (...)
> Ricordati, cuore, di quello sguardo
> in cui ti attende tutta l'eternità.[270]

[268] André Frossard, *Conversando con Giovanni Paolo II*, cit., p. 67.
[269] Ivi, p. 85.
[270] Karol Wojtyla, *Canto del Dio nascosto, Canto del sole inesauribile*, in *Giobbe ed altri racconti*, cit., pp. 97 e 107.

Senza volere e potere mai rivelare la pregustazione di quel Paradiso, Karol Wojtyla ha acceso in milioni di persone il desiderio di Gesù Cristo, ha reso palpabile il suo incanto, la sua inesauribile bellezza, ci ha contagiati con la sua ardente nostalgia di Lui.

Sapevi che la nostalgia
di chi una volta ha bevuto il Tuo sguardo
non si placa per un solare incanto.[271]

E forse è una pagina di Teresa d'Avila, sua maestra di avventura mistica, a farci intuire quel frammento di felicità del Paradiso che viene donata a chi (come lui) ne fa esperienza per grazia già su questa Terra: «Mi è impossibile manifestare tutto ciò che si prova quando Dio ci mette a parte dei suoi segreti e delle sue meraviglie. Si sente un piacere superiore a qualsiasi umana immaginazione, ispiratore d'un sì profondo orrore per tutti i diletti della Terra da sentir disgusto anche solo a paragonarli con quello, perché non sono che bassezza anche se durassero per sempre. Eppure non è che una piccola goccia, caduta da quel rigonfio torrente di delizie che ci sta preparando nei Cieli».[272]

È solo un istante del Paradiso che lei descrive, ma si tratta di una felicità imparagonabile a tutti «i godimenti della Terra», un oceano di piacere e di gioia «che tale non si proverebbe neppure se si fosse così padroni del mondo da goderne tutti i beni».[273] Ed è una felicità a cui i salvati parteciperanno con tutti se stessi, anima e corpo, per sempre: «La "divinizzazione" nell'"altro mondo", indicata dalle parole di Cristo, apporterà allo spirito umano una tale "gamma di esperienza" della verità e dell'amore che l'uomo non avreb-

[271] Ivi, cit., p. 106.
[272] «Vita», 27, 12.
[273] In Antonio Royo Marin, *Teologia della perfezione cristiana*, San Paolo 2003, p. 829.

be mai potuto raggiungere nella vita terrena. Quando Cristo parla della risurrezione, dimostra al tempo stesso che a questa esperienza escatologica della verità e dell'amore, unita alla visione di Dio "a faccia a faccia", parteciperà anche, a modo suo, il corpo umano».[274]

Per arrivare a questo luminoso porto di delizie e di felicità senza fine, con tutti coloro che si amano, Karol Wojtyla aveva una stella sicura e l'ha indicata al mondo intero: Maria. Tutto il suo messaggio in fondo sta racchiuso nell'ardente preghiera alla Vergine di Bernardo di Chiaravalle:

> O tu che nelle vicissitudini della vita, più che camminare sulla solida Terra hai l'impressione di essere sballottato fra tempeste e uragani, se non vuoi finire travolto dall'infuriare dei flutti, non distogliere io sguardo dal chiarore di questa stella! Se insorgono i venti delle tentazioni, se t'imbatti negli scogli delle tribolazioni *guarda la stella, invoca Maria.* Se vieni assalito dalle onde della superbia, dell'ambizione, della calunnia, dell'invidia, della gelosia: *guarda la stella, invoca Maria.* Se l'ira, l'avarizia o le lusinghe della carne scuotono la navicella della tua anima: *guarda la stella, invoca Maria.* Se turbato dall'enormità dei tuoi peccati, confuso per le brutture della tua coscienza, atterrito dal rigore del giudizio stai per venire risucchiato dal baratro della tristezza e dall'abisso della disperazione *guarda la stella, invoca Maria.* Nei pericoli, nelle difficoltà e nei momenti di incertezza, *guarda la stella, invoca Maria.* Abbi il suo nome sempre sulle labbra, abbila sempre nel cuore e se vuoi ottenere l'aiuto della sua preghiera, non tralasciare di imitarne gli esempi. Seguendo lei non andrai fuori strada,

[274] Giovanni Paolo II, *Voi siete in grande errore!*, Chirico 2009, p. 32. Il Papa aggiunge: «Parlando del corpo glorificato attraverso la risurrezione alla vita futura, abbiamo in mente l'uomo maschio-femmina, in tutta la verità della sua umanità: l'uomo che, insieme all'esperienza escatologica del Dio vivo (...) sperimenterà appunto tale significato del proprio corpo. Sarà questa un'esperienza del tutto nuova» (p. 42).

pregandola non dispererai, pensando a lei non sbaglierai. Se ella ti sostiene non cadrai, se ella ti protegge non avrai nulla da temere, se ella ti guida non ti affaticherai, se ti sarà favorevole giungerai alla mèta e così potrai sperimentare tu stesso quanto giustamente sia stato detto: "*E il nome della vergine era Maria*".[275]

[275] San Bernardo, *Omelia in lode alla Vergine Madre*, 2.17.

Indice

Premessa	7
La scoperta inattesa	9
Segni e profezie attorno a Wojtyla	69
Da Medjugorje a Civitavecchia: qual è il messaggio?	149
La paura e la speranza	215

Finito di stampare
nel mese di giugno 2009 presso
il Nuovo Istituto di Arti Grafiche – Bergamo

Printed in Italy